苏州文博论丛

2019年（总第10辑）

苏州博物馆　编

文物出版社

图书在版编目（CIP）数据

苏州文博论丛.2019年：总第10辑／苏州博物馆编.—

北京：文物出版社，2020.7

ISBN 978 - 7 - 5010 - 6694 - 0

Ⅰ.①苏…　Ⅱ.①苏…　Ⅲ.①文物工作 - 苏州 - 文集

②博物馆事业 - 苏州 - 文集　Ⅳ.①G269.275.33 - 53

中国版本图书馆 CIP 数据核字（2020）第 078456 号

苏州文博论丛

2019 年（总第 10 辑）

编　　者：苏州博物馆

责任编辑：窦旭耀
封面设计：夏　骏
责任印制：张　丽

出版发行：文物出版社
社　　址：北京市东直门内北小街 2 号楼
邮　　编：100007
网　　址：http：//www.wenwu.com
邮　　箱：web@ wenwu.com
经　　销：新华书店
印　　刷：北京京都六环印刷厂
开　　本：880mm×1230mm　1/16
印　　张：12
版　　次：2020 年 7 月第 1 版
印　　次：2020 年 7 月第 1 次印刷
书　　号：ISBN 978 - 7 - 5010 - 6694 - 0
定　　价：110.00 元

博物馆学研究

工匠与丧家：论元代墓葬中孝行图的"新形式"

孙　乐（芝加哥大学艺术史系博士生）

内容摘要：近年来一些中国北方元墓中出土了带有新式特点的孝行图。它们图幅增大，时而出现诸多孝子故事合于一幅的情形，描绘的故事更为多元，常带有复杂的自然或建筑背景。本文从河南尉氏、河北涿州、山西屯留三座元墓的孝行图切入，认为其形式的创新与工匠和丧家有着密切联系。工匠们既沿用传统口诀、粉本，又融入了更多新风尚。而丧家则出于管理地方、庇佑子孙等需要，偏好用新式的孝行图装点墓室。

关键词：元墓　孝行图　工匠　丧家

前言

2002 年，河北涿州市发现了一座元代墓葬。形制是宋金元时期中国北方流行的八角形墓室，但相比前期，仿木结构已大大简化，只保留了墓壁上砖雕砌成的一周凸檐。取代繁复仿木结构雕砖的，则是由画工精巧设计的大幅壁画，铺陈于墓室各壁及穹顶之上。各壁图像题材按中轴线种种分布，北壁为墓主夫妇图像一束，西北壁为帐幔半遮的墨竹屏风画，东、西壁为备宴图，图中两扇立屏上有墨书题记，录墓主夫妇生平及祈福用语，东南、西南壁为孝行图，将多个孝行故事融于一幅，并以山峦线条相隔[1]。

涿州元墓的两幅孝行图因其特殊形式，受到学界的关注。将多例孝子故事并置于山峦间的构图，在宋金元时期较为罕见，却似乎和北魏石葬具上线刻画中对此题材的呈现方式遥相呼应[2]。墓葬内的孝行图像在唐代暂时销声匿迹后，又一次盛行于宋金元时期的平民墓葬之中；后世所广泛流传的"二十四孝"也于此时期初步成形。因此，针对这些孝行图的讨论，主要集中于其图像学和功能性解读以及二十四孝形成过程这两个方面[3]。

诚如邓菲在《图像的多重寓意：再论宋金丧葬艺术中的孝子图》中所提，对图像本身的形式作更细致的分析，有助于使视觉资料同历史、社会更有效地勾连[4]。近年来陆续出土的元代墓葬中，孝行图像时有出现一些异于宋金时期的"新形式"，上述的涿州元墓亦绝非孤例（表一）。类似涿州墓中将山峦等背景和孝子故事相结合的，就有山西屯留县康庄工业园区两座元墓[5]、河南尉氏具张氏镇元墓[6]、北京市斋堂元墓[7]等例；而多个孝子故事组合构图的，在内蒙古凉城县后德胜一号元墓[8]、陕西横山罗圪台村元墓[9]中亦可见到。宋金时期流行的分布于墓壁阑额以下位置的小幅单幅构图传统，在元墓中依旧延续，但上引的数例大幅构图、占据墓室壁画主要位置的孝行图亦不容忽视。此类形式上的"创新"，引出了一系列尚待解决的问题：这些元墓中孝行图像的"新形式"，是否有其艺术传统和视觉风尚嬗变的内在逻辑？这些形式上的特点，对了解当时的工匠群体工作方式，提供了何种认识角度与维度？这种图像形式的出现，又能如何在地方社会等具体层面上与元代这一特殊历史时期有效勾连？

一　流行风尚：河南尉氏元墓

2000 年考古人员在河南尉氏县发掘了一座元代砖砌壁画墓。墓葬为二次葬夫妇合葬墓，四壁和券顶的交界处有一周砖雕斗拱的装饰。除墓门所在南壁外，三壁斗拱下正中皆开一壁龛，其两侧分别绘有壁画：北壁两边绘有男女墓主人像及其各自侍者一名；东壁壁龛北边绘有董永图，南边绘农民负粮交租的场景；西壁壁龛北边绘有题为"焦花女哭麦"的孝行图，南边则是西库门前商业贸易的场面。此外，在斗拱上方、券顶弧面的下段也绘有壁画：北壁夫妇像上分别是"田真哭树"和一人扶棺哭泣的

表一 元代出土孝行图图像的墓葬列表

序号	地区	墓葬	时代	墓主身份	形制	主要图像题材	孝子图所在位置	数量	物质形式	榜题	孝子图呈现形式	出处
1	内蒙古	内蒙古凉城县后德胜 M1 元墓	元代	不明	方形仿木构单室墓	墓主夫妇、牡丹、孝子故事、神径、祥云	墓室东、西两壁中部	2 幅	壁画	无	整体长方形构图，每个故事无明显分割，背景有山水花鸟、树木；边缘为黑色框线	《文物》1994 年第 10 期
2	河北	河北涿州元代壁画墓	元至元五年（1339）	李仪（丰宁县尹）与其妻方氏	八角形简化仿木构单室墓	云鹤、朱雀屏风、孝子奉侍备宴故事	墓室南壁、墓门两侧的东南壁、西南壁	2 幅	壁画	无	整体方形构图，每个故事以山岱、曲线自然分割，背景山水相连为整体，有起稿线	《文物》2004 年第 3 期
3	河北	北京市斋堂壁画墓	元代	不明	方形砖砌单室墓	侍女、孝子故事、彩绘棺床档、山水、莲花	墓室西壁	1 幅	壁画	无	整体构图，三幅孝子故事描绘用一幅中，树木隔开，有土丘、流水、祥云等背景	《文物》1980 年第 7 期
4	河北	邢台市邢钢 M1 元代壁画墓	元代晚期	不明	圆形单室土洞墓（仿营帐构造）	墓主夫妇、孝子故事、出行、井栏侍者	墓室西部假门北侧、东部假门南北两侧	3 幅	壁画	无	单幅构图，表现典型情节，根据情节设置简单背景	《考古与文物》2008 年第 4 期
5	河南	河南洛阳郊区壁画墓	元代	不明	六角形仿木单室墓	孝子故事、山水	墓室周壁、壁龛内彩绘方砖	不明	壁画	不明	单幅构图，表现典型情节，有简单山石树木	《文物参考资料》1958 年第 1 期
6	河南	河南尉氏县张氏镇墓	元代晚期	不明	长方形简化仿木构单室墓	墓主夫妇、农作经商、飞天、花卉、宗教信仰	墓室北壁墓主人像上方、东西两壁墓龛北侧	4 幅	壁画	榜题："田真哭树"、"□□行孝"、"童水父墓"、"焦花女哭□"	单幅构图，故事典型情节，有较复杂的背景（界画与文人画的手法）	《华夏考古》2006 年第 3 期

续表

序号	地区	墓葬	时代	墓主身份	主题	主要图像题材	孝子图所在位置	数量	物质形式	榜题	孝子图呈现形式	出处
7	山西	山西芮城潘德冲石椁 元代	与宋德方石椁同时代	潘德冲（全真教道士）	石椁	楼阁、生活场景、孝子故事	石椁左右壁	24幅	线刻	榜题："董永行孝"、"闵子骞行孝"、"孟宗行孝"、"舜子行孝"、"陆绩行孝"、"韩伯俞行孝"、"王祥行孝"、"武子行孝"、"刘明达行孝"、"丁兰行孝"、"任子行孝"、"姜师行孝"、"老莱行孝"、"曾参行孝"、"田真行孝"、"元角行孝"、"括拓（郭巨）行孝"、"赵孝宗行孝"、"刘殷行孝"、"鲁义姑行孝"、"鲍山行孝"、"杨香行孝"、"曹娥行孝"、"蔡顺行孝"	单幅构图，表现典型故事情节，根据情节设置背景；每幅间以榜题隔开，并有一定间距	《考古》1960年第8期
8	山西	山西屯留县康庄工业园区M2元代壁画墓	元至元二十二年(1275)	冯璋与其妻	方形单砌仿木壁画墓	花卉、孝子故事、侍女	墓室北壁两侧以及东、西壁北侧	4幅	壁画	无	单幅构图，都有山石林木背景；边缘为黑色框线；画面上有大量墨书题记（好似文人画，如倪瓒的题诗）	《考古》2009年第12期
9	山西	山西屯留县宋庄工业园区M1元代壁画墓	元大德十年(1306)	韦翠与其妻苟氏	仿木壁画墓	门神、侍女、孝子故事、妇人启门、八仙人物、形象图	墓室北壁两侧窗旁、东西两侧两壁立柱和门窗间	10幅	壁画	无	单幅构图，都有山石树木的背景，孝子位于远景，前后呼应	《考古》2009年第12期

续表

序号	地区	墓葬	时代	墓主身份	形制	主要图像题材	孝子图所在位置	数量	物质形式	榜题	孝子图呈现形式	出处
10	山西	山西长治市捉马村 M2 元代壁画墓	元大德十一年（1307）	杨诚与其妻申氏	方形仿木构单室墓	帐幔、侍者、孝子故事	墓室北壁与东、西壁北侧	4 幅	壁画	无	单幅构图，表现故事典型情节，根据情节设置简单背景，每幅外有红色边框（区分侍者的黑色边框）	《文物》1985 年第 6 期
11	山西	山西兴县红峪村壁画墓	元至大二年（1309）	武庆与其妻景氏	八角形仿木构单室墓	墓主夫妇、格洞门、马匹、孝子故事、备茶备酒、禽鸟、花卉	墓室南、北两壁的侧边	4 幅	壁画	榜题："孟宗哭竹"、"蔡顺分椹"、"时礼涌泉"、"黄香扇枕"	单幅构图，表现故事典型情节，根据情节设置简单背景；以侧面屏风的形式出现	《文物》2011 年第 2 期
12	山西	山西新绛寨里村元墓	元至大四年（1311）	不明	方形仿木构单室墓	花卉、戏剧、庖厨、侍女、格子门、孝子故事、儒、狮子、儿童奏乐	墓室东、西两壁上层	12 幅	砖雕	无	单幅构图，表现故事典型情节，根据情节设置背景	《考古》1966 年第 1 期
13	山西	山西交城县裴家村石室墓	元至正十六年（1356）	不明	八角形简化仿木构单室墓	鞍马人物出行、墓主夫妇、雀、孝子故事、传丹连简	墓室东、西壁	2 幅	壁画	无	单幅构图，有山石树木流云的背景（无图）	《文物季刊》1996 年第 4 期
14	山西	山西长治市南郊元代壁画墓	元代	不明	方形仿木构单室墓	孝子故事、侍者图、帐幔	墓室东、西壁右侧和北壁	4 幅	壁画	不明	单幅构图，每幅外有边框、其他不明	《考古》1996 年第 6 期
15	山西	山西阳泉东村元墓	元代中期	不明	八角形仿木构单室墓	侍者、鞍马、侍酒、侍乐、备茶、墓主夫妇、花卉	墓室东、西壁	2 幅	壁画	无	单幅大幅构图，表现故事典型情节，背景为水墨山水；外有黑色边框	《文物》2016 年第 10 期

续表

序号	地区	墓葬	时代	墓主身份	形制	主要图像题材	孝子图所在位置	数量	物质形式	榜题	孝子图呈现形式	出处
16	陕西	陕西榆林元代壁画墓（征集，源二号墓：榆林区一座墓葬）	元至正八年（1348）	男墓主黄仲钦，似为汉人富户，该墓与买于两家豪人）	推测为八角形单室墓	墓主夫妇、乐队出行、孝子故事、门神	墓室上部腰间一周	征集到5块	壁画	可辨认榜题："曹娥哭师"、"董永□□"、"孟宗哭竹"	单幅构图，表现故事有较复杂的山水背景；用黑灰色双栩线勾出云形作画区域，区域以外涂黑彩	《文博》2011年第6期
17	陕西	陕西横山罗圪台村元代壁画墓	元代天历（1348年前后）		八角形石砌单室墓	符猎出行（甬道）、花卉、墓主夫妇、宗祭绘画、供桌器物、备茶、备酒、伎乐、门神	墓室上部腰间一周	7幅	壁画	无	多幅整体构图，环绕穹隆顶下部一画，表现典型故事情节，根据情节设置简单树木山石背景；每幅间无明显分割，且自有云气环绕	《考古与文物》2016年第5期
18	山东	平阴县翟李元代石雕壁画墓	元代	不明	多室墓，二主室呈方形，侧室西向方形	花卉、家居生活、孝子故事、妇人启门	东、西侧室与主室四壁	可猜识的孝子故事12幅	画像石	无	单幅构图，表现典型情节，多无背景	《文物》2008年第2期
19	山东	济南峡油机厂元代传雕壁画墓	元代	不明	方形仿木构单室墓	花卉、牵马、备宴、孝子义妇故事	墓室西、北，东壁上方，以及顶部四周同	13幅	壁画	无	单幅构图，多树木建筑背景，故事表现与传统略有不同（如郭巨、王祥、孟宗）	《文物》1992年第2期
20	山东	济南历城区邢村传雕壁画墓	元代	不明	圆形仿木构单室墓	云鹤、花卉、开芳宴等室内场景、孝子故事	墓室顶部仿古钱形流苏装饰之间	4幅	壁画	无	单幅构图，线条背景，简单背景粗糙	《文物》2005年第11期
21	山东	济南长清区埠村石雕壁画墓	元代	不明	竖穴仿木结构云墓	花卉、牵马、楼台建筑、男子启门、墓室内山水屏风、墓主夫妇、孝子故事	墓室四壁中层（歇山顶建筑石雕）	11幅	壁画	无	单幅构图，多简单的山石背景，画幅外地子为朱红彩绘红白彩带，画幅边缘绘朱红交叉网纹（类似蒙古包壁挂）	《文物》2005年第11期

孝行图，东西壁则各是三幅飞天图[10]。

尉氏墓中的四幅孝行图，应受到元末流行的故事版本、插图刻本、戏曲艺术等三个来源的影响。当中董永的画像（图一），就典型地反映了其故事版本的流变。纵观同期或宋金晋南豫北地区墓葬中对董永故事的描绘，最常见的人物造型是织女乘云驾雾而去，董永则于画面一角与之对望，如洛阳关林庙宋代砖雕墓、洛宁北宋乐重进画像石棺、屯留康庄工业园区 M1 元代壁画墓等处所表现。而此墓中，董永之妻并未腾云而去，反倒正在接受董永的行礼。

图一　河南尉氏县张氏镇元墓墓室东壁北面孝子图
（采自《华夏考古》2006 年第 3 期）

当今学者关注的董永故事早期版本，多据《太平御览》所引刘向《孝子传》：

> 前汉董永，千乘人，少失母，独养父。父亡无以葬，乃从人贷钱一万，永谓钱主曰："后无钱还君，当以身作奴。"主甚悯之，永得钱葬父毕，将牲为奴，于路忽逢一妇人，求为永妻……主惊，遂放夫妇二人而去，行至本相逢处，乃谓永曰："我是天之织女，感君至孝，天使我偿之。今君事了，不得久停。"语讫，云雾四垂，忽飞而去。[11]

宋金常见的织女腾云驾雾而去的砖雕，正合乎这一文本中故事的结尾。而尉氏元墓所描绘的，似为二人初见之场景。且董永身后绘有一槐树，树下三座坟丘，一座前矗立着一块墓碑，碑文记"董永父墓"，山间云雾缭绕。

董永故事在诸多民间流传的通俗文本中有着多重"变奏"。早在敦煌写卷《董永变文》中，其结尾就写董永夫妻二人得子董仲，并敷演出一段"董仲寻母"的情节[12]，似更有讲唱文学的趣味。明嘉靖年间洪楩所辑《清平山堂话本》中的《董永遇仙传》大致保留了宋元话本中对董永故事的诠释[13]，当中二人相逢的情节梗概如下：董永"往南山祖坟安葬已毕"，第二日上路后，歇于一槐树下，织女此时下凡，夫妻二人得以初见，并"央槐树为媒"，结为夫妻[14]。

工匠基于不同的文本绘制，是否能够解释此墓董永故事图的特殊之处？尉氏墓中的董永图清楚地描绘了其父亲的墓地，而同时期或早期将董父之墓表现在画面中的例子，仅见于山西闻喜寺底金墓[15]和覆元刊本重刊《分类合璧图像句解君臣故事》（图二）[16]。但两例中仅见一座墓葬，而尉氏元墓中的数座坟丘，正与《董永遇仙传》里"南山祖坟"的文字相对应。此外，闻喜金墓中碑后一小树绘制潦草无法识别，日藏元刊本中则为松树无疑。但尉氏元墓中槐松共立，主要表现的槐树描绘完整清晰，叶法特点分明，可与明末《南柯记》第二折插图中的槐树（图三）相印证[17]；就此墓范围内观之，其

图二　《分类合璧图像句解君臣故事二卷》
覆元刊本重刊（五山版）董永故事图
（采自《孝の風景》，第 673 页）

图三　《南柯记》明刻本中槐树的形象
（采自《新编绣像南柯记》，明末吴郡书业堂刊本，
台北"中央图书馆"藏，版画第1页）

图四　河南尉氏张氏镇元墓墓室北壁孝子图
（采自《华夏考古》2006年第3期）

与田真哭树一图中的荆树（图四，上）、焦花女哭麦中的柳树迥然不同，似非工匠随意而画，而是在刻意描绘槐树的形态，和上文"央槐树为媒"的初见场景吻合。后世明清戏曲弹词中《槐荫记》一出，也正是宋元以降董永故事中"槐树"这一母题的例证。

另一幅榜题为"焦花女哭麦"的故事图，据刘未所考，不曾见于明以前的文献，更支持了所谓北方宋金时期固定的"二十四孝"组合在元末出现松动的说法[18]。当时中国北方已开始零星出现此前不见于墓葬中的孝子故事，当中个别却能对应上现存明代各版本所辑的二十四孝故事[19]。此亦可视为中

国各处多重二十四孝版本的融合与重组。元代南北在蒙人的政治势力下得以重新统一，人员流动也愈发频繁。在此背景下，中原画工班子中流传使用的孝行图组合很可能受南方其他版本的影响，惜只有很小一部分得以在文献或墓葬中传世至今。

除文本外，尉氏的工匠还可能在这些孝子图像中融汇来自更多媒介的视觉风尚，包括刻本插图、舞台表演、器物纹饰等。然而，工匠获取和融汇平日所接触的图像素材的过程极为复杂，且受限于已有材料，现今很难准确找到画面中某一元素的准确来源，但我们尚能从吉光片羽间窥得一些联系。

《新刊全相成斋孝经直解》是现存为数不多的元代木刻画之一，元至大元年（1308）由畏兀儿人贯云石所著，当中文白对照、配以插图。其中最后一幅（图五）中墓碑和坟冢的形制同尉氏墓以及《分类合璧图像句解君臣故事》董永图中的表现十分接近。尉氏墓的董永图中，董永父墓位于云气缭绕的

山中，墓前还摆放着簠簋祭器，似乎正为《孝经》刻本此页的文字作注解："为之棺椁衣衾而举之，陈其簠簋而哀戚之，擗踊哭泣，哀以送之，卜其宅兆而安措之。"[20]另外，刻本自序中明确提及著者作此书的目的是"僭劾直说孝经，使匹夫匹妇皆可晓达明于孝悌之道，庶几愚民稍知理义，不陷于不孝之罪"[21]。同李公麟所绘《孝经》卷不同，贯云石以庶民百姓为读者群体刊印，语言简单易懂，在市面上流传较广。画工在绘制孝行题材的壁画或粉本时，也自然会去参考这些触手可及的图像素材。

图五　元《孝经》刻本插图（采自《新刊全相成斋孝经直解》，林秀一氏藏元刊本，第15页）

讨论此时段流行的视觉风尚，更无法避开盛行的戏曲艺术以及与之相连的插画剧本。豫北地区自北宋以来就是杂剧的兴盛之地，之后北方杂剧中心

虽有向晋南平阳等地移动，但此地在元代亦有所复兴[22]。宋金元时期中国北方诸多墓葬中都有出土与戏曲题材相关联的装饰，针对于此的讨论也十分丰富[23]。虽然此时段元杂剧中必定存在不少同孝行内容相关的剧目[24]，但现因所存甚少，且并未出土孝行故事和戏曲直接相关的证据，两者的关联学界并无太多讨论。然而在杂剧盛行的豫北地区，其舞台视觉呈现对工匠或丧家的潜在影响不容忽视。

尉氏墓中孝行图，是一种带有较多背景装饰的人物故事图。元青花中类似的人物故事题材的纹饰，也被广泛认为和元代发达的戏曲、版画联系密切[25]。此类青花罐上的人物，大多以二三人为一个叙事单位，如同杂剧单次登场演出的舞台速写；当中人物所执笏板、棒槌、旗牌，也都是同时期戏曲舞台上会使用的道具[26]。若瓷匠能将一些舞台场景和刻本插画结合并绘制在器物图案上，那工匠在绘制墓室壁画中，也极可能有意识或无意识地内化平时累积的视觉体验。

尉氏元墓中北壁上方的"田真哭树""曾参行孝"（图四）两幅孝行图，有两点特殊之处或与戏曲相关：其一，两个故事所绘制的空间背景；其二，其所在的墓室空间位置。首先，田真哭树和曾参行孝的两个故事，都被放置在一构造特殊的建筑中。这种由前后两室组成、四面通透、唯有前室后壁立一屏风阻隔的建筑空间，似与潘德冲石棺头档所绘建筑的第二层结构相吻合。在著名的洪洞明应王殿元杂剧壁画中，舞台背后的布幔应该就是元杂剧布景中所谓的"靠背"[27]。至于立屏是否也能为靠背，尚待更多材料的发现，但就潘德冲石棺的图像来看，在一些演出中，很可能用屏风来替换布幔，分割前后台的空间，或是为剧情提供必要的场景提示。

其次，北壁的两幅孝行图像和东西壁的两幅错层分布。四幅孝行图虽尺幅与风格相近，却并未像常见的一样分布于墓室空间的同一高度。而北壁整体的空间模式又一次令人联想到潘德冲石棺：头档所刻二层建筑的上层被表现为元代院本的演出场景。关于此建筑是否是戏台的一种，学界尚有争议[28]。

但不可否认的是，尉氏元墓中正壁的两幅孝子图恰好位于一敞开的建筑元素之上（北壁正中的窗或壁龛或半启门），且两边分别绘有墓主夫妇和侍者的肖像。北壁两幅孝行图高度足矣俯视整个墓室空间，似乎模拟了子嗣（虚拟或观念上地）来此空间祭祀[29]、仰视观赏其上方表演孝行剧目戏团的场景，一如他们在庙会时所习惯的那样。

综上所述，画工在绘制河南尉氏墓的孝行图过程中，有意无意地融合了当时各类的视觉风尚。这些图像区别于宋元时期墓葬中对孝子故事的一般表现，从侧面反映了戏曲文学、刻本传统、舞台艺术等在元明之际的转变趋势。

二　画工的创新：河北涿州元墓

流行风尚所蕴含的影响，必定通过具体的个人才得以留下痕迹。向墓室营建过程中最重要的直接参与者，不外乎工匠与丧家。本文开篇提及的涿州元墓，恰为讨论这两个群体提供了较为丰富的材料。

墓室营造工匠人员的分工，与此时期的墓葬建造工序基本对应：先后由石匠、砖匠、画匠等人层层累叠，或最后还有书匠（也常由画匠兼任）负责各处榜题的书写，最终才得以完工[30]。涿州元墓中，画匠是讨论之核心。就墓室壁画中对传统题材的形式上的创新，郑以墨与王丽丽已经作了详尽分析[31]。不过，就东、西南两壁的孝行图而言（图六），所谓的"新形式"在两个层面上依旧继承和延续了宋以降中原北方墓葬的艺术传统。

虽然将如此多幅孝子图绘于同一画面的形式尚无他例[32]，但若在微观层面上细察其中单个孝义故事图，不难发现其与宋金时期的传统基本保持一致。徐海峰在辨析此墓的孝子故事时，可以明确的几组，都无一例外地保留了宋金既定的人物排列形态及其所表现的具体情节，如：赤眉军讯问蔡顺、织女腾云告别董永、鲁义姑军前舍子救弟、曹娥江边哭父、王祥赤身卧于冰上、刘明达卖子、郭巨埋儿时得金釜等。对同一个孝子人物故事描绘相对固定的场景，正是宋金时期普遍的做法[33]。其他基本能够辨识的图像，往往人物数量、安排和既有传统略有出入，

图六　河北涿州元墓墓室东南、西南壁壁画，赵孝宗故事位于左上角（采自《中国墓室壁画全集》第三卷，第136页）

但由于包含某些高辨识度、和特定孝子故事情节紧密联系的"元素"亦得以被读识，例如孟宗哭竹中的竹笋、曾参行孝中的柴草、田真兄弟哭荆中的人树、元觉行孝中的舆舁、姜师夫妻中的鲤鱼等。这些单幅单景的叙事图像，虽然叙事性很大程度上得以消解，但其在当时的辨识度应该很高，只需时人调动已有的孝子故事知识储备即可[34]。由此值得注意的是，此种"图像提示情节"的观看模式，必须建立在所谓"模件（module）"[35]的基础之上才得以运作：这里的模件可以是某一孝子故事情节中固定的人物形态，也可以是竹笋、舆舁等一类的细节。固定人物形态的例子可见于此墓赵孝宗的故事图（图六，下），《后汉纪》对其故事所载如下：

沛人赵孝亦以义行获宠。孝字长平。初，

天下乱，人相食。孝弟礼为贼所得，孝闻之，则自缚诣贼，曰："礼久饿羸瘦，不如孝肥饱。"贼大惊不忍食……[36]

图中表现的，正是赵孝（孝宗）同赤眉军对峙的情形。赵孝同其弟赵礼跪地祈求，其中赵孝还袒露胸腹，应在表现"不如孝肥饱"的情节。赤眉军首领则坐于一旁，一腿前伸一腿盘起。徐海峰曾将此图误识为蔡顺[37]，但这样的人物构图在北京门头沟斋堂村元墓（图七）、山西省闻喜县下阳村金代一号墓墓室南壁、山西屯留宋村金代墓（图八）中皆有出现。几组图像除了左右颠倒外，主要人物的姿势几乎如出一辙。此外，赤眉军首领的独特坐姿，在同时期墓葬、刻本中也常用于描绘男主人的肖像（图九、一〇）[38]，仿佛此种坐姿能为写像者增添别有的气势。虽然涿州墓壁画中并未发现和其他出土壁画完全一样的人物形象以直接印证粉本的使用[39]，但上述的相似构图（甚至是跨题材间的）也足以表明画工参考画稿小样的可能[40]。类似的画稿小样或者图像记忆口诀，在当时的燕云地区以及晋南豫北地区画工组织间，应该都有长时间广泛的流传，才使得中国北方孝行图在较大的地域和时间跨度上都具有一定共性。

图七　北京门头沟斋堂村元墓墓室西壁壁画，
赵孝宗故事位于中部（采自《中国墓室壁画全集》
第三卷，第 122 页）

宏观层面上，此墓中山峦与孝子图像结合的形态广受学者关注，但就其形式和成因等方面未尽之

图八　山西屯留宋村金代墓墓室西壁赵孝宗故事图
（采自《文物》2008 年第 8 期）

图九　内蒙古赤峰市宁家营子元墓墓室北壁夫妇端坐图
（采自《中国墓室壁画全集》第三卷，第 122 页）

处仍颇多。首先，以"山水人物"画像这一概念统称同时期墓葬壁画中一系列人物与山水结合的图像未必确切[41]。一些墓葬中的山水图像在题材、构图、技法等层面，与传世的文人山水画非常接近[42]，其特点是山水为主人物为次（或无人物），当中人物只起点景作用，并无特定叙事性。另一类画像则以人物为主，山水或木石多作为视觉装饰，有一定叙事性，尽管元墓中孝行图的叙事性较北朝石棺上的孝子图像而言已有所消解[43]。针对后者而言，不论山水如何充盈着文人雅趣，其本质依旧是人物图。因此，若将这类涿州壁画墓放在"有山水装饰的人物图"之框架下讨论，其创新性就不那么绝对了。以山峦分割叙事空间的手法，可以上述至汉代[44]，并

图一〇　《纂图增新群书类要事林广记》
元至元六年（1340）郑氏积诚堂刻本插图
（采自《中国古代木刻画选集》第一册，无页码）

非此墓首创。细看其中的山石，不难发现两壁中施以晕染和皴法的山石仅有四处，其中两处还位于画面顶部远景部分。各故事图间的山峦，大多只是寥寥几笔成形的简单线条，鲜有石块阴阳面的立体效果。此外，画面中仅有的两棵树木，一是田真兄弟哭荆中的大树，一则位于画面的边缘。上述这些处理方法，显然还是以孝子人物图像的叙事性为中心：简单的山石线条方便工匠根据每个故事所占用的空间，绘制背景以装饰画面；较少地穿插树木使其不至于和故事情节所需的树木混淆，易于图像的辨认。

虽然将人物置于山水中的做法久已有之，但也如汪悦进指出，早期山水图像所暗含的地理认知结构（geographic scheme）与后世"山水画"是两个迥异的体系：早期山水往往象征彼世（otherworld），与现世相对；而宋元时期的山水画，则特指隐世，与尘世相对[43]。因此，简单将元代壁画中山林间的孝子等同于汉代山峦间的异兽，或是北朝石棺上的孝子，一概而论为升仙之意的解释，仍待推敲。山水和孝子在这个时期的结合，虽不排除工匠有意复古的可能[46]，却也并非直接承袭于自汉代已有的图式，而是有其宋元特殊的背景——即文人山水画的兴盛和普及。或许正是这种风尚，才启发画匠使用山石这一素材来组合孝子图的题材——显然这里山水背景在构图

层面上的功能性远重要于其本身可能具有的内涵。

无论从微观还是宏观的层面，涿州墓中孝行图的创新性问题都应是量而非质的问题。但不可否认，模件式的绘制方法，同时还为画工们保留了很大的灵活性和创作空间。如前文所述，将多幅孝行故事绘于一壁、并以山峦作隔，在前期或同期墓葬中实属罕见。参照孝义图两壁壁画上留下的大量和终稿有出入的起稿线，以及几处比例失调的人物细节，学者大抵可以推断此两幅壁画是由画工在壁面上直接设计、定稿而成，与他们在东西壁供奉图中展现的熟稔大相径庭[47]。郝建文将这一区别归结于题材主次之由，但更可能的原因是此类组合型的孝子图像并不似东西壁侍奉图那样有完整的粉本可以依照，画工只能依托单个故事的粉本或口诀，首次进行组合创造，对整体把握较不熟练。然而画工究竟出于什么样的原因，费尽心思创作了东南、西南两壁的孝子画像，则更值得我们深思。郑以墨在文中提出正是由于画工的创新，才使得丧家"极其看重壁画的绘制"[48]。而我认为其因果应当倒置：在宋金元时期画工组织形成、商业竞争成熟的时代背景下[49]，促使涿州画工未利用既定粉本、而选择在墓壁上直接起稿创作的动因，更可能直接来自于雇主的要求。若无额外利润的驱动，很难想象当时的工匠愿意煞费苦心，惨淡经营，来进行形式上的创新。

涿川画工在此墓中的艺术尝试，从其各壁间相互矛盾的空间观念间亦可见一斑。王玉冬指出宋金时期墓室各壁共同营造虚拟家居空间的设计理念在蒙元时期有了变化，墓室壁画开始模仿中古地上建筑中的装饰画以"装点"墓室空间而非"虚拟延伸"墓室空间[50]。涿州墓的画工似乎徘徊于两者之间无法抉择：东南、西南壁上的孝行图，好似两幅独立的画轴，以一种装饰元素出现在墓室空间内；东西两壁的侍奉图中，画工又回溯宋金时期的传统，要去模拟出一个虚拟居家空间；在西南、西北、北壁，一方面是大画屏的图像展示平面，一方面却又好似东西壁居家空间的延伸。涿州画工显然抛弃了任何既定的、完整的墓室设计，而竭力地推陈出新，

在传统和创新间找到平衡。

丧家在当时的意愿还能在墓志的只言片语中被部分还原：

> 大元国涿州范阳县李仪，宅居东门街南，儒吏立仕，历迁至丰润县尹。自前任不营干，勤力公事，专善化民，绝有有私。致仕大都路府判、散官承德郎，享年七十……云比寿堂深足廿尺，壁画时风不能入，有露珠。秉彝于四方拜讫，风乃入，得画实遇天助，后人不可将毁。敬启后世知之。[51]

从后半部分特别记录墓室壁画绘制情形的文段可知李仪的长子李秉彝对壁画的重视，想来投入了大量的财力物力。究竟出于何种原因，使得丧家要聘请画匠尽心创作壁画，还要在墓志中将其精美的壁画与此寿堂的神圣性间建立起逻辑上的联系，或与李家的身份有些关联。男主人李仪生前为"儒吏"，曾任丰润县尹，后官至大都路府判。在元代科举长期不兴、取士重视根脚家世的环境下[52]，地方社会广泛启用吏胥，且较之前朝由吏入官的机会较多[53]，李仪显然得以跻身此列。更为有趣的是，题记行文间皆透露出长子李秉彝对其家族之儒家身份的认同。无论是程序性地赞颂父亲"常怀济众之心"、"勤力公事，专善化民"的德行，还是家室兄弟子孙名讳中常见的"忠"、"义"、"礼"[54]，似乎

都在强调父亲作为"儒吏"同一般"小人之态"的吏胥间的区别[55]。依此便不难理解李家愿烦请画匠绘制超越传统所限的孝行壁画的做法，以粉饰"端居神道"的李仪的永宅。

三 地方家族：山西屯留元墓

山西屯留康庄工业园区两座毗邻的元代壁画墓，据其各自墨书题记，可知同属韩氏家族墓葬[56]，并可依此拟出其中祖孙三代的族谱关系（图一一）。一号墓见于元大德十年（1306），时间晚于二号墓的至元十三年（1276），其墓主韩翌为二号墓墓主韩赟的第四子。两座墓壁画均保存良好，孝行图皆位于墓室壁画的核心位置，但就绘画题材而言一号墓相较于二号墓更为丰富。韩翌墓除南壁门神、侍者外，其余三壁都为一门二窗的结构，其间绘有竖幅孝行图，另外穹顶上有星象和八仙图。韩赟墓南壁为两幅四季花卉图，其余三壁各有两图占据全壁：其中墓室北半边为四幅孝行图，东西壁南侧则是侍奉图。

屯留两座元墓的整体空间设计，分别反映了此时期中国北方墓室装饰中的两类做法：一、韩翌墓以与生者相反的视角，在墓室四壁模拟地上木结构建筑的外墙装饰，为死者构造出一个想象的彼世空间[57]；二、韩赟墓则抛弃了仿木结构的传统做法，不再关注斗拱或是门窗等建筑单元，而是以壁画的形式将全壁模拟成室内的立屏或挂轴。

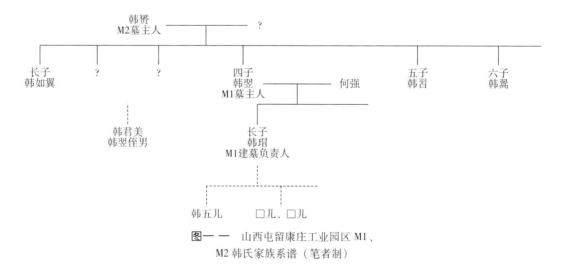

图一一　山西屯留康庄工业园区 M1、M2 韩氏家族系谱（笔者制）

然而贯穿上述两种模式的，是元代墓葬中更为普遍的"装饰化"倾向。此前已有学者注意到此时华北地区墓葬的这一趋势：即唐宋辽金墓葬中以壁画或砖雕模拟向外延伸的虚拟家居空间的做法逐渐式微，墓室壁画转而成为一个单纯展示平面图像的空间[58]。韩翌墓门窗间的一幅幅孝行图（图一二至一四），画工并未有任何兴趣以错视法（trompe l'oeil）将观者的视线引向墙壁之后的想象空间；事实上，孝行图题材本身也并非同"开芳宴"一般适合模拟居室空间，而是只能作为壁面的某种装饰绘画，使观者的想象停留在壁面之上。

装饰化的趋向，在韩翌墓孝子图中还体现在工匠对视觉对称效果的强调。其北壁与杨香打虎一图空间位置上对称的图像（图一二，1、2），考古报告中记："画面描绘在山石激流间，一女子骑于蛟龙身上，手中执剑作刺杀状，所表现的故事不详。"[59]元代北方流传的孝义故事版本中，未发现能与此形象相对应的文字叙述。两图中人物穿着一致，女子骑蛟龙之形象，无疑与杨香骑虎的动作相呼应，旨在表现义女的某种英姿。另外，此墓东壁四幅孝行图的山水背景，也都呈现出明显的对称效果。立柱和窗户间的两幅孝子图（图一三，1、2）背景都是高台、栏杆，以及高台后的山峰；门窗间的两幅（图一四，1、2）构图亦一致，前景为人，背景为松石，此种种对称应不是巧合，而是工匠有意识的安排。北壁的对称表明图像的装饰性在选取孝行故事时至关重要；东壁则表明画中的山水背景并非随意添绘，而是蕴含整体空间中轴对称的内在逻辑。

大幅壁画中的图像内容以屏风、幛子、挂轴等特定物质形式出现[60]，更是体现了"装饰化"的趋势。韩贽墓四壁仅上层有一窄条墨线勾勒出的帷幔，似乎还残留了一丝暗示室内空间的意味，余下的壁画仿佛皆是室内掀起帷幔后露出的一幅幅绘画作品。几幅孝行图四周以墨黑色的边框框定，好似数扇巨大的立屏。而画面上方的惊燕（图一五），则又表明几幅绘画是被装裱为挂轴而悬于墓室四壁。这种做法在二十多年后的建于山西兴县红峪村的元墓中达到

1

2

图一二　山西屯留康庄工业园区 M1 墓室北壁壁画
（采自《考古》2009 年第 12 期）
1．"杨香打虎"　2．故事不详

1

2

图一三　山西屯留康庄工业园区 M1 墓室东壁窗与立柱间壁画
（采自《考古》2009 年第 12 期）
1. "老莱子娱亲"　2. "曾参问母"

1

2

图一四　山西屯留康庄工业园区 M1 墓室东壁窗与立柱间壁画
（采自《考古》2009 年第 12 期）
1. "鲁义姑"　2. "郭巨埋儿"

巅峰[61]：工匠以近乎一致的表现手法将孝子故事、侍奉图乃至夫妇对坐图绘入屏风或挂轴之中（图一六），永远定格于黄泉之下。

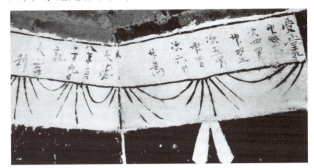

图一五 山西屯留康庄工业园区 M2 墓室南壁与东壁相连处壁画
（采自《考古》2009 年第 12 期）

图一六 山西兴县红峪村壁画墓南壁孝行图与备酒图
（采自《文物》2011 年第 2 期）

上述两类（特别是后者）"装饰化"的倾向，无疑和某些地上建筑空间的室内装饰有所联系。李清泉从墓主夫妇对坐像出发，论及宋金时期的墓葬可能受两种地上建筑影响：其一为唐宋以来逐渐盛行的影堂，其二则是墓主平日生活起居的家宅[62]。基于林伟正"此时期墓室空间移用（appropriate）而非单纯模仿（imitate）了某种地上室内环境"[63]的基本论点，我们在解读墓室空间时，必须考虑到多种地面建筑空间的元素可能并存于一墓室之中，并被墓葬这一特殊语境赋予特殊的内涵。

墓室与影堂同为礼仪空间，其在设计上很可能有诸多相似之处。韩赟墓东西壁各幅壁画上，有"此位□堂□□韩赟□五子"、"此位韩汝翼居中"、"此位韩□□□□韩庭□□是□堂主韩赟长孙"等题记。此类题记似乎代表了韩赟的子孙，在空间上拱卫着记有墓主信息的正壁。这种设位排列的做法，在同时期地上影堂的祭祀、丧葬活动中并不少见。司马光《书仪·丧葬三·启殡》中就有记影堂之"位"："启殡之日，夙兴，执事者纵置席于影堂……五服之亲皆来会，各服其服，入就位哭。"[64]但进入墓葬之中，每位上的人物，不再是韩赟真实的子孙，而是带有典范特征的孝子与侍女形象。更为有趣的是，在其他孝子图皆无墨书榜题故事内容的同时，唯有东壁韩伯瑜故事画上题有"此处是韩伯俞"六字。一方面，"此处"与"此位"仅一字之差，区分了韩伯瑜与其他的韩氏家族后裔；另一方面，画匠又意味深长地挑选与墓主同姓的孝子故事留下榜题，将韩伯瑜也纳入了韩赟家族之中，或将韩赟的孝顺子孙们比附成汉朝的大孝子，在冥府永为供养[65]。

屯留两座墓室亦有所借鉴日常生活起居家宅的布局与布置。韩翌墓为各壁题上"清风轩"、"德正轩"、"通利轩"、"菊轩"、"松轩"等一系列名字，似是借用了有宋以来士大夫为私人园林命名时兼顾德行与意趣的风尚[66]。而韩赟墓的壁画，更是对彼时富庶人家室内陈设布置中常见的挂轴、屏风绘画等物质感观的册绘[67]，将韩赟死后的葬室与其生前地上的居所相联系。其中的孝行图（图一七）文人意趣盎然，能与元代传世的文人山水画对观。整体构图上，四幅孝行图中人物与周遭山石树木空间布局和谐，不拘泥于某一特定模式[68]。画幅中留白恰当，几处题字也分布合理，远看好似元四家山水画中的题诗。观其细部，人物线条流畅，比例协调，衣着晕染均匀，色泽内敛浅淡，未出现韩翌墓中正朱红等明快色调。其间树木枝蔓造型也相当成熟，"王祥卧冰"中的柳条枝法、"孟宗哭竹"中老松的正反树法，或从同时期画谱中借鉴颇多。偶有几处人小树木交杂的处理，可与倪瓒在画谱中"大者为老树新枝，小者为经霜枯干"[69]的论述相呼应。

其山石更是层层晕染，浅淡墨色和相间赭石衬托出山石多面的立体感与阴影效果，虽未用皴法但溪涧悄怆幽翠、山石犬牙差互，跃然纸上。这些均表明工匠于墓葬环境中，极力在构图、设色、笔法等层面还原居室内文人画的风格。

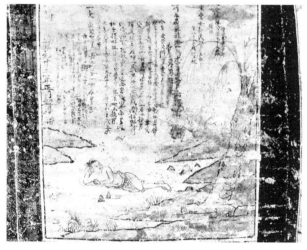

图一七 山西屯留康庄工业园区 M2 墓室北壁壁画局部
（采自《考古》2009 年第 12 期）

屯留墓丧家的两个意愿，或与墓室对上述两类地上空间的移用密切相关。其一，屯留的韩氏家族展现出了与宋金以来诸多稍有规模的家族一致的愿望，即庇佑后嗣的绵延、希冀子孙的团结。其二，墓主人自身个性审美的趋向，更强有力地从其生宅穿透到了其死后的阴宅。

宋元之际成形的诸类风俗与观念，皆可视为巩固地方范围内家族利益的种种策略。墓志中"对子嗣的关注，无疑是期望家族兴旺"[70]，正如韩塾墓中记"伏愿砌墓之后儿孙年年进禄，家眷岁岁兴荣"。屯留两座墓皆砌于墓主生前，韩塾还曾亲自下墓观看："（韩塾六十七岁）身腔强健，意欲砌墓，有男韩瑎等发孝顺心，撰吉祥之穴，于庚穴上刞砌墓一所。塾亲诣视之，身心喜悦。"然而我们不禁疑惑，砌墓对子孙的保佑，究竟是时人的一厢情愿，还是在某些更具体的层面的的确确加强了家族后人间的联系并巩固其家族地位？首先，文献表明自宋代起，人们在固定日期举行家族扫墓、祭祀、宴会的风俗逐渐形成[71]。屯留的两座墓葬皆为合葬墓，

且多次下葬。每次开墓入葬的过程，想必有家族成员共同参与的某种丧葬仪式。在此种特殊情形下，墓葬或许的确被视作类似宗祠的礼仪空间[72]，家族成员的"在场"（无论是实际到访还是墓中之位）更是强化了某种直观的群体认同感。其次，每一次修建墓室，都是对其家族直系后代关系的汇总和整理。韩赟之子名字皆从"羽"，而家庭每位男性后嗣的命名辈分井然（见图一一），无疑是家庭伦理秩序维持的手段之一。最后，每一次修墓，其波及的人事范围很大程度超越了家庭的边界。丧家的参与自然必不可少，但除此之外，若细察屯留两座墓建造的参与人员，就还包括来自上党县长步村的砖匠王氏兄弟、画匠同时也是韩塾的侄男韩君美、来自同村的题记书写者郭仲礼以及分别来自上党县和同村的两位阴阳人。工匠和墓葬风水师所在的上党县为屯留一邻县，韩塾的一位孙媳也来自此地。另外，题记的书写者，一般请当地较有声望的人物书写，以溢美之词赞颂墓主及其后嗣。韩塾虽并未为官，却曾担任地方"社长"。《元史》中关于"社长"身份的记录表明其为村民推举、负责地方各类事务，如组织农业生产、维持地方秩序等，是元地方行政与地方社会的重要衔接性中介[73]。在经济更为活跃的市镇，他们则还可能负责组织庙会商事等重要经济活动[74]。从社会学角度来看，对于此类地方乡绅，维系其在某一社群中的模范作用以及名誉声望至关重要[75]。其墓题记的只言片语似乎都在暗示建墓的筹备工作绝非简单，也是韩塾及其子嗣确认和巩固他们在当地人脉关系的绝佳机会，而当地村民也一定无时不关注着韩家这一活动的开展。

若屯留墓（特别是韩赟墓）中孝行图的物质形式确实借鉴了墓主生前室内装饰的某些个人审美取向的话，那么室内装饰所带有的社会意味同样也被或多或少移用至墓葬环境之中。乔迅（Jonathan Hay）富有洞见地指出：室内装饰物件等奢侈品，彰显了其主人的社会地位；而那些渴求巩固其社会地位的新富同样也以此方式来获取这一种可视的文化资本[76]。高居瀚（James Cahill）将元代文人山水画

的流行和文人身份标准联系起来：在元以前，士人文化以经文、诗文为门槛，而元代则将文人山水画也纳入此范围[77]。士人圈的交游，常以书画为酬谢，此过程中的鉴赏者（connoisseur）与创作者享有同等的文人身份。韩赟虽绝非文士，但他若也常喜好在自己居室内悬饰装裱精致的挂轴，自然在借文人的文化资本以强化韩家在地方礼俗社会中的教化权力与威望。宋中期士人群体转向地方、购置田产作为家族经济根基的做法[78]，为本身在地方上拥有大量地产的富庶阶层（韩塑家"坟周围地一顷、本家地二顷有余"）采取文人的生活方式与审美趣味提供了合理化的依据。因此，韩赟墓中大幅带山水背景的孝行图[79]，既契合于荫蔽子孙的期望，又彰显了这些富庶地主高于普通村民的文人趣味。

结论

元代中国北方墓葬中出土的一些孝行图，无疑是引人注目的：它们往往占据整块壁面，作为墓室装饰中最重要的母题。它们虽在具体墓葬中有其各自的变化，但这些"新式"孝行图在内容和形式上有以下几点共性：图像内容上，孝行图描绘的孝子故事更为多元，许多更是在宋金时期北方固定孝子故事组合中未被囊括，同时故事人物通常被置于某一复杂的自然或建筑背景之中；图像形式上，孝行图的画幅从宋金时期的中幅、小幅转变为大幅，时而出现多个孝子故事结合于一幅画面中的情形，为外其所处的墓室空间位置也从次要处移至壁面中央。

总结出这些"新式"孝行图的特殊之处或也容易，但若要深究其何以为此，却并非易事。萧启庆曾就中原文化在蒙元统治时期的变化作如此论述，其中言及的传统与特殊间的辩证关系我认为同样适用于探讨元代孝行图之变的成因：

中原文化在元代发生不少变化，但是这些变化与外来及元廷政策皆无直接关联。这些变化的发生主要是赓续宋金时代业已存在的一些趋势，但是蒙元时代的特殊政治环境助长了这些趋势的发酵[80]。

本文从河南尉氏、河北涿州、山西屯留三座元代墓葬的孝行图切入，认为孝行图的"新形式"与工匠和丧家有着直接关联。作为孝行壁画的具体绘制者，此时期的工匠们一方面仍在沿用这一题材自宋金时期业已存在的传统口诀、粉本，进行着所谓"模件化"的创作；另一方面，他们更是无法独立于元代以来日渐流行的文本、戏曲、刻本等风尚，以至于在其创作中融入了诸多蒙元以来才有的元素。在这些工匠组织背后，更有丧家时隐时现地推动着墓葬的兴建。元代北方墓葬的墓主身份，与宋金时期变化不大，多为地方富庶地主商贾或职位较低的官员。他们自身或其家人在区域范围十分有限的地方层面，出于参与地区事务、庇佑家族子孙的需要，偏好选择这种新形式的孝行图装点墓室。随着元代更倚重于地方管理，"儒吏"或"社长"则更迫切需要在方方面面彰显其高尚德行或雅致审美，以博得民众的认同、获取名望和威权。

必须承认，在这三例个案所处的晋南豫北的中原地区以及冀北的燕云地区，同时期还存在许多无孝行题材或孝行题材装饰十分简略的墓葬。本文的三座墓葬，虽在同类材料中有一定代表性，且相关信息比较翔实，但它们自然无法（我也无意）完全涵盖元代中国北方的平民丧葬传统或观念的变迁。不过，它们仍为我们了解工匠、丧家以及两者间互动在具体情形下与孝行图的关联，提供了绝佳资料。可以确定的是，沉默的图像背后所折射出的社会景象，必定和具体的个人以及具体的群体有所联系。艺术史学家只有综合利用各方面交织的信息，包括分析图像、释读榜题、参照各类传世图像等，剖析那些无名或有名的个人在特定情况下所面临的选择，才能逐步勾勒出具象的社会图景。

本文受到复旦大学本科生学术研究资助计划（FDUROP）的资助，本文撰写过程中得到复旦大学邓菲老师的指导，特此感谢。

注释：

[1] 徐海峰等：《河北涿州元代壁画墓》，《文物》2004 年第 3 期。

[2] 关于北朝石葬具上此类孝行图的内涵与功能，贺西林认为其带有升仙意味，又旨在展现生者的永恒孝心，见贺西林：《北朝画像石葬具的发现与研究》，巫鸿编：《汉唐之间的视觉文化与物质文化》，文物出版社 2003 年，第 341—373 页；邹清泉认为此类图像与"孝悌之至，通于神明"的汉代丧葬观念相关，见邹清泉：《北魏孝子画像研究：〈孝经〉与北魏孝子画像图像身份的转换》，文化艺术出版社 2007 年，第 162—168 页；郑岩则认为这种构图与叙事结构、高士升仙等内涵都有关联，见郑岩：《北朝葬具孝子图的形式与意义》，《美术学报》2012 年第 6 期。

[3] 关于孝子图像在这个时期墓葬中的功能性问题，有同宗教、丧葬观念相联系的，见邹清泉：《"三教圆融"语境中的元代墓葬艺术》，《美术与设计》2014 年第 2 期；邓菲：《关于宋金墓葬中孝行图的思考》，《中原文物》2009 年第 4 期；亦有与多民族政治生态相关联的研究，见郭东升、薛璐璐：《从辽墓二十四孝画像石棺窥儒家思想对辽契丹文化的影响》，《辽金历史与考古国际学术研讨会论文集（上）》，第 71—76 页；董新林：《北方地区蒙元墓葬初探》，《考古》2015 年第 9 期。探讨二十四孝在宋元期间出现并定形的过程，见赵超：《"二十四孝"在何时形成》（上、下），《中国典籍与文化》1988 年第 1、2 期；董新林则注意到中国北方墓葬中流行的孝行故事版本同高丽《孝行录》所载版本更为相近，见董新林：《北宋金元墓葬壁饰所见"二十四孝"故事与高丽〈孝行录〉》，《华夏考古》2009 年第 2 期；南恺时（Keith Knapp）从多方面考察孝行故事及其文本、图像与各时期社会秩序的联系，见 Keith Knapp, *Selfless Offspring: Filial Children and Social Order in Medieval China*, Honolulu：University of Hawai'i Press, 2005；宇野瑞木则较全面地收集了墓葬、版刻等图像材料以梳理"二十四孝"在东亚世界的流传，见宇野瑞木：《孝の風景：説話表象文化論序説》，勉誠出版 2016 年。

[4] 邓菲：《图像的多重寓意：再论宋金丧葬艺术中的孝子图》，《艺术探索》2017 年第 6 期。

[5] 杨林中等：《山西屯留县康庄工业园区元代壁画墓》，《考古》2009 年第 12 期。

[6] 刘春迎等：《河南尉氏县张氏镇宋墓发掘简报》，《华夏考古》2006 年第 3 期；此墓后被考订为元墓，见刘未：《尉氏元代壁画墓札记》，《故宫博物院院刊》2007 年第 3 期。

[7] 鲁琪、赵福生：《北京市斋堂辽壁画墓发掘简报》，《文物》1980 年第 7 期；此墓后被考订为元墓，见冯恩学：《北京斋堂壁画墓的时代》，《北方文物》1997 年第 4 期。

[8] 王大方、李兴盛：《内蒙古凉城县后德胜元墓清理简报》，《文物》1994 年第 10 期。

[9] 邢福来等：《陕西横山罗圪台村元代壁画墓发掘简报》，《考古与文物》2016 年第 5 期。

[10] 后述及此墓信息，若非特别注明，皆出自该墓发掘报告，参见刘春迎等：《河南尉氏县张氏镇宋墓发掘简报》，《华夏考古》2006 年第 3 期。

[11] 〔宋〕李昉等：《太平御览》，中华书局1960 年，卷四一一人事部五十二《孝感》，第 1899 页。

[12] 斯二二零四，"董仲寻母"一段，见王重民等编：《敦煌变文集》，人民文学出版社 1957 年，第 112—113 页。

[13] 此话本准确断代尚不明确，学者多根据语言特点推断为宋元时期的话本，见〔明〕洪楩：《清平山堂话本校注》，程毅中校注，中华书局 2012 年，第 377—378 页注 1；常金莲：《〈六十家小说〉研究》，齐鲁书社 2008 年，第 121—122 页。

[14] 〔明〕洪楩：《清平山堂话本校注》，第 369—370 页。

[15] 见李全敖：《山西闻喜寺底金墓》，《文物》1988 年第 7 期。

[16] 《分类合璧图像句解君臣故事二卷》，覆元刊本重刊（五山版），公益财团法人东洋文库藏；引自宇野瑞木：《孝の風景：説話表象文化論序説》，第 673 页。

[17] 〔明〕汤显祖：《新编绣像南柯记》，明末吴郡书业堂翻刊，臧懋循校订，台北"中央图书馆"藏，版画页一。

[18] 刘未：《尉氏元代壁画墓札记》，《故宫博物院院刊》2007 年第 3 期。

[19] 如济南柴油机厂元墓中疑为朱寿昌故事的图像、嵩县北元村墓疑为汉文帝故事的图像，各例见刘未：《尉氏元代壁画墓札记》，《故宫博物院院刊》2007 年第 3 期。

[20] 〔元〕贯云石：《新刊全相成斋孝经直解》，日本林秀一氏藏元刊本影印，来薰阁书店 1938 年，第 15 页。

[21] 〔元〕贯云石：《新刊全相成斋孝经直解》，《自序》。

［22］根据廖奔所统计，《录鬼簿》所辑北曲杂剧作家籍里，黄河以南诸区人数依旧较多，见廖奔：《宋元戏曲文物与民俗》，文化艺术出版社 1989 年，第 257 页。

［23］系统论述和材料整理，见廖奔：《宋元戏曲文物与民俗》，第 137—246 页；车文明：《20 世纪戏曲文物的发现与曲学研究》，文化艺术出版社 2001 年，第 12—21 页。关于一批新出土材料的讨论，见邓菲：《宋金时期砖雕壁画墓的图像题材探析》，《美术研究》2011 年第 3 期。

［24］相关剧目的名称，可见钟嗣成大约成书于至顺元年（1330 年）的《录鬼簿》以及成书于明初的《录鬼簿续编》，如王实甫《孝父母明达卖子》、屈子敬《孟宗哭竹》、杨景贤《三田分树》等，惜多已不存。现可见刘唐卿《降桑椹蔡顺奉母》、佚名《王祥卧冰》、《董秀才遇仙记》等，见《全元戏曲》全 12 卷，人民文学出版社 1999 年。

［25］见中国硅酸盐学会编：《中国陶瓷史》，文物出版社 1982 年，第 351 页；马希桂：《中国青花瓷》，上海古籍出版社 1999 年，第 49 页。

［26］廖奔：《宋元戏曲文物与民俗》，文化艺术出版社 1989 年，第 306—323 页。

［27］廖奔：《宋元戏曲文物与民俗》，文化艺术出版社 1989 年，第 347 页。

［28］徐苹芳认为，元代所称"舞厅"，有位于二层的设计，如河北柿庄宋墓 M4 就有在墓门上建舞厅，另外寺观大殿前山门的二层也会附建舞厅，见徐苹芳：《关于宋德方和潘德冲墓的几个问题》，《考古》1960 年第 8 期。而廖奔则认为此只是居室屋宇的造型，并非专门用于演出的场所，且现存大多数寺观中的元代戏台都为单层，见廖奔：《宋元戏台遗迹——中国古代剧场文物研究之一》，《文物》1989 年第 7 期。而洪知希（Jeehee Hong）则倾向于认为此种二层戏台在宋元应该存在，见 Jeehee Hong, "Virtual Theater of the Dead: Actor Figurines and Their Stage in Houma Tomb No. 1, Shanxi Province," Artibus Asiae, No. 1 (2011), pp. 106 – 109.

［29］Jeehee Hong, "Virtual Theater of the Dead: Actor Figurines and Their Stage in Houma Tomb No. 1, Shanxi Province," Artibus Asiae, No. 1 (2011), pp. 109 – 111.

［30］Fei Deng, "Modular Design of Tombs in Song and Jin North China," Visual and Material Cultures in Middle Period China, eds. Patricia Ebrey and Shih—shan Huang, Leiden and Boston: Brill, 2017, pp. 52 – 64.

［31］墓室主壁（北、东北、西北三壁）墨竹屏风等文人化题材在其他墓葬中虽有体现，但此墓画工似乎更注重利用帷帐、人物等营造出遮挡视线的效果，使得观赏画面的过程充满趣味性。此外墓室的孝子图像也是以较新颖的形式出现，将众多孝义图浓缩于同一画面之中，并以山峦线条相隔，大大节省了空间。见郑以墨、王丽丽：《河北涿州元墓壁画研究》，《南京艺术学院学报（美术与设计）》2015 年第 5 期。

［32］此时期最常见的形式为单幅构图，根据已发表的考古资料来看，元代出现多幅组合构图形式孝行图的墓葬有内蒙古凉城县后德胜 M1 元墓、陕西横山罗圪台村元代壁画墓、北京市斋堂壁画墓，但从未发现有组合如此多幅孝行图于一幅画面的例子出现。宋金亦见零星几例组合构图的孝行图像，如洛阳宜阳仁厚宋代壁画墓、河南新密市平陌宋代壁画墓东壁墓顶一幅，但较元代出现例子来看都较为稀少。

［33］邓菲：《图像的多重寓意：再论宋金丧葬艺术中的孝子图》，《艺术探索》2017 年第 6 期。

［34］关于此壁画叙事层面的讨论，见郑以墨、王丽丽：《河北涿州元墓壁画研究》，《南京艺术学院学报（美术与设计）》2015 年第 5 期；在早期佛教叙事性绘画中，也存在类似单场景叙事（monoscenic narration）。诸多此类图像的叙事类别亦可用于孝子图的分析，见 Vidya Dehijia, "On Modes of Visual Narration in Early Buddhist Art," The Art Bulletin, No. 3 (1990), pp. 374 – 92.

［35］"模件"一词在中国艺术史系统中的应用，见雷德侯（Lothar Ledderose）：《万物：中国艺术中的模件化和规模化生产》，张总等译，生活·读书·新知三联书店 2005 年。书中对此概念的解释为：能够组合创造出变化无穷的单元的常备构件，其数量往往是有限的。此概念可应用于诸多领域，就壁画绘制而言，"模件"可指粉本中的人像、母题等，见雷德侯：《万物：中国艺术中的模件化和规模化生产》，第 221—247 页。另一个与模件相关的概念，则是"格套"。邢义田指出格套往往带有一定构图布局，以保证画像主题的可辨识性，见邢义田：《格套、榜题、文献与图像解释》，《画为心声》，中华书局 2011 年，第 119—120 页。

［36］〔东晋〕袁宏：《后汉纪》，中华书局 2002 年，卷九，第 171 页。

［37］徐海峰：《涿州元代壁画墓孝义故事图浅析》，《文物春秋》2004 年第 4 期。

［38］后两者间的比对，见赵丹坤：《北方蒙元墓葬墓主人形象与族属问题的再思考》，《中原文物》2017 年第 1 期。

［39］而几乎一样的砖雕形象，已有在同时期相近地域的墓葬中发现，如洛阳关林庙宋代砖雕墓和偃师酒流沟中的戏剧人物雕砖，见 Fei Deng, "Modular Design of Tombs in Song and Jin North China," Visual and Material Cultures in Middle Period China, eds. Patricia Ebrey and

Shih - shan Huang, Leiden and Boston: Brill, 2017, pp. 42 - 45。

［40］画稿小样和穿孔粉本的使用，见张鹏：《"粉本"、"样"与中国古代壁画创作》，《美苑》2005 年第 1 期。

［41］"山水人物"一词的使用，见穆宝凤：《元代山西地区壁画墓中的"山水人物"画像的解读》，《中国美术研究》2013 年第 2 期。

［42］此类典型的山水图像如山西大同齿轮厂元墓四幅"隐逸图"、山西大同冯道真墓北壁山水图，见邓菲：《山川悠远——论元代墓葬中的山水图像》，《美术学报》2016 年第 6 期。

［43］此种叙事性的图像包括带有山水木石背景的侍奉图、孝行图等；从图像叙事模式的角度来说，元代大部分孝子图像都是单场景叙事，而北朝许多石刻上的孝子故事都有二至三幅，以展现连续的故事情节，属于连续性叙事（continuous narration）。这两种叙事模式在西方艺术领域中最早被提及，见 K. Weitzmann, "Narration in Early Christendom," *American Journal of Archaeology*, No. 1 (1957), pp. 83 - 91.

［44］Eugene Wang, *Shaping the Lotus Sutra: Buddhist Visual Culture in Medieval China*, Seattle: University of Washington Press, 2005, pp. 182 - 185.

［45］Eugene Wang, *Shaping the Lotus Sutra: Buddhist Visual Culture in Medieval China*, pp. 183—4.

［46］此时期复古风尚的可能性，见邓菲：《图像的多重寓意：再论宋金丧葬艺术中的孝子图》，《艺术探索》2017 年第 6 期，第 64—66 页。

［47］由于无法亲眼观察壁画，关于此墓室壁画起稿线的描绘多依据郝建文的《涿州元代壁画墓》一文。其中包括"人物手的大拇指比其他手指还细，有的手仅仅表现了两三个手指；有的脚仅画了四个脚趾；还有挑柴人的右手没有握住担子等等"，"在孝义故事图中，有不少起稿的划痕……丁香割肉孝敬父母图中，起稿线和定稿线出入很大"。郝建文：《走近神秘的河北墓葬壁画（八）：涿州元代壁画墓》，《当代人》2010 年第 3 期。

［48］郑以墨、王丽丽：《河北涿州元墓壁画研究》，《南京艺术学院学报（美术与设计）》2015 年第 5 期。

［49］关于此时期墓室营建与画工工作模式，近年来已有一些相关研究，见李清泉：《粉本——从宣化辽墓壁画看古代画工的工作模式》，《南京艺术学院学报（美术与设计）》2004 年第 1 期；Fei Deng, "Modular Design of Tombs in Song and Jin North China," *Visual and Material Cultures in Middle Period China*, eds. Patricia Ebrey and Shih - shan Huang, Leiden and Boston: Brill, 2017, pp. 52 - 72.

［50］王玉冬：《蒙元时期墓室的"装饰化"趋势与中国古代壁画的衰落》，《美术学报》2012 年第 4 期。

［51］徐海峰等：《河北涿州元代壁画墓》，《文物》2004 年第 3 期。

［52］萧启庆：《蒙元支配对中国历史文化的影响》，《内北国而外中国》，中华书局 2007 年，第 56 页。

［53］关于元代地方社会对吏胥的依赖，见 Elizabeth Endicott - West, *Mongolian Rule in China: Local Administration in the Yuan Dynasty*, Cambridge (MA) and London: Harvard University Press, 1989, pp. 105 - 110。中国历代吏胥的社会地位、作用，以及元代吏胥的特殊性，见祝总斌：《试论我国古代吏胥的特殊作用及官、吏制衡机制》、《试论我国古代吏胥的发展阶段及其形成原因》，《中国古代政治制度研究》，三秦出版社 2006 年，第 60—144 页。

［54］徐海峰等：《河北涿州元代壁画墓》，《文物》2004 年第 3 期。

［55］虽然学者基本认同元代胥吏地位上升的说法，但此时文人阶层对吏胥仍多持批判甚至诋毁之态度，认为其骄纵腐败，具体例子可见 Elizabeth Endicott - West, *Mongolian Rule in China: Local Administration in the Yuan Dynasty*, pp. 106 - 109。

［56］杨林中等：《山西屯留县康庄工业园区元代壁画墓》，《考古》2009 年第 12 期。下文有关此墓的信息，若非特别注明，皆出自此报告。

［57］关于宋金元时期仿木结构砖雕墓中转换视角模仿地面建筑外壁而非内壁的做法，见 Wei - Cheng Lin, "Underground Wooden Architecture in Brick: A Changed Perspective from Life to Death in 10th - through 13th - Century Northern China," *Archives of Asian Art*, Vol. 61 (2011), pp. 3 - 36。

［58］王玉冬：《蒙元时期墓室的"装饰化"趋势与中国古代壁画的衰落》，《美术学报》2012 年第 4 期。

［59］杨林中等：《山西屯留县康庄工业园区元代壁画墓》，《考古》2009 年第 12 期。

［60］唐代诸多山水画作品就是以此些物质形态出现，见李星明：《唐代山水画的形状——基于山水画诗和墓葬出土山水图像的新观察》，巫鸿等编：《古代墓葬美术研究第四辑》，第 178—183 页。

［61］韩炳华、霍宝强：《山西兴县红峪村元至大二年壁画墓》，《文物》2011 年第 2 期。

［62］李清泉：《"一堂家庆"的新意象：宋金时期的墓主夫妇像与唐宋墓葬风气之变》，《美术学报》2013 年第 2 期。

［63］Wei - Cheng Lin, "Underground Wooden Architecture in Brick: A Changed Perspective from Life to Death in 10th - through 13th - Century Northern China," *Archives of Asian Art*, Vol. 61 (2011), p. 5.

[64] 〔宋〕司马光:《司马氏书仪》,《景印文渊阁四库全书》第 142 册,台北商务印书馆 1983—1986 年,卷七《启殡》,第 504 页。

[65] 刘耀辉最先以"供养"的角度解释墓主画像,见刘耀辉:《晋南地区宋金墓葬研究》,北京大学硕士论文,第 29—32 页;转引自邓菲:《宋金时期砖雕壁画墓的图像题材探析》,《美术研究》2011 年第 3 期。

[66] "德正"、"通利"或出自《尚书》的"正德、利用、厚生、惟和";以典故或富有诗意的辞藻为园林建筑命名,或从北宋才开始逐渐成风,见 Robert Harrist Jr. "Site Names and Their Meanings in the Garden of Solitary Enjoyment," *The Journal of Garden History*, Vol. 13 (1993),pp. 199 – 212;命名与主人道德品行的关系,见 John Makeham, "The Confucian Role of Names in Traditional Chinese Gardens," *Studies in the History of Gardens & Designed Landscapes*, Vol. 18 (1998),pp. 187 – 210。

[67] Michael Sullivan, "Notes on Early Chinese Screen Painting," *Artibus Asiae*, Vol. 27 (1965),pp. 248 – 254.

[68] 相较之下,韩翌墓的人物和山石安排则比较单一,多数遵从近处人物远处山峦的构图。而此墓中山石亦分近景远景,且根据一定比例诱视。

[69] 〔元〕倪瓒:《元倪瓒画谱》,大小树间竹页款识,台北故宫博物院藏。

[70] 李清泉:《"一堂家庆"的新意象:宋金时期的墓主夫妇像与唐宋墓葬风气之变》,《美术学报》2013 年第 2 期。

[71] Patricia Ebrey, "Early Stages of Descent Group Organization," *Kinship Organization in Late Imperial China*, 1000 – 1940,eds. Patricia Ebrey and James Watson, Berkeley, Los Angeles, and London:University of California Press, 1986, pp. 20 – 29.

[72] 普通民众的宗祠在元代才开始被历史文献普遍提及,宋代的祠多是高官才有的家庙,或是由地方社区或政府主持修建,用于纪念有特殊贡献之人,见 Patricia Ebrey, "Early Stages of Descent Group Organization," *Kinship Organization in Late Imperial China*, 1000 – 1940,eds. Patricia Ebrey and James Watson, Berkeley, Los Angeles, and London:University of California Press, 1986, pp. 51 – 53。

[73] 关于元代"社长"的身份、职责、权力,见 Elizabeth Endicott – West, *Mongolian Rule in China*:*Local Administration in the Yuan Dynasty*, pp. 119 – 121。

[74] 赵世瑜:《明清时期华北庙会研究》,《历史研究》1992 年第 5 期。

[75] 见《乡土中国》中"差序格局"、"维系着私人的道德"、"礼治秩序"等章节的论述,费孝通:《乡土中国、生育制度》,北京大学出版社 1998 年。

[76] 乔迅的讨论主要集中于明清时期,见 Jonathan Hay, *Sensuous Surfaces*:*The Decorative Object in Early Modern China*, London:Reaktion Books, 2010, pp. 21 – 42。

[77] James Cahill, *Hills Beyond a River*:*Chinese Painting of the Yuan Dynasty*, 1279 – 1368, New York and Tokyo:Weatherhill, 1976, pp. 4 – 5.

[78] Peter Bol, "*This Culture of Ours*":*Intellectual Transitions in T'ang and Sung China*, Stanford:Stanford University Press, 1992, pp. 58 – 75. 元代士人群体继续这一做法,萧启庆:《蒙元支配对中国历史文化的影响》,《内北国而外中国》,中华书局 2007 年,第 47 页。

[79] 同时期__人__山水的_____是_____的__影响,__能是__画____此_____特__,即__想到山水人物题材在当时墓葬和器物装饰上都普遍流行,墓葬画工可能并非首创此种题材,而是与瓷器等工匠共同参考借用了当时的某种图像,见邓菲,《_____》,__元代墓葬中的山水图像》,《美术学报》2016 年第 6 期。

[80] 萧启庆:《蒙元支配对中国历史文化的影响》,《内北国而外中国》,中华书局 2007 年,第 54—55 页。

十字穿带纹初步研究

刘亚楠（南开大学历史学院）

内容摘要：十字穿带纹是两周青铜器上的常见纹饰类型之一。这类纹饰自西周早期出现，战国晚期消失，前后经历了近 800 年的发展演变，在两周青铜器纹饰中占有重要地位。本文通过对传世及新中国成立以后出土的装饰十字穿带纹的青铜器的整理与分析，总结了该种纹饰的类型、演变规律和分布地域，并对其来源进行了简要探讨。研究发现，该种纹饰模仿自绳索及木胎铜扣上的铜箍，其中模仿铜箍类的十字穿带纹应是周人特有的一种漆木器加固技术最终应用到青铜器装饰上的产物。

关键词：两周青铜器 十字穿带纹 十字绳络纹 木胎铜扣 青铜壶 青铜卣

十字穿带纹又称十字绳络纹，是两周时期青铜酒器上的一种常见纹饰。该类型纹饰外观呈皮条状，纵横交叉成十字，普遍饰于器物腹部，十字交叉处多数带有菱形凸起。从现有资料看，这种造型的纹饰在西周初年既已出现，至战国时期仍有较多发现，是两周时期十分重要的青铜器纹饰。

目前关于十字穿带纹的研究尚不多见，对于十字穿带纹的来源及发展演变尚无学者进行过系统研究。容庚先生的《商周彝器通考》一书中曾对十字带纹进行过简要的介绍[1]。朱凤瀚[2]、马承源[3]等先生在各自的青铜器综合研究著作中均未对其进行论述。

鉴于此，本文试对十字穿带纹的型式演变、存在时间、区域分布以及来源进行简要分析。

一 类型学分析与分期

饰有十字穿带纹的传世器较多，容庚先生所著《商周彝器通考》[4]收录铜器中，伯矩壶、𠆨父丁卣、父乙臣辰卣、芮大子伯壶、虢季氏子组壶、曾姬无卹壶、龙耳兽足壶等器物腹部均饰十字穿带纹。建国以后开展的考古发掘中，装饰这类纹饰的铜器在宗周及诸侯国所在地的墓葬及窖藏中均有发现。

截至 2019 年 6 月，本文共搜集到 95 件饰有十字穿带纹的铜器。依据这些资料，现对十字穿带纹的形制分析如下。

根据十字穿带纹纹饰自身造型及其与其他纹饰组合的情况，可以将其分为三型（表一）。

A 型：标本十三年兴壶[5]。十字呈宽皮条状，宽带表面作平面。两道宽带的十字交叉处多有一个菱形凸起。

A 型十字穿带纹是该类纹饰中出现最早的类型，在西周初年即已出现。装饰铜器的年代集中于西周早期。直至战国中期仍然出现在青铜壶腹部的装饰纹样中，是十字穿带纹中持续时间最长的类型。在西周早期，A 型十字穿带纹往往作为壶及卣腹部的主体纹饰，器腹两面十字交叉所形成的八个空格及宽带上均作素面。西周中期以后则多与其他纹饰相配合出现，或空格处填充其他纹饰，从而起到分栏的作用，或在宽带上装饰其他类型纹饰。

B 型：标本散车父壶[6]。每组带状纹饰由若干组凸弦纹勾勒，显得十字纹饰带较 A 型更细且外凸。B 型十字穿带纹自西周中期出现，从西周晚期开始数量激增，是西周晚期至东周时期十字穿带纹的主流样式。

C 型：十字纹饰带较细，多以井字形分布装饰于器腹。装饰 C 型十字穿带纹的器类较多，不仅同 A、B 两型那样常见于铜壶，也多见于青铜罍、缶、醽、簋上。根据纹饰造型上的差异，可分为两式。

Ⅰ式：标本番叔壶[7]。该式十字穿带较细，单股纵横交叉呈网状饰于器腹，交叉处为简单的十字形。该型在 C 类纹饰中出现较早但数量较少，在春秋早期出现，至战国早期仍有零星发现。

Ⅱ式：标本绳络纹壶[8]。该式十字带纹粗细同Ⅰ式，每条纹饰带以两或三股为一组，网状纵横交叉，每个十字交叉的中心处皆呈一圆环形，纵横四组穿带在中心圆环处缠绕。这类纹饰在十字穿带纹中装饰器类最多、分布地域最广，同时也是最有时代特征的一种。目前发现的CⅡ式十字穿带纹仅出现于春秋晚期至战国早期这一较短的时间段内，因此可作为铜器的重要断代依据。

在装饰位置及布局上，A、B两型普遍饰于器腹两面，呈十字形分布，C型同样装饰于器腹，多作网状分布。

经统计可知，西周初年是十字穿带纹的肇始时期，进入西周中晚期以后，装饰这类纹饰的数量开始激增。在装饰器类方面，在西周早期至中期这一时段内，壶、卣平分秋色。其后随着卣这一器类的消亡，十字穿带纹在西周晚期仅见于青铜壶的装饰纹样中。进入东周时期，这类纹饰装饰器物的种类逐渐增加，同时在不同种类器物上十字穿带的表现

形式也有所差异。

在纹饰的流行年代方面，A型十字穿带纹持续时间最长，贯穿十字穿带纹从产生至消亡的整个过程。CⅡ式集中出现于春秋晚期至战国早期这一时间段内，是十字穿带纹中最具时代指向性的一类。

十字穿带纹在整个西周时期大部分单独装饰于器物的主体位置上。在东周时期则多与其他纹饰相组合装饰于铜壶腹部。与十字带纹相组合的纹饰普遍为该时期流行的纹饰，综合而论，想要确定这类铜器的铸造时间还要参考该器上的其他纹饰及器形。根据十字穿带纹的类型演变，可将其分为三期。

第一期为西周早期。这一时期仅见A型十字穿带纹。纹饰普遍单独装饰于器腹，纹饰带表面及十字交叉构成的矩形范围内光素无纹饰，装饰器类为壶和卣。

第二期为西周中期至春秋早期。除A型十字穿带纹继续流行，B型开始出现。这一时期十字穿带

表一 类型学分析

类型	A 型	B 型	C 型	
			Ⅰ 式	Ⅱ 式
器物	十二年䍐壶[9]	散车父壶[10]	番叔壶[11]	绳络纹壶[12]
器物图片				

纹多与其他纹饰相组合装饰于铜器腹部。同时这一时段的装饰器类较为单一，为铜壶。

第三期为春秋中期至战国时期，该期 A 型及 B 型逐渐式微，C 型出现并流行。C II 式成为该时期特别是春秋晚期至战国早期铜器上的主流纹饰之一。这一时期的另一突出特点为装饰器类的扩大，壶、罍、缶、醽、钲以及作为食器的簠上都所发现。

二　时间及地域分布特征

根据现有资料分析，装饰十字穿带纹铜器的地域分布呈现出明显的时代差异。

十字穿带纹的地域分布随着时代的演进而有所变化，关中地区是出土十字穿带纹铜壶较为集中的地区，特别是在周原地区的窖藏中，发现器物数量多且年代较为清楚，为对该种纹饰进行研究提供了丰富的材料。

西周时期，十字穿带纹基本上分布于关中和中原的周王畿及周边的晋、芮国等姬姓封国。根据对确知出土地的装饰十字穿带纹铜器的分析可以基本断定，十字穿带纹是一种周文化特有的纹饰，具有明显的区域性。十字穿带纹在西周早期同时在壶、卣两种器类上出现。伴随着西周中期礼制的变革，作为酒器的青铜卣数量不断减少直至消亡，十字穿带纹就成为青铜壶上独有的纹饰并一直持续到春秋中期，其后扩展到罍、缶、醽、簠等其他器类上。

进入春秋以后，装饰十字穿带纹铜器的分布区域有所扩大。造成这种现象应是多种因素共同作用产生的结果。其中最重要的原因是随着周王室东迁，原在周王畿地区的一些工匠及其所铸造的青铜器向东方各诸侯国流散，原有的宗周类型青铜文化逐渐向周边地区特别是向东、向南传播。各诸侯国的工匠遂开始在青铜器铸造中对这种纹饰进行模仿并且与同时期流行的纹饰相结合。春秋时期，十字穿带纹的分布地域突破了关中及中原地区这一周王室直接控制地区，逐渐向山东半岛及江淮地区扩散。

进入战国以后，各个诸侯国的青铜器文化显现出更加明显的区域性特征，除上一时期分布的地域外，位于较南端的岭南地区也有发现。

其中 C 型十字穿带纹的分布地域则十分具有时代特征，春秋时期多出于江淮流域的楚文化区；进入战国以后则多出现在河北、山西北部地区，即当时的燕国及中山国势力范围内。其中装饰十字穿带纹的铜簠仅在燕国独见。C 型十字穿带纹的传播路线较 A、B 两型更为复杂，造成这种现象的原因应与春秋、战国势力诸侯国之间的争霸密切相关。春秋后期，随着楚昭王的奋力经营，楚国中兴并且进行了大规模的兼并战争，公元前 504 年（楚昭王十二年）伐许，公元前 496 年（楚昭王二十年）灭顿，公元前 478 年（楚惠王十一年）灭陈，公元前 447 年（楚惠王四十二年）灭蔡，楚国在江淮地区站稳脚跟后继续向东北方向扩展。公元前 445 年（楚惠王四十四年）灭杞，公元前 431 年（楚简王元年）灭莒，楚国势力就此深入至泗水流域。这似乎可以解释为何 C 型十字穿带纹在战国时期骤然从楚国控制的江淮地区北上至中原东北部地区的中山、燕国，即该种纹饰可能是随着楚师的北上而传播到山西北部和河北地区的。

三　填充纹饰分析

十字穿带纹的填充纹饰可分两种：一是填充在带状纹饰上，一是填充于带与带十字交叉后形成的矩形框内。

其中填充在带上的纹饰具有明显的时代指向性且种类较为单一，在西周中期以卷体龙纹为主，西周晚期则多装饰鳞纹。

填充于带与带十字交叉后形成的矩形框内的纹饰内容则较为丰富，这种装饰设计是十字穿带纹的艺术顶峰，同时也具有明显的时代特征。该种装饰组合出现于西周中期，这一时期填充纹饰以该时段流行的凤鸟纹为主，进入西周晚期多为垂鳞纹、窃曲纹，还出现了不同分区装饰不同纹饰的器物。进入春秋以后则多装饰蟠螭纹。春秋时期相较之前最大的变化是随着 C 型十字穿带纹的出现，器物上穿带的布局从简单的十字形发展出网状分布，这一时期特别流行与蟠螭纹、蟠虺纹组合。春秋晚期装饰有圆圈纹的 CⅡ式十字穿带纹器则较为常见。战国时期随着嵌红铜、错金技术的流行，除上一阶段常见的蟠龙纹、蟠虺纹外，采用错金银技术装饰的狩猎纹与 C 型十字穿带纹组合成为这一时期新出现的纹饰类型。在这种布局设计中，十字穿带纹首次在铜器的装饰布局中退居次要地位，为其他纹饰起到分隔作用。

四 十字穿带纹来源及形成原因分析

青铜器上纹样有多重来源，有些模仿自以其他材料器类为载体的纹饰，如联珠纹及其他的简单几何类纹饰在二里头早期及更早的新石器时代的陶器上既已存在，龙山文化及良渚文化的玉器上都出现了兽面纹图案。另一部分纹饰则与青铜装饰艺术伴生。显然，十字穿带纹属于后者。区别于兽面纹之类的幻想类纹饰，从外观上看，十字穿带纹明显是一种写实类的模仿纹饰。从时间上看，该种纹饰产生的时代相对较晚，其出现的时间大约为西周早期且不会早于西周初年。另外，该类纹饰没有明显的发展序列，在装饰位置、布局方式上和纹饰本身在肇始阶段都已基本定型。虽然十字穿带纹在不同时期分布地域上有所差异，但同一时段内的纹饰类型则没有明显的地域差异。

从青铜器纹饰与其装饰载体的器类功能角度分析，一些纹饰类型往往与其所装饰器物的功能有关，该种现象自商代已出现。例如作为水器的盆、盘等往往饰有鱼纹、蛙纹、龟纹等水生动物纹饰。联系到十字带纹在出现伊始仅见于壶、卣这两类酒器上，而非像兽面纹、蟠螭纹等抽象纹饰那样广泛用于装饰多种器类，我们有理由相信，十字带纹的产生与其最初的实际功能有关，尔后逐渐产生装饰化趋势并且与其他类型青铜纹饰相结合，分化出不同的类型。

十字穿带纹的来源根据其外观类型的区别，基本上可以分类两类。其中 C 型十字穿带纹在铜器上的描绘较为细致，这类纹饰明显是对绳索的模仿。因此我们大致可以推测该种类型纹饰来自当时人们生活中为便于对水器的携带和搬运而使用绳索对其进行交叉捆绑，这一行为被工匠艺术化并最终呈现在青铜纹饰中。

而 A、B 两型纹饰仅从外观上与其他实物进行联系则较为困难。曹玮老师在《从周原铜器看西周青铜器中的北方青铜文化因素》一文中通过对周原地区出土带有十字带纹铜壶的分析，指出带状十字纹饰，属于北方青铜文化中皮囊装束常用的手法，这也是北方青铜文化较为明显的特征。西周壶上出现这种纹饰是在与北方民族交往的过程中，吸收和借鉴了北方青铜文化的特点，而呈现在自己的器皿上[13]。

但仅以目前考古发现的材料尚不足以完全支持此观点，其一，结合目前新疆地区所发现的同一时期的皮制品中，并未发现类似用于固定铜壶的皮条遗存；其二，游牧民族所使用的盛水容器一般全部由皮囊制作，如鸡冠壶等，其结构与中原地区使用的铜壶有较大差别，因此似无必要采用十字穿带的方式进行固定以方便携带。其三，铜器本身的重量使得仅用皮条十字交叉即将铜壶稳妥固定是比较困难的。因此，十字穿带纹来自北方游牧民族皮囊装束的手法似值得商榷。

出土自随州叶家山木胎铜扣壶标本 M65：27[14]（图一，2）可以为我们提供一些线索。该器出土时底部有漆木板锈痕，仅存铜盖和铜外壳骨架。骨架中腹部为十字交叉宽带，交叉中部各饰凸起的菱形。从外观上看，这件木胎铜扣与该基同出的曾侯谏圆壶（图一，1）极为相似，因此似可以推测，十字穿带纹本身及装饰部位均模仿自同一时期的木胎铜扣壶。结合该墓同出铜器的器类、器物造型及所铸铭文，基本可以推定叶家山 M65 的年代应在昭康之际[15]，与十字穿带纹产生的时期基本相符。综合考量这件木胎铜扣的相对年代以及其与十字穿带纹饰外观上的一致性，我们有理由相信，十字穿带纹是对木胎铜扣壶的铜外壳骨架的模仿。

考虑到与铜器上十字穿带纹类似的铜扣目前仅见随州叶家山出土的木胎铜扣一件，因此该种十字结构的铜扣骨架与铜器上的十字穿带纹饰是否具有直接的继承关系还有待将来更丰富的考古资料来进行进一步研究和印证。

这种模仿木器器形和将木器实用功能的附件转变为青铜器纯装饰风格，进而形成一种青铜器独特造型和纹饰的现象对我们认识早期青铜器制造工艺有很好的启示[16]。木胎铜扣壶上的铜扣来源自漆木器上的金属箍，这种用于加固木质容器的金属箍我们至今在较大件的木器上仍可见到。联系到目前尚未见到西周以前的装饰类似十字穿带纹纹饰的器物，我们有理由推测，这种在漆木壶上加箍作为铜扣用作装饰和加固的技术来自周人并且被其创造性的应用在青铜器的装饰上，其后又进一步随着周天子的分封而传播至各个诸侯国并逐渐成为该时期青铜壶上最常见的纹饰之一。

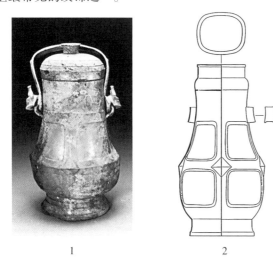

图一　叶家山 M65 出土铜壶及铜套扣
1. 随州叶家山 M65∶31 曾侯作田壶[17]
2. 随州叶家山 M65∶27 漆壶铜套扣[18]

五　结语

纹饰是青铜器的语言[19]，不同时期的青铜器上流行的纹饰往往能为我们勾勒出这一时期的器用观念变化和多种文化因素交流路线。

十字穿带纹作为一种极富特点的青铜纹饰，具有其他类型纹饰所鲜见的特征：一是装饰器类相对较少，多出现在酒器上。在整个西周时期只见于青铜壶和卣上，进入东周以后装饰铜器的种类有所扩大，罍、缶、簠等器上也有出现；二是延续时间较长，从西周早期出现，一直持续至战国晚期，表现出较强的生命力；三是纹饰种类较为简单，前后变化不大。

十字穿带纹从类型学上可分为三型，与其他延续时间较长的青铜纹饰类型相比，在造型艺术上没有明显的演进变化。仅在不同时期的流行类型有所差异。A 型主要出现于西周早期及战国这一头一尾两个时段。B 型则在春秋时期较为流行。A、B 两型的分布与周文化扩展具有一定的一致性。C 型集中出现于春秋晚期至战国早期，同时装饰器类有所扩大。C 型十字穿带纹在春秋晚期主要分布于江淮地区；战国时期则集中于燕国和中山国控制地区。

有别于两周时期的其他青铜纹饰，十字带纹具有明显的写实风格。A、B 两型很可能源自木胎铜扣技术，这一发现也有利于我们对扣器起源的进一步研究；C 型纹饰则直接是对固定器物绳索的艺术性模仿。

十字穿带纹的出现和流行为我们勾勒出两周时期的不同文化类型交流的路线，周人在分封诸国的同时将自己的文化与技术传播到各诸侯国，各诸侯国文化也在反向影响着周文化。正是多种文化相互交融碰撞，最终演化出灿烂的中华文明。

附表　十字穿带纹铜器统计表

序号	器名	时代	出土地	类型	填充纹饰	带上纹饰
1	臣辰父乙卣	西周早期（成王）	传世	A		
2	壶	西周早期	马厂沟窖藏	A		
3	父癸卣	西周早期	传世	A		
4	鸟纹卣	西周早期	传世	A		

续表

序号	器名	时代	出土地	类型	填充纹饰	带上纹饰
5	曾侯作田壶	西周早期	湖北随州市淅河镇蒋寨村叶家山西周墓 M65	A		
6	父己卣	西周早期	陕西宝鸡竹园沟 M4	A		
7	子且壬卣	西周早期	传世	A		
8	庚父乙卣	西周早期	甘肃灵台白草坡 M1	A		
9	卣	西周早、中期之际	山西北赵晋侯墓地 M113	A		
10	卣	西周早期（成、康）	河南浚县辛村西周墓地	A		
11	苏貄卣	西周中期（穆王）	陕西延长县安沟乡岔口村	A		
12	鸟纹贯耳方壶	西周中期	陕西扶风县齐家村窖藏	B		
13	仲南父壶	西周中期	陕西岐山县董家村窖藏	A		三角云纹
14	孟言父壶	西周中期	传世	A		链条纹
15	苏钟壶	西周中期	陕西延长县安沟乡岔口村	A	凤鸟纹	
16	尸曰壶	西周中期	传世	A		
17	龙纹壶	西周中期	传世	A	凤鸟纹	
18	圆壶	西周中期偏晚（孝、夷）	山西北赵晋侯墓地 M92	A		
19	龙纹壶	西周晚期	传陕西宝鸡城关镇西秦村	A		卷体龙纹
20	王白姜壶	西周晚期	传世	A	下部：变形龙纹	垂鳞纹
21	应伯壶	西周晚期	河南平顶山应国墓地 M95	B		卷体龙纹
22	伯鱼父壶	西周晚期	传世	A		横鳞纹
23	壶	西周晚期	陕西扶风强家村 M1	A		垂鳞纹
24	壶	西周晚期	陕西长安张家坡西周墓	A		
25	散车父壶	西周晚期	陕西扶风县召陈村窖藏	B	垂鳞纹	
26	十三年兴壶	西周晚期（懿王）	陕西扶风八座南村 一号窖藏	A		垂鳞纹
27	凤鸟纹壶	西周晚期	陕西韩城梁带村 M27	A	上部：高冠型凤鸟纹/下部：回首型凤鸟纹	
28	射壶	西周晚期	传世	B	凤鸟纹	
29	梁其壶	西周晚期	传世	A	窃曲纹	
30	方壶	西周晚期	山西北赵晋侯墓地 M64	A	窃曲纹	
31	壶	西周晚期	陕西宝鸡西高泉 M1	A		垂鳞纹
32	方壶	西周晚期/春秋早期	山西北赵晋侯墓地 M93	B	蟠龙纹	
33	晋侯家父方壶	西周晚期/春秋早期	山西北赵晋侯墓地 M102	A	窃曲纹	
34	杞伯每亡壶	春秋早期	传世	B	变形兽目交连纹	
35	司寇良父壶	春秋早期	传世	B		
36	椭方壶	春秋早期	河南上村岭虢国墓 M2011	A	凤鸟纹	
37	方壶	春秋早期	河南上村岭虢国墓	A	双手龙纹	
38	椭方壶	春秋早期	河南上村岭虢国墓 M2001	A	凤鸟纹	

续表

序号	器名	时代	出土地	类型	填充纹饰	带上纹饰
39	椭方壶	春秋早期	河南上村岭虢国墓 M2012	A	凤鸟纹	
40	方壶	春秋早期	河南上村岭虢国墓 M1076	B		
41	郑庆作秦妊壶	春秋早期	山东枣庄东江村春秋墓	B		
42	镶嵌龙纹壶	春秋早期	传世	B	变形龙纹	
43	幻伯方壶	春秋早期	湖北枣阳郭家庙曾国墓地	B		
44	窃曲纹壶	春秋早期	河南洛阳市润阳广场东周墓	A		卷体龙纹
45	仲姜壶	春秋早期	陕西韩城梁带村 M26	B	上部：S 形双身龙纹/侧上：卷身龙纹/下部：凸目曲龙纹	
46	番叔壶	春秋早期	河南信阳平西	C I	兽目交连纹	
47	郑庆壶	春秋早期	山东枣庄东江村春秋墓	B	窃曲纹	
48	方壶	春秋中期	河南新郑李家楼大墓	B	上部饰蟠螭纹	
49	方壶	春秋中期	山西长治分水岭 M269	B	上部饰蟠螭纹	
50	黄夫人壶	春秋中期	河南光山宝相寺黄君夫妇合葬墓 G2	C I	蟠虺纹	
51	陈侯壶	春秋晚期	山东肥城市小王庄春秋墓	B		
52	蔡侯壶	春秋晚期	安徽寿县蔡侯墓	B	上部饰蟠螭纹	
53	壶	春秋晚期	河南桐柏月河乡左庄村 M1	B	变形蟠螭纹	
54	壶	春秋晚期	安徽寿县蔡侯墓	B	上部饰蟠螭纹	
55	环带纹壶	春秋晚期	河南南阳桐柏月河乡 M1	A	对称卷云纹及变形S纹	
56	缶	春秋晚期	河南南阳桐柏月河乡 M1	C I	蟠虺纹 三角蝉纹	
57	络纹罍	春秋晚期	江苏丹徒谏壁粮山土墩墓	C II	蟠螭纹	
58	壶	春秋晚期	湖北麻城李家湾楚墓 M14	C II	圆涡纹	
59	壶	春秋晚期	江苏邳州戴庄西九女墩三号墩	C II		
60	龙纹缶	春秋晚期	河南辉县琉璃阁甲墓	C II	圆圈纹	
61	龙纹缶	春秋晚期	河南辉县琉璃阁乙墓	C II	圆圈纹	
62	罍	春秋晚期	山西万荣庙前村	C II		
63	罍	春秋晚期	山西浑源李峪村	C II	蟠螭纹	
64	壶	春秋晚期	河北怀来甘子堡	C II	凤鸟纹	
65	钲	春秋晚期或战国初期	河北行唐李家庄	C II		
66	椭方壶	战国早期	河南陕县后川墓地 M2040	B	上部饰蟠螭纹	
67	联座龙耳对壶	战国早期	湖北随州曾侯乙墓	B	勾连纹、蟠螭纹等	
68	方壶	战国早期	山西太原金胜村 M251	B	上部：夔龙纹	
69	狩猎纹壶	战国早期	河南洛阳中州路	C II	狩猎纹	
70	罍	战国早期	山西长治分水岭	C II		
71	壶	战国早期	河北平山穆家庄村西口 M8101	C II	蟠虺纹	

续表

序号	器名	时代	出土地	类型	填充纹饰	带上纹饰
72	壶	战国早期	山西浑源李峪村	CⅡ		
73	壶	战国早期	山西浑源李峪村	CⅡ		
74	蟠龙纹贯耳壶	战国早期	河南辉县琉璃阁	CⅠ	蟠龙纹	
75	络纹簋	战国早期	河北唐山贾各庄	CⅡ	蟠龙纹	
76	络纹簋	战国早期	河北阳原九沟村	CⅡ	蟠龙纹	
77	络纹簋	战国早期	河北三河大唐回	CⅡ	蟠龙纹	
78	嵌红铜狩猎纹壶	战国早期	河北唐山贾各庄	CⅡ	狩猎纹	
79	络纹扁方壶	战国早期	河北唐县北城子	CⅡ		
80	罍	战国早期	河北唐县北城子	CⅡ	蟠虺纹	
81	方壶	战国早期	河北唐县北城子	CⅡ		
82	簋	战国早期	河北唐县北城子	CⅡ	蟠虺纹	
83	络纹圆壶	战国早期	河北行唐李家庄	CⅡ		
84	络纹链壶	战国早期	河北平山三汲访驾庄	CⅡ		
85	椭圆腹壶	战国早期	山西太原电解铜厂拣选	CⅡ		
87	羽翅络纹缶罍	战国早期	广东清远马头冈墓葬	CⅡ	羽翅纹	
88	方壶	战国中期偏早	湖北随州擂鼓墩 M2	B	变形蟠螭纹	
89	壶	战国中期	山西万荣庙前村	CⅡ	错金凤纹	
90	扁壶	战国中期	河北平山三汲乡中山王陵 M6	A		
91	扁壶	战国中期	河北平山三汲乡中山王陵 M1	A		
92	卅六年壶	战国晚期	湖北随州市砖瓦厂	CⅡ	凤鸟纹	
93	提梁卣	西周早期	河南洛阳老城北大街西周墓	A		
94	贯耳壶	春秋早期	山东沂水李家坡	A		
95	提链壶	春秋晚期	山东新泰周家庄一号墓	CⅡ		

注释：

[1] 容庚：《商周彝器通考》，上海人民出版社 2008 年，第 418 页。

[2] 朱凤瀚：《中国青铜器综论》，上海古籍出版社 2009 年。

[3] 马承源、陈佩芬：《中国青铜器》，上海古籍出版社 2003 年。

[4] 容庚：《商周彝器通考》，上海人民出版社 2008 年。

[5] 曹玮主编：《周原出土青铜器·第四卷》，巴蜀书社 2005 年，第 687 页。

[6] 曹玮主编：《周原出土青铜器》第二卷，巴蜀书社 2005 年，第 193 页。

[7] 信阳地区文管会、信阳市文管会：《河南信阳市平西五号春秋墓发掘简报》《考古》1989 年第 1 期。

[8] 河北省文物研究所：《战国中山国灵寿城——1975—1993 年考古发掘报告》，文物出版社 2005 年，第 280 页。

[9] 曹玮主编：《周原出土青铜器》第四卷，巴蜀书社 2005 年，第 687 页。

［10］曹玮主编：《周原出土青铜器》第二卷，巴蜀书社 2005 年，第 193 页。

［11］信阳地区文管会、信阳市文管会：《河南信阳市平西五号春秋墓发掘简报》，《考古》1989 年第 1 期。

［12］河北省文物研究所：《战国中山国灵寿城——1975—1993 年考古发掘报告》，文物出版社 2005 年，第 280 页。

［13］曹玮：《从周原铜器看西周青铜器中的北方青铜文化因素》，《周原遗址与西周铜器研究》，科学出版社 2004 年，第 85 页。

［14］曾令斌等：《湖北随州叶家山 M65 发掘简报》，《江汉考古》2011 年第 3 期。

［15］曾令斌等：《湖北随州叶家山 M65 发掘简报》，《江汉考古》2011 年第 3 期。

［16］徐良高：《由叶家山墓地两件文物认识西周木胎铜扣壶及相关问题》，《江汉考古》2017 年第 2 期。

［17］曾令斌等：《湖北随州叶家山 M65 发掘简报》，《江汉考古》2011 年第 3 期。

［18］曾令斌等：《湖北随州叶家山 M65 发掘简报》，《江汉考古》2011 年第 3 期。

［19］李学勤：《青铜器入门》，商务印书馆 2013 年，第 78 页。

苏州地区汉代土墩墓概述

车亚风（苏州市考古研究所）

内容摘要：近年来，苏州地区考古发掘了一批两汉时期的土墩墓。这些汉代土墩墓分布较为集中，与商周土墩墓在外形上十分相似，是太湖流域的典型墓葬形式。本文通过收集、整理相关发掘材料，对苏州地区汉代土墩墓的埋葬特征及形成原因等进行了初步分析。

关键词：苏州　汉代　土墩墓

一　什么是汉代土墩墓

目前，学术界对"汉代土墩墓"的定名与内涵尚未达成共识。本文中的汉代土墩墓，指的是以营建汉代墓葬为目的而堆筑土墩并挖坑埋墓的一种墓葬形式，主要分布于太湖流域地区，以随葬釉陶器为基本特征。根据所处地形可将其分为平地类和岗地类两大类。

平地类土墩墓指的是先在平地上堆筑土墩，然后开挖墓穴埋葬死者。这类土墩有两种营造方式，一种是利用既有的土墩增筑而成，包括先秦时期人工堆筑的和自然形成的土墩，即"借墩"；另一种是汉代时在平地上人工堆筑而成，即"造墩"。

岗地类土墩墓则分布在丘陵山岗地带，也有"借墩"和"造墩"之分。"借墩"是以山坡岗地上既有的高台或土墩为基础来挖坑埋墓，"造墩"是在岗地上先堆筑土墩而后埋葬死者。

当土墩内的埋葬空间不足时，有的土墩采取加高的方式，即在原有墓葬上继续堆土，形成墓上叠墓的现象；有的则向土墩的一侧或四周挖坑埋墓封土，与原有土墩合成一个规模更大的土墩[1]。

主体为先秦墓葬后期未经增筑而追加汉墓的土墩遗存、汉代封土墓皆非本文所讨论的汉代土墩墓，举例说明如下。苏州的真山 D33[2]、观音山 D1[3] 等都发现有汉代墓葬。真山 D33 是一个直径 30 米、高

约 5 米的土墩，D33M3 为一座春秋中晚期的大型贵族墓葬，由大小不一的石块垒成的长方形"内郭"作为墓室。土墩上发现两座西汉墓葬，分别打破 D33M3"内郭"的西南角与东南角。

观音山 D1 直径 20 米、高 3 米，海拔 114 米。D1M1 为东周时期的贵族墓，墓坑南北向，由基岩下挖形成南北长 5.3、东西宽 3.7、深 2.6 米的岩坑。在墓坑内出土玉印、玉带钩、玉秘各 1 件，玉印为覆斗形，印面阴刻"贾"字。根据印章的形状与字体风格等考证为秦汉时期，而器物坑出土的器物时代为春秋时期。

发掘者推断上述两地的汉墓皆为对原墓葬进行政治破坏后，又利用原墓坑进行的再次埋葬[4]，故不归入汉代土墩墓。

汉代土墩墓是汉代土墩遗存的一种特殊类型。汉代土墩墓与大型封土墓等土墩遗存的外观极为相似，内部构成实则不同。汉代土墩墓的土墩是墓葬的载体，墓葬开口于地面之上；封土墓的封土是墓葬的组成部分，墓葬多开口在地面之下。从墓葬数量来看，汉代封土墓主要是单人墓、合葬墓，汉代土墩墓则通常为一墩多墓。因此，汉代封土墓不在汉代土墩墓的讨论范畴。

二　苏州地区汉代土墩墓的考古发现

新中国成立前，苏州地区有过数次文物调查活动，如 1926 年春夏间，李根源在苏州近郊和西部诸山调查历代名人墓葬、石刻、古建筑等文物并著述出版《吴郡西山访古记》；1934 年 11 月，中央古物保管委员会江苏分会对苏州城内外古墓葬进行的调查；1936 年 3 月，卫聚贤等人调查发现了吴城、越城遗址等等。由于资料记载有限，当时的调查是否发现有汉代土墩墓则不得而知。

新中国成立后，为配合国家大规模的经济建设
工程，苏州地区汉代土墩墓的科学考古工作正式拉
开序幕。1956 年，江苏省文物管理委员会在苏州进
行文物普查时，发现了一批汉代土墩墓，如金鸡
墩[5]。1957 年，南京博物院赴苏州、吴县调查新
石器时代遗址和汉、唐、宋时期的遗址、墓葬[6]。
1962 年，苏州博物馆对西山堂汉墓群、虎丘金鸡
墩遗址等进行考古调查。1973 年至 1974 年，苏州
博物馆对苏州市郊的高山墩、天宝墩、青旸墩、凤
凰墩、鸳鸯墩、高邮墩、王妹墩等地的汉代墓葬进
行了较大规模的清理和发掘等[7]。上述考古调查、
发掘工作，为汉代土墩墓的科学发掘、研究工作积
累了宝贵的经验。

苏州地区土墩众多，初步统计，经考古发掘的
汉代土墩约有 31 个（图一），包含单体墓葬 348 座
（表一）。墓葬形制可分为土坑墓、岩坑墓、木椁墓、
砖椁墓、砖室墓五大类[8]。从单体墓葬形制、器物
组合来看，汉代土墩墓与非墩类汉墓差别不大，主
要在于采用了"土墩"这一特殊载体。

根据前述标准，可将苏州地区发现的汉代土墩
分类如下：

（一）平地类土墩

1. 借墩型

主要有天宝墩[9]、高山墩[10]、乌墩[11]、彭家
墩[12]、看会墩[13]、合丰地点汉墓群[14]、周家浜
D2[15]、谢家坟[16]、窑墩[17]、高坟墩[18]等。

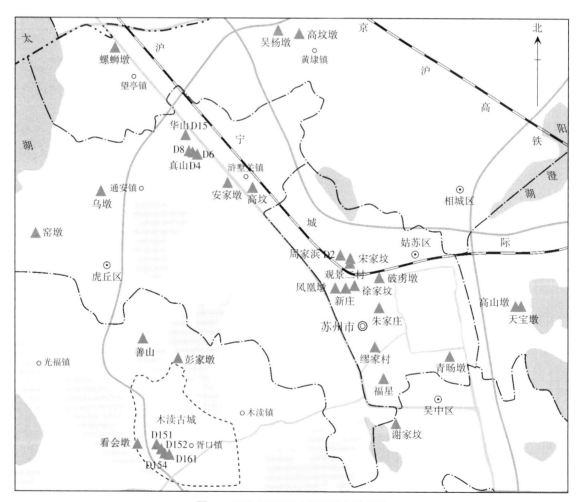

图一　苏州地区汉代土墩墓分布示意图

表一　苏州地区汉代土墩墓数量统计表（单位：座）①

类别			数量	汉墓总数②	汉墓年代
平地类	借墩型		天宝墩	≥5	西汉中期–东汉中期
			高山墩	≥1	西汉早期
			乌墩	3（2）	
			彭家墩	4（10）	
			看会墩	6	
		合丰地点	D151	18（≥1）	西汉
			D152	41（2）	
			D154	16（2）	西汉
			D161	59（2）	
			周家浜 D2	1（2）	
			谢家坟	4（0）	
			窑墩	≥1	东汉早期
	造墩型		高坟墩	24（0）	
			破房墩	8（0）	西汉晚期
			徐家坟	7（0）	西汉晚期
			高坟	9	西汉
			安家墩	11	
			宋家坟	14（0）	
			螺蛳墩	5（0）	
			缪家村	40（0）	西汉
			吊杨墩	8（0）	东汉
			朱家庄	18（0）	西汉
			福星	4	东汉
			观景二村	7（0）	西汉–东汉
	未分型		青旸墩	3	东汉
			新庄	3	西汉中期
岗地类	借墩型		真山 D4	5（2）	西汉–东汉初年
			善山	10（1）	
			华山 D15	5（4）	西汉
	未分型	真山	D6	7	
			D8	1	

①墓葬数量为笔者统计自相关发掘简报、报告或介绍，"≥"表示实际数量可能大于表中数据。
②括号内为汉代之前墓葬的数量。

2. 造墩型

包括"破虏墩"[19]、徐家坟[20]、高坟[21]、安家墩[22]、宋家坟[23]、螺蛳墩[24]、缪家村[25]、吴杨墩[26]、朱家庄、福星、观景二村等土墩。

3. 未分型

由于资料短缺，青旸墩[27]、新庄土墩[28]两个土墩未分型。

（二）岗地类土墩

1. 借墩型

主要为真山 D4[29]、善山[30]、华山 D15[31]等。

2. 未分型

包括真山 D6、D8[32]。

岗地类造墩型土墩墓在苏州地区尚未发现过，但苏州周边却有不少发现，如长兴夏家庙 D11[33]、安吉上马山 D49[34]、广德南塘 D48[35]等，皆为造墩型汉代土墩。

三 埋葬特征

（一）埋葬地点

早在新石器时代的马家浜、崧泽、良渚时期，苏州地区就有在人工堆筑的土台上进行埋葬的习俗，如绰墩遗址、姜里遗址、草鞋山遗址、张陵山遗址、赵陵山遗址、少卿山遗址、罗墩遗址、朱墓村遗址等等，都发现有高台墓地。

发源于浙西南和闽北的土墩墓在商代后期被江南地区所吸收、借鉴。西周中期到战国初期，包括苏州在内的太湖—杭州湾区又衍生出石室土墩墓这一葬制[36]。择高埋葬的形式除了不易被入侵外，还有防潮功能。

有汉一代，进入了大一统时期，战争开始减少、社会相对稳定，基于防卫目的而在山丘地带埋葬的需求逐渐减弱；同时随着社会生产力水平的提高，如铁制产品的推广使用，人们改造自然的能力大为增强，在平地堆筑数量众多、规模宏大的土墩的难度有所降低。由于降水众多仍需防潮，于是这一时期江南地区延续本地择高而葬的习俗，依然在平地上筑土成墩进行埋葬。苏州东部地区因地势低洼、河湖众多，汉代土墩较少分布及发现。

因此，苏州地区的汉代土墩仍主要位于西部地区，岗地类土墩逐渐减少，平地类土墩则逐渐增多并占据主体（表二）。

表二　苏州地区汉代土墩墓分类统计表（单位：座）

类别 \ 数量	借墩型	造墩型	未分型	总计	占比
平地类	183	131	6	320	92%
	57.2%	40.9%	1.9%	100%	
岗地类	20	0	8	28	8%
	71.4%	0	28.6%	100%	
总计	203	131	14	348	100%
占比	58.3%	37.7%	4%		

（二）墓葬形制

商周时期，江南地区的土墩墓多数为平地掩埋、平地起封，大多无墓穴；而此时楚国则盛行竖穴土坑墓。战国时期，中原地区文化和长江中游楚文化对江南地区的影响不断加强，特别是越被楚消灭之后，楚文化的影响更为显著，江南地区的墓葬形制由以往以平地或仅挖浅坑为主流的掩埋方式被长方形竖穴土坑墓逐渐取代，其中有不少土坑墓带有木椁一类的葬具[37]。

到了西汉，江南地区的墓葬形制主要为竖穴土坑无椁墓和木椁墓。随着文化的深入交流与融合，两汉之交新出现砖椁墓，即以砖块垒砌椁室，属木椁墓到砖室墓的过渡形式。东汉中后期砖室墓开始普及，因砖室墓规模相对庞大、土墩容纳空间有限，所以出现在土墩内的砖室墓数量相对较少。由此，土墩墓这一筑墩埋葬的形式在东汉中期后逐渐减少。

（三）器物组合

苏州地区汉墓形制和器物组合的变化规律与中原地区基本一致，但时间上不同步。

西汉早中期，由于周代礼制的传承，随葬品以仿铜釉陶礼器为中心。随着汉代大一统局面的发展，西汉晚期时鼎、盒等釉陶礼器衰落，日常生活用器开始增多，新出现盘口壶等。东汉早期，仿铜礼器基本消失，随葬器物组合以生活用器为主。

四　结语

苏州，地处长江三角洲中部，北依长江，西抱太湖。春秋时（前560）吴王诸樊迁都苏州，开启苏州建城之史；战国时，先后属越、楚；秦嬴政二十六年（前221）以吴国故都设吴县，为会稽郡治所；有汉一代，除了西汉初期为诸侯王封地外，吴县先后为会稽郡、吴郡郡治；其后，吴县历来为吴地之首邑。

秦汉是我国多民族统一国家形成和发展的时期，通常来说，人口相对集中在郡、县治所等行政中心附近[38]。这一时期，除了吴、娄两县外，苏州地区还先后设置有松陵、暨阳、虞乡、南沙等乡级行政单位。虽说关于现苏州古城、木渎古城与两汉时期会稽郡、吴郡郡治的关系，学界尚未达成共识[39]，但苏州古城、木渎古城作为政治中心的地位是明确的。

从现有考古资料来看，苏州地区发现的汉代土墩墓主要围绕着苏州古城、木渎古城等地而集中分布，与当时的行政中心相吻合。如果木渎古城是吴都（吴大城）、苏州古城建于汉代的话，那么苏州地区汉代土墩从以岗地类土墩为主向以平地类土墩为主的转变趋势则与汉代郡县治所的变化趋势相一致。

当前，对于苏州地区汉代土墩墓的基础研究较为薄弱，多作为综合研究中的比较、分析对象来进行阐述。随着考古材料的逐步增多、考古学研究的逐渐深入细化，关于汉代土墩墓的布局结构、族属特征乃至汉代社会生活等必将会有新的收获与认识。

注释：

[1] 王婷：《湖州地区汉代土墩墓的初步研究》，南京大学硕士学位论文，2015年。

[2] 苏州市考古研究所：《江苏苏州真山土墩墓（D33）发掘简报》，《文物》2016年第5期。

[3] 苏州市考古研究所：《江苏苏州观音山东周石室土墩墓D1M1发掘简报》，《东南文化》2015年第5期。

[4] 丁金龙、陈军：《苏州地区周代土墩的发掘与研究》，《东南文化》2012年第4期。

[5] 李鉴昭：《苏州市郊金鸡墩发现新石器时代遗迹》，《文物参考资料》1956年第12期。

[6] 南京博物院：《苏州市和吴县新石器时代遗址调查》，《考古》1961年第3期。

[7] 苏州博物馆：《大事记》，《苏州博物馆建馆五十周年纪念文集》，文物出版社2009年。

[8] 李晖达：《试论浙江汉代土墩遗存》，《东南文化》2011年第3期。

[9] 苏州博物馆：《苏州市天宝墩二十七号汉墓清理简报》，《苏州文物资料选编》，1980年；苏州博物馆：《苏州市娄葑公社团结大队天宝墩二十七号汉墓清理简报》，《文物资料丛刊（9）》，文物出版社1985年；钱公麟、徐亦鹏：《苏州考古》，苏州大学出版社2000年，第183—185页。

[10] 钱公麟、徐亦鹏：《苏州考古》，苏州大学出版社2000年，第182页。

[11] 牛煜龙：《苏州市高新区科技城乌墩遗址发掘》，《江苏考古（2012—2013）》，南京出版社2015年。

[12] 苏州市考古研究所：《苏州地域考古的新探索》，《中国文物报》，2012年11月23日第6版；徐良高、唐锦琼：《苏州地区汉代"土墩墓"的两点观察》，《秦汉土墩墓考古发现与研究——秦汉土墩墓国际学术研讨会论文集》，文物出版社2013年。

[13] 徐良高、唐锦琼：《苏州地区汉代"土墩墓"的两点观察》，《秦汉土墩墓考古发现与研究——秦汉土墩墓国际学术研讨会论文集》，文物出版社2013年。

[14] 中国社会科学院考古研究所、苏州市考古研究所苏州古城联合考古队：《苏州木渎古城2011—2014年考古报告》，《考古学报》2016年第2期；唐锦琼：《苏州市吴中区木渎古城遗址勘探》，《江苏考古（2012—2013）》，南京出版社2015年；唐锦琼、张铁军：《苏州市木渎古城遗址发掘》，《江苏考古（2014—2015）》，南京出版社2017年；唐锦琼、张铁军、赵东升、牛煜龙：《苏州市木渎东周古城》，《中国考古学年鉴》（2016），中国社会科学出版社2017年。

[15] 闻惠芬：《苏州市周家浜D2路段战国至明清墓葬》，《中国考古学年鉴（2010）》，文物出版社2011年。

［16］苏州市考古研究所：《江苏苏州谢家坟元明朱氏家族墓发掘报告》，《东南文化》2018 年第 4 期。经与发掘者确认，推断该墩堆筑于汉代之前，故归入借墩型土墩。

［17］张志新：《江苏吴县窑墩汉墓》，《文物》1985 年第 4 期。

［18］张春梅：《苏州虎丘乡汉墓群与黄埭高坟墩汉墓群比较研究》，《传统文化研究》第 21 辑，群言出版社 2014 年；张铁军：《关于苏州高台汉墓的思考——以虎丘宋家坟为例》，《江苏省考古学会文集（2015—2016）》，上海古籍出版社 2017 年。

［19］朱伟峰：《苏州市"破虏墩"墓地》，《中国考古学年鉴（1988）》，文物出版社 1989 年；苏州市考古研究所：《苏州破虏墩汉墓发掘简报》，《苏州文博论丛》总第 6 辑，文物出版社 2015 年。

［20］苏州博物馆：《苏州虎丘乡汉墓发掘简报》，《东南文化》2003 年第 5 期；闻惠芬：《苏州虎丘立交桥徐家坟汉至明代墓葬群》，《中国考古学年鉴（2002）》，文物出版社 2003 年。

［21］姚晨辰、金怡、闻惠芬：《浒关镇高坟西汉墓群发掘简报》，《苏州文物考古新发现——苏州考古发掘报告专辑（2001—2006）》，古吴轩出版社 2007 年。

［22］张铁军：《关于苏州高台汉墓的思考——以虎丘宋家坟为例》，《江苏省考古学会文集（2015—2016）》，上海古籍出版社 2017 年。

［23］张铁军：《关于苏州高台汉墓的思考——以虎丘宋家坟为例》，《江苏省考古学会文集（2015—2016）》，上海古籍出版社 2017 年。

［24］张志清：《螺蛳墩遗址发掘工作情况汇报》，《2015 年苏州考古工作年报》，内部资料。

［25］孙明利：《姑苏区缪家村墓葬群》，《2016 年苏州考古工作年报》，内部资料。

［26］牛煜龙：《相城区黄埭镇吴杨墩的发掘》，《2018 年苏州考古工作年报》，内部资料。

［27］苏州市地方志编纂委员会编：《苏州市志》，江苏人民出版社 1995 年，第 951 页。

［28］钱公麟：《苏州市新庄汉徐福墓》，《中国考古学年鉴》（1985），文物出版社 1985 年；苏州博物馆：《苏州虎丘乡汉墓发掘简报》，《东南文化》2003 年第 5 期。

［29］苏州博物馆：《真山东周墓地——吴越贵族墓地的发掘与研究》，文物出版社 1999 年，第 5 页；苏州博物馆：《苏州真山四号墩发掘报告》，《东南文化》2001 年第 7 期。

［30］徐良高、唐锦琼：《苏州地区汉代"土墩墓"的两点观察》，《秦汉土墩墓考古发现与研究——秦汉土墩墓国际学术研讨会论文集》，文物出版社 2013 年。

［31］丁金龙、王霞：《苏州市华山 D15 战国至汉代墓》，《中国考古学年鉴（2012）》，文物出版社 2013 年；王霞、丁金龙：《苏州市高新区华山 D15 墓葬发掘》，《江苏考古（2010—2011）》，南京出版社 2013 年。前述两文中的汉代墓葬数量不一致，以后者为准。

［32］丁金龙、陈军：《苏州地区周代土墩的发掘与研究》，《东南文化》2012 年第 4 期。

［33］孟国平：《试谈浙江长兴地区秦汉时期土墩遗存的堆积成因——以长兴夏家庙土墩墓为例》，《秦汉土墩墓考古发现与研究——秦汉土墩墓国际学术研讨会论文集》，文物出版社 2013 年。

［34］浙江省文物考古研究所、安吉县博物馆：《浙江安吉上马山第 49 号墩汉墓》，《考古》2014 年第 1 期。

［35］安徽省文物考古研究所：《安徽广德县南塘汉代土墩墓发掘简报》，《考古》2014 年第 1 期。

［36］杨楠：《江南土墩遗存研究》，民族出版社 1998 年，第 83 页。

［37］杨楠：《江南土墩遗存研究》，民族出版社 1998 年，第 137 页。

［38］孙明利：《太湖流域汉墓的发现与几个认识》，《叩问西东——水涛先生与其弟子问学集》，文物出版社 2019 年。

［39］许洁、钱公麟：《木渎春秋古城就是文献记载中的吴大城——再论苏州城建于汉代》，《苏州文博论丛》总第 7 辑，文物出版社 2016 年；吴恩培：《春秋"吴都""三都并峙"现状与苏州古城历史文化地位的叙述——近三十年来有关苏州古城历史的争议述论兼及纪念苏州古城建城二千五百三十周年》，《苏州教育学院学报》2016 年第 1 期。

江苏省苏州市吴中区马庄遗址发掘报告

苏州市考古研究所

内容摘要： 江苏省苏州市吴中区马庄遗址位于苏州古城与木渎春秋古城之间，此次发掘工作发现了分别属于战国时期、唐宋时期、明清时期等时期的文化层、墓葬、灰坑、水井、沟等遗迹；出土了陶、瓷、石、铜等各类材质器物178件组，标本1300余件。这批材料为苏州城址的沿革发展研究提供了重要的实物材料。

关键词： 马庄遗址　苏州古城　木渎春秋古城　战国至明清时期

为配合基本建设，苏州市考古研究所于2015年1月，对江苏省苏州市吴中区马庄遗址进行了考古发掘，发掘执照为考执字（2015）第（242）号。马庄遗址位于苏州市吴中区塔园路西侧、长塔路南侧（图一），因该地块临近马庄村，故该地块所发现遗址暂名马庄遗址。在前期工作的基础上，经与相关各方协商，最终发掘点确定在项目选址地块西南部（图二），发掘面积为600平方米。发掘工作采用探方法进行，在去除了地表建筑垃圾后，使用RTK依据木渎春秋古城坐标系统布设10米×10米探方6个，依次编号为2015SIOT3857、2015SIOT3858、2015SIOT3859、2015SIOT3957、2015SIOT3958、2015SIOT3959，共发现遗迹单位9个（图三）、文化层5层，出土器物178件组。具体情况，报告如下：

一　T3857号探方

T3857号探方，位于发掘区西南角，其北为T3957号探方，其东为T3858号探方，保留2米隔梁。探方内发现3层地层、2个墓葬、2个灰坑，出土器物17件组。

第①层整个探方均有分布，叠压M1、M2、第②层、第③层，填土为灰褐色黏土，较致密，波状堆积，厚约15—35厘米，包含5%陶、3%石、1%烧

图一　马庄遗址位置示意图

图二　发掘位置示意图

土、1%炭屑，出土3件器物，为明清时期文化层。

碗（T3857①：1）　青瓷，敞口，尖圆唇，直领，折腹内收，平底微凹，口部饰凹弦纹，轮制成型。高3.7、口径11.4、底径5.2、壁厚0.2—0.6厘米，137.2克（图四，1）。

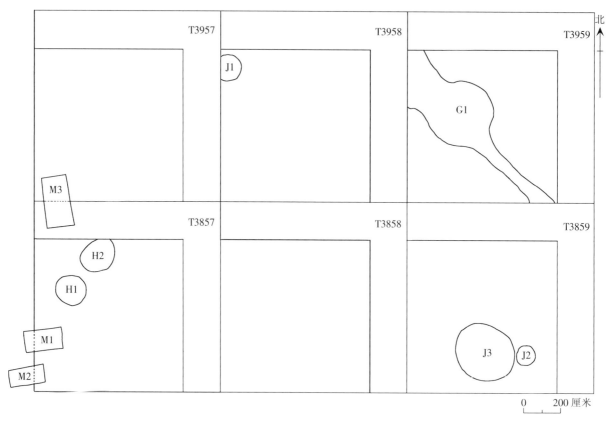

图三　马庄遗址总平面图

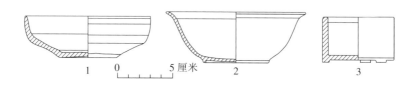

图四　T3857①出土器物
1. 碗（T3857①：1）　2. 碗（T3857①：2）　3. 三足杯（T3857①：3）

碗（T3857①：2）　青花，敞口，尖圆唇，弧腹斜收，矮圈足，内外饰有青花图案，轮制成型。高 4.5、口径 12.6、底径 6、壁厚 0.3—0.5 厘米，144.3 克（图四，2）。

三足杯（T3857①：3）　褐釉瓷，直口，方唇，直腹，平底，口部、外腹部施釉，腹部刻花，轮制成型。高 4、口径 6.4、底径 6.4、壁厚 0.5 厘米，71.7 克（图四，3）。

M1 位于探方西南部，大部分在探方内，小部分向西进入西壁，被第①层叠压，打破第②、③层，平面形状为长方形，长 210、宽 110 厘米，方向 79°

或 259°，填土为黑褐色黏土，较致密，水平状堆积，厚约 50 厘米，包含 1% 陶、1% 石、2% 炭屑，保存状况良好，无器物出土，为明清时期墓葬（图五）。

M2 位于探方西南部，大部分在方内，小部分向西进入西壁，被第①层叠压，打破第②、③层，平面形状为长方形，长 185、宽 95 厘米，方向 78° 或 258°，填土为黑褐色黏土，较致密，水平状堆积，厚约 60 厘米，包含 1% 陶、1% 石、1% 炭屑，保存状况良好，无器物出土，为明清时期墓葬（图六）。

第②层整个探方均有分布，被第①层叠压，被 M1、M2 打破，叠压 H1、H2、第③层、生土，填土

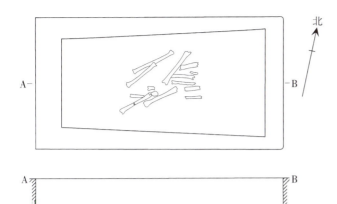

图五　T3857M1 平、剖面图

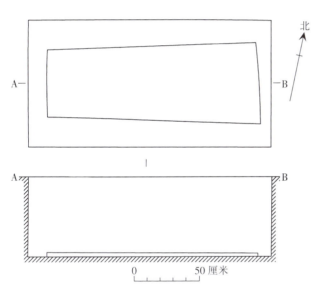

图六　T3857M2 平、剖面图

为青褐色黏土，较致密，波状堆积，厚约 5—70 厘米，包含 5% 陶、3% 石、1% 炭屑、3% 瓷片，出土 9 件组器物，为唐宋时期文化层。

纺轮（T3857②：1）　泥质红陶，算珠形，中间穿孔，素面，轮制成型。高 2.4、孔径 1、最大腹径 3.4 厘米，23.7 克（图七，6）。

碗（T3857②：3-1）　口腹部施釉，敞口，尖圆唇，斜腹内收，矮圈足，底微凸，外底墨书"五"，轮制成型。高 3、口径 13、底径 6、壁厚 0.3—0.5 厘米，147 克（图七，5）。

韩瓶（T3857②：3-2）　釉陶，敛口，尖唇，束颈，圆肩，直腹内收，平底，素面，轮制成型。高 27.5 厘米，口径 8.5 厘米，底径 8 厘米，最大腹径 11 厘米，壁厚 0.5—0.8 厘米，1120.4 克（图七，8）。

碗（T3857②：4）　青瓷，敞口，尖唇，弧腹内收，圈足，平底，外壁饰 8 瓣莲花瓣，轮制成型。高 15.6、口径 19.8、底径 5.4、壁厚 0.3—0.8 厘米，459.1 克（图七，2）。

碗（T3857②：5）　褐釉瓷，敞口，圆唇，束颈，弧腹内收，矮圈足，平底，素面，轮制成型。高 6.6、口径 12.2、底径 3.8、壁厚 0.4—0.9 厘米，214.8 克（图七，1）。

盏（T3857②：6）　褐釉瓷，敞口，圆唇，斜腹内收，平底，微凹，素面，轮制成型。高 3.2、口径 10.8、底径 3.8、壁厚 0.4—0.9 厘米，98.1 克（图七，4）。

盆（T3857②：7）　夹砂釉陶，敞口，折沿，圆唇，束颈，弧腹内收，矮圈足，平底，内壁饰刻花图案，轮制成型。高 8、口径 30.4、底径 20.4、壁厚 0.5—0.8 厘米，1506.2 克（图七，9）。

韩瓶（T3857②：8）　釉陶，直口，圆唇，直颈，圆肩，直腹内收，平底，素面，轮制成型。高 21.3、口径 7.2、底径 7.4、最大腹径 9.4、壁厚 0.5—0.8 厘米，重 660 克（图七，7）。

盆（T3857②：9）　泥质黑陶，敛口，卷沿，圆唇，弧腹内收，平底，微凹，素面，轮制成型。高 7.7、口径 25、底径 15.2、壁厚 0.5—0.8 厘米，995.3 克（图七，3）。

H1 位于探方中部偏西，被第②层叠压，打破第③层、生土，平面形状近似圆形，东西向 154 厘米，南北向 156 厘米，填土为黑褐色黏土，较致密，水平状堆积，厚约 58 厘米，包含 1% 陶、2% 炭屑、1% 瓷，保存状况良好，无器物出土，为唐宋时期灰坑（图八）。

H2 位于探方中部偏西北，被第②层叠压，打破第③层和生土，平面形状为椭圆形，东西向 190、南北向 160 厘米，填土为黑褐色黏土，较疏松，水平状堆积，厚约 50 厘米，包含 1% 陶、1% 炭屑、2% 砖，保存状况良好，无器物出土，为唐宋时期灰坑（图九）。

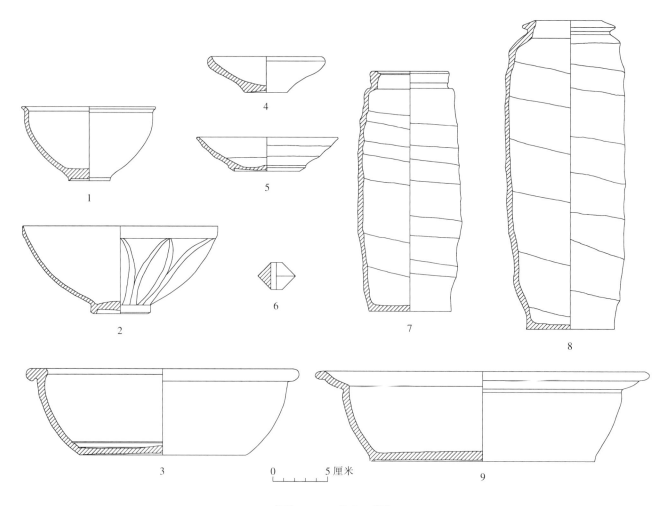

图七　T3857②出土器物

1. 碗（T3857②：5）　2. 碗（T3857②：4）　3. 盆（T3857②：9）　4. 盏（T3857②：6）　5. 碗（T3857②：3－1）　6. 纺轮（T3857②：1）　7. 韩瓶（T3857②：8）　8. 韩瓶（T3857②：3－2）　9. 盆（T3857②：7）

第③层整个探方均有分布，被第①、②层叠压，被M1、M2、H1、H2打破，叠压生土，填土为黑褐色黏土，较致密，波状堆积，厚约5—80厘米，包含5%陶、1%石、1%炭屑、1%瓷片，出土5件器物，为战国时期文化层。

罐（T3857③：1）　泥质黄陶，直口，圆唇，直颈，斜肩，弧腹内收，平底，素面，轮制成型。高6.2、口径8.6、最大腹径11.4、底径5、壁厚0.4—0.7厘米，198.7克（图一〇，2）。

盆（T3857③：2）　泥质灰陶，直口，圆唇，束颈，圆肩，弧腹内收，平底，素面，轮制成型。高8.7、口径23.8、底径10.4、壁厚0.4—0.8厘米，

945.9克（图一〇，5）。

石镰（T3857③：3）　弧形，上部对钻两孔，下边单面刃，素面，打制成型，通体磨光。长10.8、宽4.2、厚0.6厘米，51.3克（图一〇，1）。

碗（T3857③：4）　原始瓷，敞口，尖唇，小卷沿，直腹内收，饼底，微凹，内壁饰涡纹，轮制成型。高5.8、口径15.8、底径8.2、壁厚0.3—1.9厘米，504.2克（图一〇，3）。

豆盘（T3857③：5）　硬陶，敞口，圆唇，束颈，折腹内收，余下无存，内壁饰涡纹，轮制成型。高4.9、口径18、底径6、壁厚0.5—1厘米，374.5克（图一〇，4）。

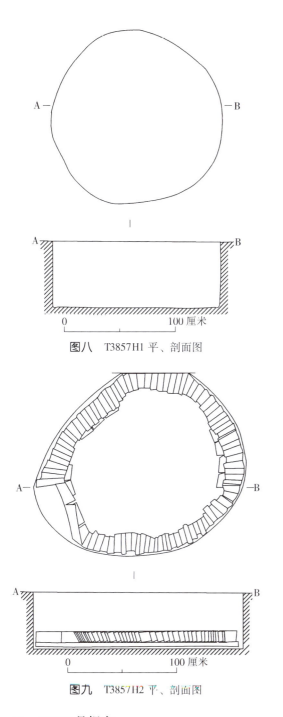

图八 T3857H1 平、剖面图

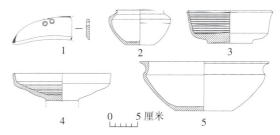

图一〇 T3857③出土器物
1. 石镰（T3857③：3） 2. 罐（T3857③：1） 3. 碗（T3857
③：4） 4. 豆盘（T3857③：5） 5. 盆（T3857③：2）

层，填土为灰褐色黏土，疏松，水平状堆积，厚约15—65 厘米，包含0.5% 陶、5% 石、1% 瓷片，为明清时期文化层。

第②层整个探方均有分布，被第①层叠压，叠压第③层，填土为灰黄色夹黄色斑点黏土，疏松，水平状堆积，厚约0—35 厘米，包含1% 陶、2% 石、1% 瓷片，出土2 件组器物，为唐宋时期文化层。

纺轮（T3858②：1） 泥质灰陶，近似圆形，中央钻一孔，素面，利用既有陶片打制成型。长5.5、宽5.1、壁厚0.6—1、孔径0.6 厘米，30.3 克（图一一，1）。

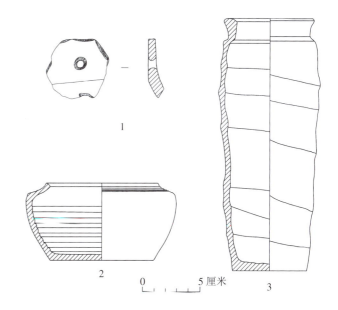

图一一 T3858②、③出土器物
1. 纺轮（T3858②：1） 2. 罐（T3858③：1） 3. 韩瓶（T3858
②：2－1）

图九 T3857H2 平、剖面图

二 T3858 号探方

T3858 号探方，位于发掘区南部中间，其西为T3857 号探方，其北为T3958 号探方，其东为T3859 号探方，保留2 米隔梁。探方内发现4 层地层，出土器物3 件组。

第①层整个探方均有分布，叠压第②、③、④B

韩瓶（T3858②：2-1） 釉陶，敞口，圆唇，束颈，平肩，直腹内收，平底，素面，轮制成型。高 21.2、口径 7.8、底径 6.4、最大腹径 8.8、壁厚 0.5—0.8 厘米，重 603.9 克（图一一，3）。

第③层整个探方均有分布，被第①、②层叠压，叠压第④B 层和生土，填土为灰黄色黏土，疏松，水平状堆积，厚约 0—65 厘米，包含 0.5% 陶、2% 石、0.5% 瓷片，出土 1 件器物，为战国时期文化层。

罐（T3858③：1） 泥质红陶，敛口，方唇，斜肩，弧腹内收，平底，颈、肩部饰凹弦纹，轮制成型。高 6.5、口径 9.4、底径 9、最大腹径 13、壁厚 0.3—0.6 厘米，332.4 克（图一一，2）。

第④B 层整个探方均有分布，被第①、③层叠压，叠压生土，填土为灰黄色黏土，疏松，水平状堆积，厚约 0—35 厘米，为战国时期文化层。

三 T3859 号探方

T3859 号探方，位于发掘区东南角，其北为 T3959 号探方，其西为 T3858 号探方，保留 2 米隔梁。探方内发现 4 层地层、2 口水井，出土器物 14 件。具体情况如下：

第①层整个探方均有分布，叠压第②层、J2、第③层，填土为灰褐色黏土，较致密，水平状堆积，厚约 10—53 厘米，为明清时期文化层。

J2 位于探方东南部，被第①层叠压，打破第②、③层和生土，平面形状近似圆形，直径约 100 厘米，发掘深度 100 厘米，填土为青灰色黏土，疏松，筒状堆积，保存状况良好，为明清时期水井（图一二）。

第②层整个探方均有分布，被第①层叠压，被 J2 打破，叠压 J3、第③层和生土，填土为灰褐色带黄色斑点黏土，较致密，水平状堆积，厚约 0—45 厘米，包含 1% 陶，出土 11 件器物，为唐宋时期文化层。

盘（T3859②：1） 青瓷，敞口，尖圆唇，束颈，弧腹内收，圈足，平底，内底面残存 2 支钉痕，素面，轮制成型。高 3.1、口径 13.4、底径 6.2、壁厚 0.2—0.4 厘米，134.8 克（图一三，8）。

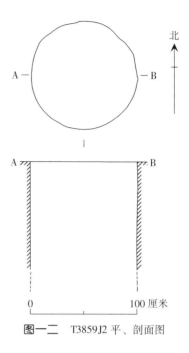

图一二 T3859J2 平、剖面图

纺轮（T3859②：2） 硬陶，算珠形，中间 1 孔，素面，轮制成型。高 2.6、口径 1、底径 1、壁厚 0—1.4 厘米，25.9 克（图一三，6）。

盏（T3859②：3） 青瓷，直口，圆唇，折腹内收，圈足，平底。素面，轮制成型。高 3 厘米，口径 8.6 厘米，底径 3.8 厘米，壁厚 0.3—0.7 厘米，60.4 克（图一三，5）。

碗（T3859②：4） 青瓷，直口，圆唇，折沿，弧腹内收，圈足，底微凸，内壁印花，轮制成型。高 8.2、口径 15.4、底径 5.8、壁厚 0.5—1.8 厘米，419 克（图一三，3）。

碗（T3859②：5） 青瓷，直口，圆唇，斜收，弧腹，圈足，内底面有 1 垫圈痕，素面，轮制成型。高 4.4、口径 15.6、底径 5.8、壁厚 0.3—1 厘米，294 克（图一三，11）。

墓志铭（T3859②：6） 砖质，长方体，模制成型，素面。长 32、宽 31.6、壁厚 5 厘米，10 千克（图一三，12）。

碗（T3859②：7） 青瓷，敞口，尖圆唇，斜腹内收，圈足，内底面残存 1 圈支钉痕，内壁下腹部饰一道凹弦纹，轮制成型。高 4.3、口径 13.4、底径 6.4、壁厚 0.2—0.6 厘米，167.3 克（图一三，9）。

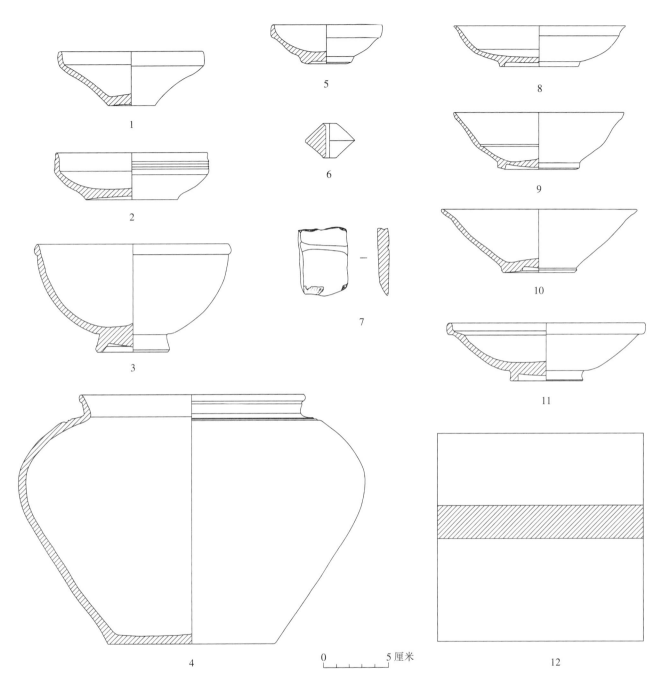

0   5 厘米

图一三　T3859②、③出土器物

1. 碗（T3859②：8）　2. 钵（T3859②：10）　3. 碗（T3859②：4）　4. 罐（T3859②：11）　5. 盏（T3859②：3）　6. 纺轮
（T3859②：2）　7. 石锛（T3859③：2）　8. 盘（T3859②：1）　9. 碗（T3859②：7）　10. 碗（T3859②：9）　11. 碗（T3859②：5）
12. 墓志铭（T3859②：6）

碗（T3859②：8）　青瓷，直口，圆唇，斜腹内收，小平底，素面，轮制成型。高4.1、口径11.4、底径3.6、壁厚0.3—0.8厘米，115.3克（图一三，1）。

碗（T3859②：9）　青瓷，敞口，圆唇，斜腹内收，壁形圈足，底微凸，内底面残存4个支钉痕，素面，轮制成型。高4.8、口径15.2、底径6、壁厚

0.3—0.7 厘米，183.4 克（图一三，10）。

钵（T3859②：10）　青瓷，直口，圆唇，折腹内收，平底，内凹。口部外壁饰凹弦纹，轮制成型。高 3.6、口径 12、底径 7.2、壁厚 0.3—0.7 厘米，172.4 克（图一三，2）。

罐（T3859②：11）　硬陶，敞口，圆唇，束颈，圆肩，弧腹内收，平底，颈部饰凹弦纹，轮制成型。高 19、口径 17.6、底径 13、壁厚 0.4—0.8 厘米，2785.3 克（图一三，4）。

J3 位于探方中部偏南，被第②层叠压，打破第③层和生土，平面形状近似椭圆形，东西向 310、南北向 345、发掘深度 190 厘米，填土为黑褐色黏土，疏松，坑状堆积，包含 1% 陶，保存状况良好，出土 2 件器物，为唐宋时期水井（图一四）。

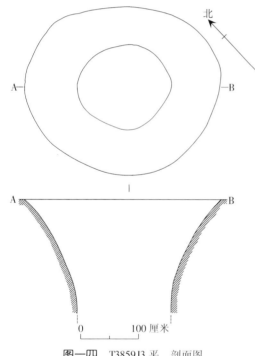

图一四　T3859J3 平、剖面图

石刀（T3859J3：1）　石质，弧形刀背，背厚，背部对钻 2 孔，弧形两面刀刃，刃薄，素面，打制成型，通体磨光。残长 8.3、残宽 4.4、厚 0.3—0.6 厘米，30.3 克（图一五，1）。

钵（T3859J3：2）　硬陶，敛口，圆唇，斜肩，折腹内收，平底，内壁饰涡纹，肩部饰凹弦纹，轮

制成型。高 7.4、口径 18.6、底径 7.2、壁厚 0.3—0.9 厘米，813.3 克（图一五，2）。

第③层整个探方均有分布，被第①、②层叠压，被 J2、J3 打破，叠压④B 层和生土，填土为灰黑色黏土，较致密，水平状堆积，厚约 0—35 厘米，包含 2% 陶，出土 1 件器物，为战国时期文化层。

石锛（T3859③：2）　石质，长方形，正面上部有一道横槽，单面刃，素面，打制成型，通体磨光。高 5.1、宽 3.8、厚 0—0.9 厘米，40 克（图一三，7）。

④B 层分布在探方东北部，被第③层叠压，叠压生土，填土为灰黄色黏土，致密，水平状堆积，厚约 0—60 厘米，为战国时期文化层。

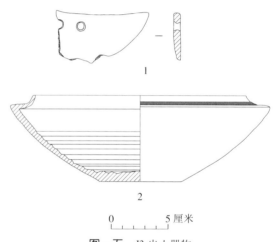

图一五　J3 出土器物
1. 石刀（T3859J3：1）　2. 钵（T3859J3：2）

四　T3957 号探方

T3957 号探方，位于发掘区西北角，其南为 T3857 号探方，其东为 T3958 号探方。保留 2 米隔梁。探方内发现 3 层地层、1 个墓葬，出土器物 35 件。具体情况如下：

第①层整个探方均有分布，叠压第②、③层，填土为灰褐色黏土，较致密，波状堆积，厚约 8—60 厘米，包含 1% 陶、1% 石、1% 炭屑、5% 砖，为明清时期文化层。

第②层整个探方均有分布，被第①层叠压，叠压 M3、第③层，填土为青褐色黏土，较致密，波状

堆积，厚约0—40厘米，包含5%陶、1%石、1%炭屑、2%瓷片，出土12件器物，为唐宋时期文化层。

纺轮（T3957②:2） 泥质灰陶，近似圆形，中央一孔，素面，打制成型。长5、宽4.5、壁厚0.6、孔径0.5厘米，22.7克（图一六，9）。

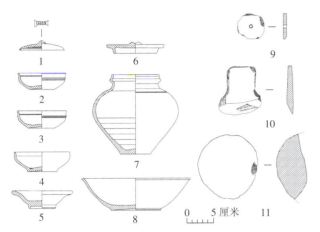

图一六　T3957②出土器物

1. 器盖（T3957②:9）　2. 碗（T3957②:7）　3. 碗（T3957②:11）
4. 碗（T3957②:6）　5. 盏托（T3957②:8）　6. 器盖
（T3957②:10）　7. 罐（T3957②:4）　8. 碗（T3957②:12）
9. 纺轮（T3957②:2）　10. 斧（T3957②:3）　11. 碓
（T3957②:5）

斧（T3957②:3） 石质，单边刃，素面，打制成型，通体磨光。长9、宽5.3—8、厚0—1.2厘米，129.2克（图一六，10）。

罐（T3957②:4） 泥质灰陶，直口，圆唇，束颈，斜肩，鼓腹内收，平底，肩部饰一道凹弦纹，轮制成型。高14.7、口径9、底径5.8、壁厚0.4—1厘米，732克（图一六，7）。

碓（T3957②:5） 石质，球面，素面，打制成型。残长11.8、残宽11.3、残厚0—5.5厘米，746.1克（图一六，11）。

碗（T3957②:6） 青瓷，直口，圆唇，斜腹内收，饼底，微凹，底部内侧饰凸弦纹，轮制成型。高3.6、口径10.6、底径5.6、壁厚0.4—0.7厘米，134.7克（图一六，4）。

碗（T3957②:7） 青瓷，敞口，圆唇，束颈，折腹内收，平底微凹，口部内侧、腹部外侧、底部

内面饰凹弦纹，轮制成型。高3、口径9.2、底径4.8、壁厚0.3—0.5厘米，108.3克（图一六，2）。

盏托（T3957②:8） 青瓷，敞口，圆唇，卷沿，斜收，圈足，内外底面未施釉，素面，轮制成型。高3.3、口径11.6、底径5、壁厚0.6—1.1厘米，137.2克（图一六，5）。

器盖（T3957②:9） 原始瓷，弧面，顶部贴塑一纽，内壁饰涡纹，轮制成型。高1.7、直径8.6、壁厚0—0.5厘米，64.1克（图一六，1）。

器盖（T3957②:10） 泥质灰陶，平顶，贴塑一纽，底面子口，素面，轮制成型。高2.1、直径10.8、壁厚0.4—0.6厘米，166.8克（图一六，6）。

碗（T3957②:11） 青瓷，敞口，圆唇，束颈，折腹内收，平底微凹，口部内外壁饰凹弦纹，轮制成型。高3.2、口径9.4、底径5、壁厚0.3—0.7厘米，118.5克（图一六，3）。

碗（T3957②:12） 青瓷，敞口，圆唇，卷沿，弧腹内收，饼底微凹，素面，轮制成型。高6、口径20.6、底径9.6、壁厚0.3—1厘米，481.8克（图一六，8）。

M3位于探方西南角，大部分在探方内，小部分向南进入南壁，被第②层叠压，打破第③层和生土，平面形状为长方形，长300、宽130厘米，方向352°或172°。填土为黑褐色黏土，较疏松，水平状堆积，厚约78厘米，包含1%陶、1%石、1%炭屑，保存状况良好，为唐宋时期墓葬（图一七）。

第③层整个探方均有分布，被第②层叠压，被M3打破，叠压生土，填土为黑褐色黏土，较致密，波状堆积，厚约20—115厘米，包含5%陶、1%石、1%炭屑、1%砖，出土23件器物，为战国时期文化层。

碗（T3957③:1） 原始瓷，敞口，方唇，束颈，弧腹内收，饼底微凹，内壁饰涡纹，轮制成型。高3.5、口径8.8、底径4.8、壁厚0.2—1.2厘米，123.8克（图一八，13）。

凿（T3957③:2） 石质，单边刃，素面，打制成型，通体磨光。残长6.9、宽3.8、厚0—3.3厘

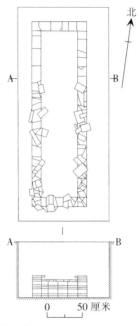

图一七　T3957M3 平、剖面图

米，159.5 克（图一八，8）。

盆（T3957③：3）　泥质灰陶，敞口，圆唇，束颈，折腹斜收，平底微凹，素面，轮制成型。高4.5、口径 19、底径 10.6、壁厚 0.4—0.7 厘米，462.5 克（图一八，16）。

盆（T3957③：4）　泥质灰陶，直口，折沿，方唇，束颈，弧腹内收，平底，素面，轮制成型。高4.5、口径 19.4、底径 8.4、壁厚 0.4—0.7 厘米，433.7 克（图一八，5）。

碗（T3957③：5）　原始瓷，子母口，尖唇，直腹内收，饼底，内壁饰涡纹，轮制成型。高4.4、口径 8、底径 4.2、壁厚 0.3—1 厘米，114.4 克（图一八，11）。

碗（T3957③：6）　原始瓷，子母口，尖唇，卷沿，直腹内收，饼底，内壁饰涡纹，轮制成型。高5.4、口径 10.8、底径 5.4、壁厚 0.3—1.7 厘米，226.1 克（图一八，21）。

碗（T3957③：7）　原始瓷，子母口，尖唇，卷沿，直腹内收，饼底微凹，内壁、内底面饰凹弦纹，轮制成型。高 7.4、口径 14.8、底径 8.6、壁厚0.2—1.8 厘米，626.9 克（图一八，2）。

钵（T3957③：8）　泥质黄陶，敛口，圆唇，斜颈外撇，斜肩，折腹内收，平底微凹，素面，轮制成型。高 6.1、口径 11、底径 5.6、壁厚 0.3—0.9 厘米，370.9 克（图一八，3）。

盆（T3957③：9）　泥质灰陶，敞口，圆唇，折沿，束颈，折腹内收，平底微凹，素面，轮制成型。高 11.2、口径 22.2、底径 10.6、壁厚 0.5—0.7 厘米，665.7 克（图一八，7）。

器盖（T3957③：10）　原始瓷，弧面，顶部贴塑一叶脉纹纽，圆唇，内壁饰涡纹，轮制成型。高2.4、口径 9.6、壁厚 0.2—0.5 厘米，87.1 克（图一八，17）。

豆盘（T3957③：11）　泥质灰陶，敞口，圆唇，折腹内收，余下缺失，素面，轮制成型。高 4、口径17.6、壁厚 0.3—1 厘米，385.6 克（图一八，4）。

碗（T3957③：12）　原始瓷，子母口，折沿，圆唇，直腹斜收，饼底，内壁饰涡纹，轮制成型。高 11.6、口径 12.2、底径 5.5、壁厚 0.2—1.5 厘米，232.8 克（图一八，23）。

碗（T3957③：13）　硬陶，子母口，卷沿，尖圆唇，直颈，折腹内收，饼底，内壁饰涡纹，轮制成型。高 5.4、口径 10.2、底径 5.4、壁厚 0.2—1.1厘米，197.3 克（图一八，22）。

碗（T3957③：14）　原始瓷，子母口，圆唇，折沿，直腹斜收，饼底内凹，内壁饰涡纹，轮制成型。高 6.3、口径 11、底径 6、壁厚 0.2—1.2 厘米，226.8 克（图一八，10）。

盆（T3957③：15）　泥质灰陶，敞口，尖圆唇，束颈，鼓腹内收，平底内凹，口部饰 2 道凹弦纹，轮制成型。高 6.5、口径 20.3、底径 12.6、壁厚0.3—0.8 厘米，662.6 克（图一八，6）。

罐（T3957③：16）　泥质灰陶，敛口，圆唇，斜肩，鼓腹内收，平底微凹，素面，轮制成型。高6.5、口径 8.7、底径 6.2、壁厚 0.3—1 厘米，278.9克（图一八，18）。

碗（T3957③：17）　原始瓷，敞口，尖唇，卷沿，折腹斜收，饼底，内壁饰涡纹，轮制成型。高

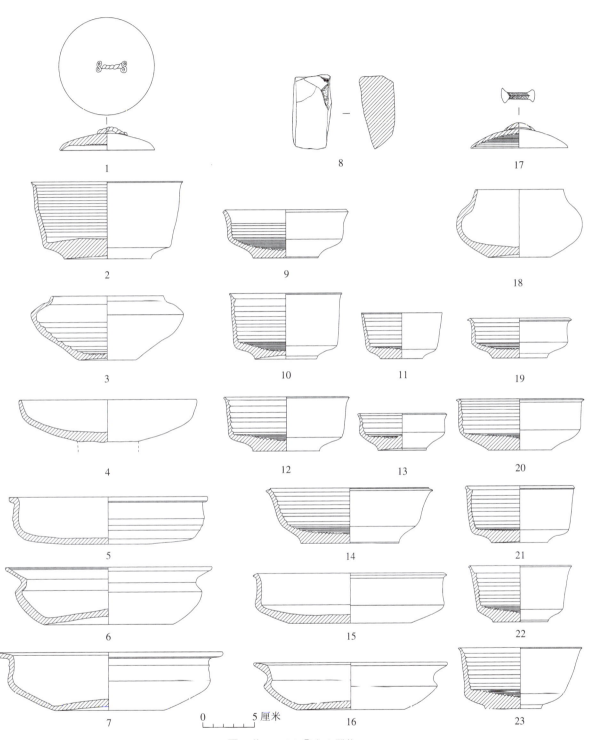

图一八　T3957③出土器物

1. 纺（T3957③:18）　2. 碗（T3957③:7）　3. 钵（T3957③:8）　4. 豆盘（T3957③:11）　5. 盆（T3957③:4）　6. 盆（T3957③:15）　7. 盆（T3957③:9）　8. 盂（T3957③:2）　9. 碗（T3957③:22）　10. 碗（T3957③:14）　11. 碗（T3957③:5）　12. 碗（T3957③:21）　13. 碗（T3957③:1）　14. 碗（T3957③:19）　15. 盆（T3957③:20）　16. 盆（T3957③:3）　17. 器盖（T3957③:10）　18. 罐（T3957③:16）　19. 碗（T3957③:17）　20. 碗（T3957③:23）　21. 碗（T3957③:6）　22. 碗（T3957③:13）　23. 碗（T3957③:12）

3.8、口径 10.4、底径 5.4、壁厚 0.2—0.8 厘米，156.3 克（图一八，19）。

盖（T3957③：18） 原始瓷，敞口，圆唇，弧顶，顶部装绞丝桥型纽，纽两端贴塑 S 纹，表面饰水波纹，内壁饰涡纹，轮制成型。高2.2、口径9.4、壁厚0.3—1厘米，116.3克（图一八，1）。

碗（T3957③：19） 硬陶，敞口，方唇，卷沿，弧腹内收，饼底，内壁饰涡纹，轮制成型。高5.3、口径16.4、底径9.6、壁厚0.4—1.2厘米，353.3克（图一八，14）。

盆（T3957③：20） 泥质灰陶，敞口，尖圆唇，卷沿，直颈，折腹内收，平底，素面，轮制成型。高4.8、口径19、底径12、壁厚0.4—1厘米，628克（图一八，15）。

碗（T3957③：21） 硬陶，子母口，方唇，直腹斜收，饼底微凹，内壁饰涡纹，轮制成型。高5.2、口径12.4、底径6.6、壁厚0.2—1.2厘米，252.8克（图一八，12）。

碗（T3957③：22） 原始瓷，敞口，方唇，束颈，弧腹斜收，饼底，内壁饰涡纹，轮制成型。高4.6、口径12.4、底径6.4、壁厚0.3—1厘米，204.5克（图一八，9）。

碗（T3957③：23） 硬陶，敞口，尖唇，卷沿，直颈，折腹内收，平底，内壁饰涡纹，轮制成型。高4.9、口径12.8、底径6.2、壁厚0.2—1.3厘米，233.7克（图一八，20）。

五 T3958 号探方

T3958 号探方，位于发掘区北部中间，其西为T3957，其南为 T3858 号探方，其东为 T3959 号探方，保留 2 米隔梁。探方内发现 4 个地层，1 口水井，出土器物53件。具体情况如下：

第①层整个探方均有分布，叠压 J1、第②层、第③层、④A 层和生土，填土为灰褐色黏土，疏松，水平状堆积，厚约20—125 厘米，包含1% 陶、10%石、2% 瓷片，出土13 件器物，为明清时期文化层。

盏（T3958①：1） 青花瓷，敞口，圆唇，弧腹内收，圈足，平底，带方形底款，外壁饰青花图案，

轮制成型。高3.2、口径8.8、底径3.4、壁厚0.2—0.5厘米，56.7克（图一九，1）。

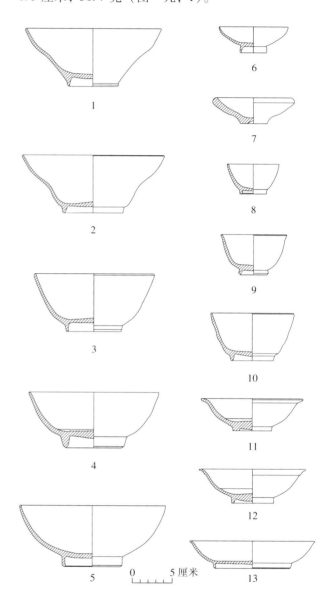

图一九 T3958①出土器物

1. 碗（T3958①：4） 2. 碗（T3958①：1） 3. 碗（T3958①：9） 4. 碗（T3958①：5） 5. 碗（T3958①：6） 6. 盏（T3958①：1） 7. 盏（T3958①：11） 8. 盅（T3958①：8） 9. 盅（T3958①：2） 10. 碗（T3958①：3） 11. 碗（T3958①：10） 12. 碗（T3958①：13） 13. 盘（T3958①：7）

盅（T3958①：2） 青花瓷，敞口，圆唇，束颈，弧腹内收，圈足，平底，内外壁饰青花图案，轮制成型。高6、口径8.4、底径3.4、壁厚0.2—

0.7 厘米，81.7 克（图一九，9）。

碗（T3958①：3） 青花瓷，敞口，圆唇，斜腹内收，圈足，平底微凸，外壁饰青花图案，轮制成型。高 5.9、口径 10.6、底径 5.4、壁厚 0.2—0.6 厘米，172.3 克（图一九，10）。

碗（T3958①：4） 青花瓷，敞口，圆唇，弧腹内收，圈足，平底微凸，内外壁饰青花图案，轮制成型。高 7.2、口径 17.6、底径 6、壁厚 0.3—0.5 厘米，346.6 克（图一九，1）。

碗（T3958①：5） 青花瓷，敞口，圆唇，弧腹内收，圈足，平底微凸，内底面有垫圈痕，内壁、外壁饰青花图案，轮制成型。高 6.9、口径 16.4、底径 7.6、壁厚 0.3—0.9 厘米，351.8 克（图一九，4）。

碗（T3958①：6） 青花，敞口，平唇，弧腹内收，圈足，平底微凸，有底款，内壁、外壁饰青花，轮制成型。高 7.6、口径 18.4、底径 7.6、壁厚 0.2—0.7 厘米，420.2 克（图一九，5）。

盘（T3958①：7） 青花瓷，敞口，圆唇，束颈，弧腹内收，圈足，平底，内壁、外壁饰青花，轮制成型。高 3.4、口径 16、底径 9.8、壁厚 0.2—0.4 厘米，167.5 克（图一九，13）。

盅（T3958①：8） 青花瓷，敞口，圆唇，弧腹内收，圈足，平底，内壁、外壁饰青花，轮制成型。高 3.7、6.6 口径、底径 3.4、壁厚 0.2—0.4 厘米，41.2 克（图一九，8）。

碗（T3958①：9） 青花瓷，敞口，圆唇，斜腹内收，圈足，平底，内外壁饰青花图案，轮制成型。高 7.2、口径 15.2、底径 6.8、壁厚 0.3—0.6 厘米，312.4 克（图一九，3）。

碗（T3958①：10） 褐釉瓷，敞口，圆唇，卷沿，束颈，弧腹斜收，圈足，内底面有一圈垫圈痕，内壁饰 1 道凹弦纹，轮制成型。高 4、口径 13、底径 5、壁厚 0.3—1.1 厘米，183.5 克（图一九，11）。

盏（T3958①：11） 褐釉陶，敞口，圆唇，斜收，圈足，底内凹，素面，轮制成型。高 3.2、口径 10.4、底径 3.4、壁厚 0.4—0.8 厘米，131.4 克（图一九，7）。

碗（T3958①：12） 青花瓷，敞口，平唇，斜腹，束腰内收，圈足，平底，内外壁饰青花，轮制成型。高 7.2、口径 18、底径 7.6、壁厚 0.3—0.6 厘米，348.3 克（图一九，2）。

碗（T3958①：13） 青瓷，敞口，尖圆唇，卷沿，束颈，弧腹内收，圈足，底微凸，素面，轮制成型。高 4.2、口径 13.6、底径 5.4、壁厚 0.2—1 厘米，183 克（图一九，12）。

J1 位于探方西北部，向西进入壁面，被第①层叠压，打破第③层和生土，平面形状近似圆形，南北向长约 140、东西向 110、发掘深度 300 厘米，填土为青灰色黏土，疏松，筒状堆积，包含 0.5% 陶、0.5% 石、0.5% 瓷片，保存状况良好，出土 1 件器物，为明清时期水井（图二〇）。

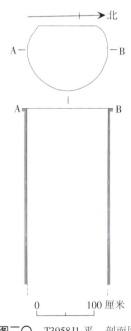

图二〇 T3958J1 平、剖面图

碗（T3958J1：1） 青瓷，敞口，圆唇，束颈，弧腹内收，矮圈足，平底，微凸。内壁刻花，轮制成型。高 6.8、口径 16、底径 6.2、壁厚 0.3—1.4 厘米，345.2 克（图二一，4）。

第②层整个探方均有分布，被第①层叠压，叠压第③层，填土为灰褐色夹黄锈斑点黏土，较致密，水平状堆积，厚约 0—35 厘米，包含 2% 陶、5% 石、

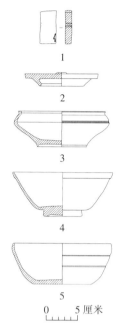

图二一　T3958②、④A、J1 出土器物

1. 石坯（T3958②：2）　2. 盖（T3958②：3）　3. 钵（T3958④A：1）　4. 碗（T3958J1：1）　5. 钵（T3958②：1）

1% 瓷片，出土 3 件器物，为唐宋时期文化层。

钵（T3958②：1）　釉陶，敛口，圆唇，弧腹内收，平底，外壁饰 2 道凹弦纹，轮制成型。高 6.3、口径 16、底径 9.2、壁厚 0.3—0.7 厘米，466.5 克（图二一，5）。

石坯（T3958②：2）　石质，近似长方体，侧面饰 2 道凹弦纹，打制成型，磨光。高 5.1、宽 2.5、厚 1 厘米，31.7 克（图二一，1）。

盖（T3958②：3）　泥质灰陶，平顶，顶面贴塑 1 纽，底面子口，顶面饰 4 道凹弦纹，轮制结合手制成型，轮修。高 2.1、直径 11.6、壁厚 0.4—0.7 厘米，149.4 克（图二一，2）。

第③层整个探方均有分布，被第①、②层叠压，被 J1 打破，叠压④A 层和生土，填土为灰黑色黏土，疏松，水平状堆积，厚约 0—100 厘米，包含 5% 陶、2% 石、0.5% 瓷片，出土 35 件器物，为战国时期文化层。

碗（T3958③：1）　原始瓷，子母口，尖唇，斜腹内收，饼底，内壁饰涡纹，轮制成型。高 6.1、口径 12.6、底径 5、壁厚 0.2—1.3 厘米，284.4 克（图二二，3）。

器盖（T3958③：3）　原始瓷，敞口，圆唇，弧腹内收，顶部饰桥型纽，内壁饰涡纹，轮制成型。高 2.4、口径 10.2、壁厚 0.3—0.6 厘米，95.6 克（图二二，7）。

盆（T3958③：4）　泥质灰陶，敛口，折沿，方唇，束颈，弧腹内收，平底，素面，轮制成型。高 6.4、口径 21、底径 11.6、最大腹径 23.8、壁厚 0.3—0.8 厘米，736.4 克（图二二，16）。

碗（T3958③：5）　原始瓷，子母口，卷沿，尖唇，斜腹内收，饼底微凹，内壁饰涡纹，轮制成型。高 5.5、口径 10.8、底径 5、壁厚 0.2—1.5 厘米，227.9 克（图二二，2）。

钵（T3958③：7）　泥质灰陶，敛口，圆唇，弧腹内收，平底，素面，轮制成型。高 5.7、口径 11、底径 5.8、最大腹径 12.2、壁厚 0.3—0.7 厘米，205.3 克（图二二，10）。

盆（T3958③：8）　泥质灰陶，敞口，平沿，圆唇，束颈，圆折腹内收，平底内凹，口部饰 2 道凹弦纹，轮制成型。高 4.9、口径 21.8、底径 21.6、壁厚 0.4—0.8 厘米，753 克（图二二，13）。

罐（T3958③：9）　硬陶，敛口，平唇，斜肩，折腹，弧腹内收，平底，内壁底部饰涡纹，轮制成型。高 7.5、口径 9.4、底径 4.6、壁厚 0.4—0.7 厘米，416.6 克（图二二，11）。

盆（T3958③：10）　泥质灰陶，敛口，平唇，束颈，折腹内收，平底内凹，素面，轮制成型。高 4.4、口径 20.8、底径 13.6、壁厚 0.4—0.7 厘米，537.8 克（图二二，14）。

盆（T3958③：12）　泥质灰陶，敞口，圆唇，束颈，圆折腹内收，平底内凹，素面，轮制成型。高 5.7、口径 21.8、底径 11、壁厚 0.3—0.9 厘米，735.7 克（图二二，15）。

碗（T3958③：13）　硬陶，敞口，尖唇，小折沿，束颈，鼓腹内收，饼底，内壁饰涡纹，轮制成型。高 4.3、口径 11.2、底径 5.4、壁厚 0.3—0.8 厘米，183.2 克（图二二，9）。

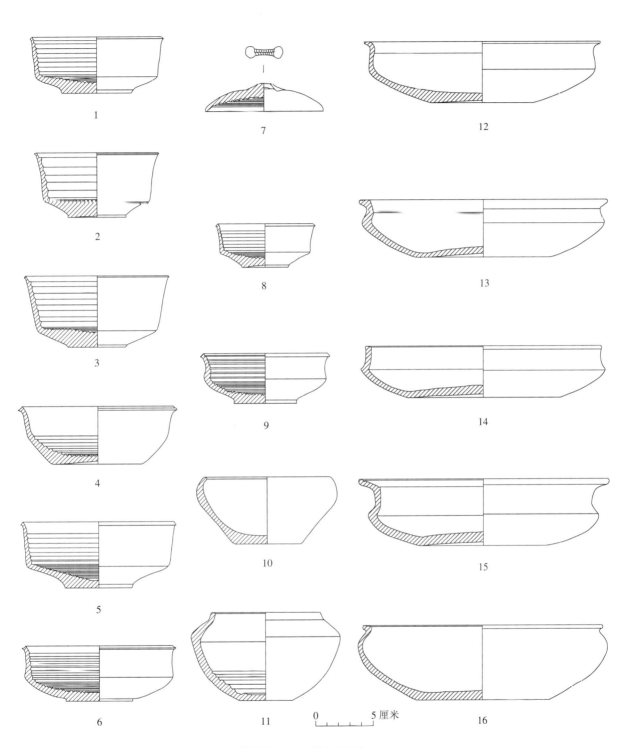

图二二 T3958③出土器物（一）

1. 碗（T3958③:18）　2. 碗（T3958③:5）　3. 碗（T3958③:1）　4. 碗（T3958③:17）　5. 碗（T3958③:14）　6. 碗
（T3958③:16）　7. 器盖（T3958③:3）　8. 碗（T3958③:15）　9. 碗（T3958③:13）　10. 钵（T3958③:7）　11. 罐
（T3958③:9）　12. 盆（T3958③:19）　13. 盆（T3958③:8）　14. 盆（T3958③:10）　15. 盆（T3958③:12）　16. 盆
（T3958③:4）

碗（T3958③：14） 泥质黄陶，敞口，折沿，尖唇，直腹内收，饼底，内壁饰涡纹，轮制成型。高 5.6、口径 13.6、底径 5.8、壁厚 0.2—1.1 厘米，348.5 克（图二二，5）。

碗（T3958③：15） 原始瓷，敞口，尖唇，小折沿，束颈，折腹内收，平底微凹，内壁饰涡纹，轮制成型。高 3.7、口径 8.6、底径 4、壁厚 0.2—1 厘米，93.2 克（图二二，8）。

碗（T3958③：16） 原始瓷，敞口，尖唇，卷沿，束颈，折腹内收，饼底，内壁饰涡纹，轮制成型。高 4.7、口径 13.4、底径 5.8、壁厚 0.4—0.7 厘米，237.8 克（图二二，6）。

碗（T3958③：17） 原始瓷，敞口，尖唇，小卷沿，弧腹内收，平底微凹，唇部饰一道凸弦纹，内壁饰涡纹，轮制成型。高 4.9、口径 13.8、底径 8、壁厚 0.3—1.2 厘米，286.3 克（图二二，4）。

碗（T3958③：18） 原始瓷，敞口，尖唇，折沿，束颈，折腹斜收，饼底微凹，内壁饰涡纹，轮制成型。高 4.8、口径 11.6、底径 6、壁厚 0.2—1.1 厘米，261.8 克（图二二，1）。

盆（T3958③：19） 泥质灰陶，敞口，平沿，尖圆唇，束颈，折腹内收，平底微凹，素面，轮制成型。高 5.2、口径 20.6、底径 9、壁厚 0.3—0.9 厘米，405.9 克（图二二，12）。

碗（T3958③：20） 原始瓷，敛口，平沿，尖圆唇，束颈，折腹内收，饼底微凹，口部饰两道凹弦纹，内壁饰涡纹，轮制成型。高 3.6、口径 11、底径 6.2、壁厚 0.3—0.7 厘米，152.6 克（图二三，12）。

纺轮（T3958③：21） 硬陶，平顶，折腹，平底，穿孔，饰三道凹弦纹，轮制成型。高 3.8、孔径 0.4、最大腹径 3.6 厘米，34.5 克（图二三，1）。

碗（T3958③：22） 硬陶，敞口，尖唇，小卷沿，束颈，折腹内收，饼底微凹，内壁饰涡纹，轮制成型。高 4.8、口径 13.2、底径 7、壁厚 0.3—1.2 厘米，304.8 克（图二三，14）。

碗（T3958③：23） 原始瓷，敞口，尖唇，小折沿，束颈，折腹内收，饼底微凹，内壁饰涡纹，轮制成型。高 5、口径 14.6、底径 7.4、壁厚 0.3—1.7 厘米，381.4 克（图二三，16）。

碗（T3958③：24） 硬陶，敞口，折沿，尖唇，直颈，折腹内收，饼底微凹，内壁饰涡纹，轮制成型。高 5.4、口径 14、底径 7.4、壁厚 0.3—1.2 厘米，373.6 克（图二三，17）。

碗（T3958③：25） 原始瓷，子母口，圆唇，弧腹内收，饼底微凹，内壁饰涡纹，轮制成型。高 4.4、口径 15.6、底径 8.8、壁厚 0.2—0.9 厘米，264 克（图二三，9）。

盆（T3958③：26） 夹砂黄陶，敞口，平沿，尖唇，束颈，折腹内收，平底微凹，素面，轮制成型。高 5.6、口径 19、底径 11、壁厚 0.4—0.6 厘米，573.7 克（图二三，10）。

锛（T3958③：27） 石质，梯形，单边刃，素面，打制成型，通体磨光。长 9.5、宽 5—5.5、厚 1.5—2、刃宽 2 厘米，256 克（图二三，2）。

碗（T3958③：29） 硬陶，敞口、圆唇，子母口，束颈，折腹内收，饼底微凹，唇部、腹部各饰一道凹弦纹，底内面饰涡纹，轮制成型。高 5.3、口径 15.8、底径 8、壁厚 0.3—1.2 厘米，376 克（图二三，15）。

盆（T3958③：30） 泥质黑陶，敛口，平沿，尖圆唇，弧腹内收，平底微凹，素面，轮制成型。高 4.5、口径 21.8、底径 13、壁厚 0.5—1 厘米，663.8 克（图二三，11）。

钵（T3958③：31） 泥质灰陶，敛口，尖唇，斜肩，折腹内收，平底，素面，轮制成型。高 5、口径 12.6、底径 6.6、壁厚 0.2—1.5 厘米，234.4 克（图二三，13）。

钵（T3958③：32） 泥质红陶，敞口，圆唇，束颈，弧腹内收，饼底，素面，轮制成型。高 7.5、口径 16.8、底径 9.6、壁厚 0.4—0.7 厘米，514.3 克（图二三，7）。

钵（T3958③：33） 夹砂黄陶，直口，斜沿，尖圆唇，斜腹内收，平底，素面，泥条盘筑成型，

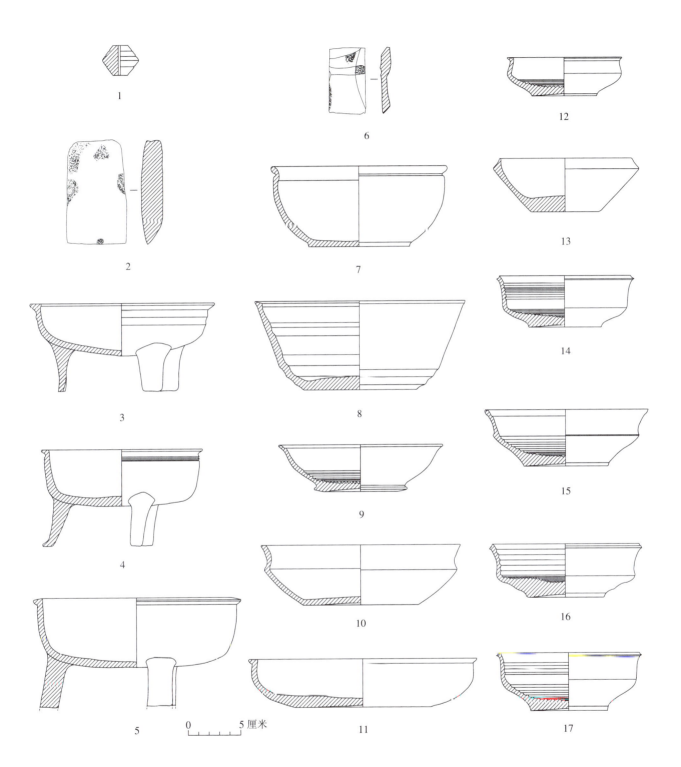

图二三　T3958③出土器物（二）

1. 纺轮（T3958③：21）　　2. 锛（T3958③：27）　　3. 鼎（T3958③：37）　　4. 鼎（T3958③：36）　　5. 鼎（T3958③：35）6. 锛（T3958③：34）　　7. 钵（T3958③：32）　　8. 钵（T3958③：33）　　9. 碗（T3958③：25）　　10. 盆（T3958③：26）　　11. 盆（T3958③：30）12. 碗（T3958③：20）　　13. 钵（T3958③：31）　　14. 碗（T3958③：22）　　15. 碗（T3958③：29）　　16. 碗（T3958③：23）　　17. 碗（T3958③：24）

慢轮修整。高 8.3、口径 20、底径 10.6、壁厚 0.4—1.3 厘米，636.8 克（图二三，8）。

锛（T3958③：34） 石质，长方形，中上部有一绳槽，单边刃，素面，打制成型，磨光。长 6.2、宽 3.5、厚 0.5—1 厘米，32.5 克（图二三，6）。

鼎（T3958③：35） 夹砂灰陶，直口，斜沿，尖圆唇，直腹弧收，平底，三个柱形足，素面，轮制成型。高 10.2、口径 19.8、底径 17.2、壁厚 0.5—0.9 厘米，757.5 克（图二三，5）。

鼎（T3958③：36） 夹砂灰陶，敞口，平沿，尖圆唇，束颈，直腹弧收，锅形底，三个蹄形足，上腹部饰 2 道凹弦纹，轮制成型。高 9、口径 15.4、底径 12、壁厚 0.3—0.9 厘米，454.2 克（图二三，4）。

鼎（T3958③：37） 红色硬陶，敛口，平沿，尖圆唇，弧腹内收，锅形底，三个铲形足，素面，泥条盘筑成型，慢轮修整。高 8.2、口径 17.6、底径 15、壁厚 0.3—0.6 厘米，404 克（图二三，3）。

④A 层分布在探方东北部和西南部，被第①、③层叠压，叠压生土，填土为灰黄色黏土，疏松，水平状堆积，厚约 0—40 厘米，包含 5% 陶、2% 石、0.5% 瓷片，出土 1 件器物，为战国时期文化层。

钵（T3958④A：1） 硬陶，敞口，尖圆唇，束颈，斜肩，折腹内收，矮圈足，平底，圈足外侧有指压痕，肩部饰 4 道凹弦纹，轮制成型。高 5.5、口径 13.8、底径 7.8、壁厚 0.3—0.7 厘米，315.7 克（图二一，3）。

六 T3959 号探方

T3959 号探方，位于发掘区东北角，其南为 T3859 号探方，其西为 T3958 号探方，保留 2 米隔梁。探方内发现 3 层地层、1 条沟，出土器物 42 件。具体情况如下：

第①层在整个探方均有分布，叠压第②、③层，填土为灰褐色黏土，较致密，水平状堆积，厚约 12—57 厘米，为明清时期文化层。

第②层分布于探方东南部，被第①层叠压，叠压第③层，填土为灰褐色带黄色斑点黏土，较致密，水平状堆积，厚约 0—45 厘米，包含 1% 陶，出土 5

件器物，为唐宋时期文化层。

碗（T3959②：2） 青瓷，敞口，圆唇，斜腹内收，平底，内外底面残存多个支钉痕，素面，轮制成型。高 4.5、口径 17.8、底径 9.8、壁厚 0.3—1 厘米，320.7 克（图二四，3）。

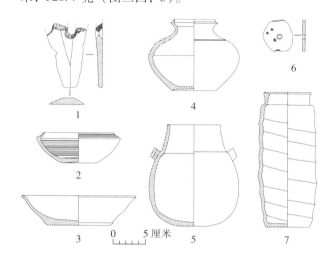

图二四 T3959②、G1 出土器物
1. 犁（T3959G1：3） 2. 钵（T3959G1：2） 3. 碗（T3959②：2） 4. 罐（T3959②：5） 5. 罐（T3959G1：1） 6. 纺轮（T3959②：3） 7. 韩瓶（T3959②：4）

纺轮（T3959②：3） 泥质褐陶，圆角长方形，中间有一孔，素面，用陶片打制成型。长 4.7、宽 4.5、厚 0.4 厘米，17.8 克（图二四，6）。

韩瓶（T3959②：4） 釉陶，敛口，圆唇，小卷沿，束颈，平肩，直腹内收，平底，轮制成型，素面。高 20.4、口径 7.4、底径 6.8、壁厚 0.4—0.7 厘米，578.8 克（图二四，7）。

罐（T3959②：5） 夹砂硬陶，子母口，尖唇，束颈，溜肩，鼓腹内收，平底微凹，肩部饰一道凹弦纹，轮制成型。高 10.8、口径 6.4、底径 6.8、壁厚 0.3—0.7 厘米，547.4 克（图二四，4）。

第③层在整个探方均有分布，被第①、②层叠压，叠压 G1 和生土，填土为灰黑色黏土，较致密，水平状堆积，厚约 13—78 厘米，包含 2% 陶、1% 石，出土 34 件器物，为战国时期文化层。

盆（T3959③：1） 泥质灰陶，敛口，折沿，尖圆唇，束颈，鼓腹内收，平底微凹，素面，轮制成

型。高 7.4、口径 22.4、底径 13.4、壁厚 0.3—0.6
厘米，733.7 克（图二五，3）。

盆（T3959③：2） 夹砂黑陶，敞口，折沿，尖
唇，束颈，折腹内收，平底微凹，素面，轮制成型。
高 7.4、口径 23、底径 13、壁厚 0.4—1 厘米，891
克（图二五，4）。

罐（T3959③：3） 印纹硬陶，敞口，卷沿，尖
圆唇，束颈，圆肩，弧腹内收，平底，轮制成型，
沿部饰凹弦纹，通体饰米筛纹。高 48、口径 20、最
大腹径 48、底径 23.6、壁厚 0.4—1.6 厘米（图二
五，1）。

盆（T3959③：4） 泥质灰陶，敞口，尖圆唇，
折沿，束颈，折腹内收，平底微凹，肩部饰多道凹
弦纹，轮制成型。高 7.1、口径 21.6、底径 10.4、
壁厚 0.3—0.7 厘米，625.3 克（图二五，15）。

三足盆（T3959③：5） 泥质灰陶，直口，卷
沿，圆唇，弧腹内收，平底微凸，底部贴三个乳钉
足，素面，轮制成型。高 6.7、口径 21.4、底径 12、
壁厚 0.4—0.9 厘米，709.1 克（图二五，13）。

盆（T3959③：6） 泥质黑陶，敛口，折沿，圆
唇，弧腹内收，平底微凹，素面，轮制成型。高
4.8、口径 21.8、底径 13、壁厚 0.3—0.7 厘米，
515.6 克（图二五，14）。

碗（T3959③：8） 原始瓷，子母口，尖唇，斜
腹，下腹折收，饼底，内壁饰涡纹，轮制成型。高
5.4、口径 11、底径 5.4、壁厚 0.3—1.3 厘米，
186.7 克（图二五，5）。

碗（T3959③：9） 原始瓷，敞口，尖唇，斜
腹，下腹折收，饼底，内壁饰涡纹，轮制成型。高
4.7、口径 10、底径 6、壁厚 0.2—1 厘米，282.5 克
（图二五，6）。

盆（T3959③：11） 泥质黑陶，敞口，卷沿，
尖圆唇，束颈，折腹内收，平底微凹，素面，轮制
成型。高 7.3、口径 31.6、底径 17、壁厚 0.4—0.9
厘米，1188 克（图二五，16）。

碗（T3959③：12） 原始瓷，敞口，尖唇，折
沿，束颈，折腹内收，饼底，内壁饰涡纹，轮制成

型。高 5.5、口径 13.2、底径 7、壁厚 0.3—1 厘米，
232.1 克（图二五，7）。

碗（T3959③：13） 原始瓷，敞口，折沿，尖
唇，弧腹内收，饼底，口部饰 2 道凹弦纹，内壁饰
涡纹，轮制成型。高 4.4、口径 14.6、底径 7、壁厚
0.2—1.7 厘米，302 克（图二五，2）。

罐（T3959③：15） 泥质黄陶，直口，尖唇，
斜肩，折腹内收，平底微凹，轮制成型，素面。高
3.6、口径 5.2、底径 6.6、壁厚 0.2—0.6 厘米，
161.8 克（图二五，12）。

网坠（T3959③：16） 泥质黑陶，圆柱体，纵
向一条槽，两端各一条槽，素面，手制成型。长
3.8、直径 4 厘米，52.7 克（图二五，9）。

刀（T3959③：17） 石质，弧形，双面刃，单
侧钻孔，素面，打制成型，通体磨光。残长 6.1、宽
4.4、壁厚 0.2—0.5 厘米，24.7 克（图二五，11）。

刀（T3959③：18） 石质，三角形，双面刃，
打制成型，通体磨光，素面。长 9.6、残宽 9.6、厚
0—1 厘米，117.4 克（图二五，10）。

豆盘（T3959③：19） 夹砂硬陶，敛口，圆唇，
鼓腹内收，余下无存，素面，轮制成型。残高 4.5、
口径 13、壁厚 0.3—1 厘米，246.3 克（图二五，8）。

盆（T3959③：20） 泥质灰陶，敞口，尖圆唇，
小卷沿，束颈，斜肩，折腹内收，圈足，平底，轮
制成型，肩部饰凹弦纹和水波纹。高 7.8、口径
23.4、底径 16、壁厚 0.4—0.6 厘米，1117.9 克（图
二六，13）。

钵（T3959③：21） 泥质灰陶，直口，尖唇，
斜肩，折腹内收，圈足，平底，轮制成型，圈足外
侧有指压纹，肩部饰凹弦纹。高 5.6、口径 10.2、底
径 7、壁厚 0.3—0.7 厘米，254.2 克（图二六，11）。

盂（T3959③：22） 泥质灰陶，敞口，尖圆唇，
束颈，溜肩，鼓腹内收，圈足，平底，轮制成型，
肩部饰凹弦纹。高 4.3、口径 8.2、底径 5.4、壁厚
0.3—0.9 厘米，144.8 克（图二六，2）。

钵（T3959③：23） 泥质黄陶，敞口，尖唇，
束颈，斜肩，折腹内收，圈足，平底，轮制成型，肩

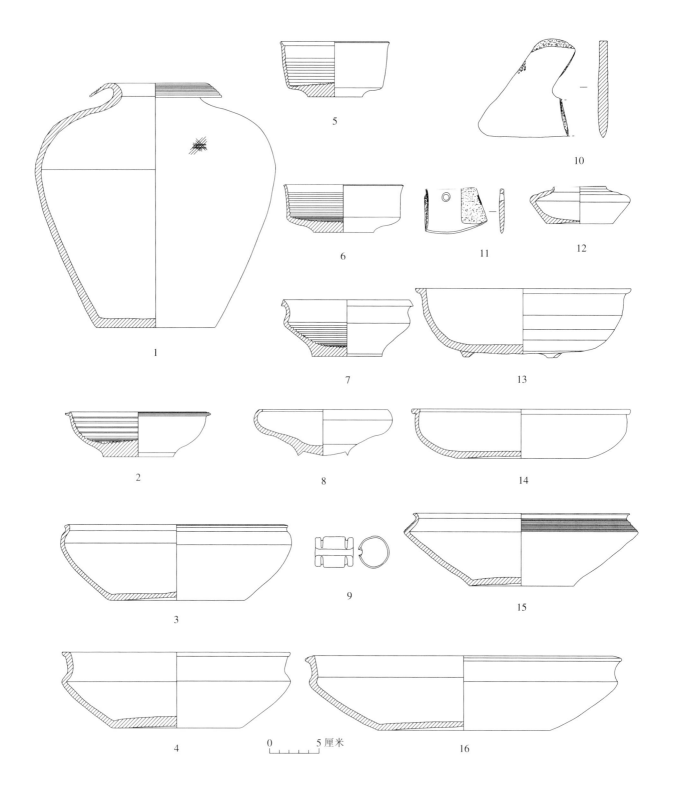

图二五　T3959③出土器物（一）

1. 罐（T3959③：3）　　2. 碗（T3959③：13）　　3. 盆（T3959③：1）　　4. 盆（T3959③：2）　　5. 碗（T3959③：8）　　6. 碗（T3959③：9）　　7. 碗（T3959③：12）　　8. 豆盘（T3959③：19）　　9. 网坠（T3959③：16）　　10. 刀（T3959③：18）　　11. 刀（T3959③：17）　　12. 罐（T3959③：15）　　13. 三足盆（T3959③：5）　　14. 盆（T3959③：6）　　15. 盆（T3959③：4）　　16. 盆（T3959③：11）

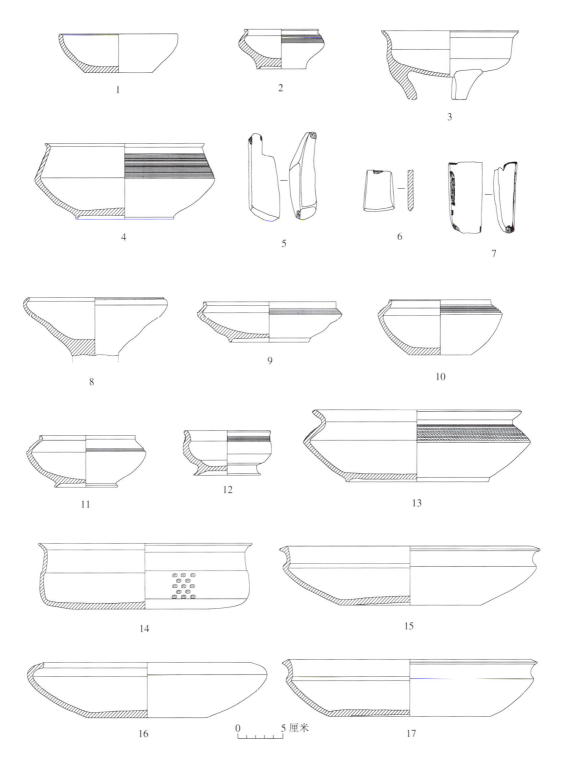

图二六　T3959③出土器物（二）

1. 砚（T3959③：30）　2. 盂（T3959①：22）　3. 钵（T3959③：29）　4. 钵（T3959③：23）　5. 石杯（T3959③：32）　6. 锛
（T3959③：27）　7. 砺石（T3959③：28）　8. 豆盘（T3959③：25）　9. 圈足盘（T3959③：24）　10. 钵（T3959③：26）　11. 钵
（T3959③：21）　12. 碗（T3959③：31）　13. 盆（T3959③：20）　14. 盆（T3959③：33）　15. 盆（T3959③：34）　16. 钵（T3959
③：35）　17. 盆（T3959③：36）

部饰凹弦纹。高 8.2、口径 17.6、底径 10.8、壁厚 0.4—0.8 厘米，811.2 克（图二六，4）。

圈足盘（T3959③：24）　泥质灰陶，直口，圆唇，直领，斜肩，折腹内收，圈足，平底微凹，轮制成型，肩部饰 4 道凹弦纹。高 4.4、口径 7.3、底径 8.8、壁厚 0.3—1 厘米，347.8 克（图二六，9）。

豆盘（T3959③：25）　硬陶，敛口，圆唇，溜肩，斜腹内收，余下无存，轮制成型，肩部饰凹弦纹。残高 6.3、口径 14.6、底径 5、壁厚 0.3—1.8 厘米，405.6 克（图二六，8）。

钵（T3959③：26）　泥质黄陶，敛口，方唇，斜肩，弧腹内收，平底，肩部饰凹弦纹，轮制成型。高 6、口径 11.4、底径 7、壁厚 0.3—0.8 厘米，573.7 克（图二六，10）。

锛（T3959③：27）　石质，梯形，双面刃，打制成型，通体磨光，素面。长 4.5、宽 2.8—3.4、厚 0—0.6 厘米，20.6 克（图二六，6）。

砺石（T3959③：28）　石质，近似长方体，打制成型，通体磨光，素面。残长 7.7、宽 3.9、厚 1.6—2.4 厘米，106.5 克（图二六，7）。

鼎（T3959③：29）　夹砂褐陶，敞口，尖圆唇，束颈，弧腹内收，锅形底，地面贴三个凿形足，轮制成型，素面。高 7.4、口径 15.4、壁厚 0.3—0.7 厘米，262.9 克（图二六，3）。

碗（T3959③：30）　泥质灰陶，直口，方唇，弧腹内收，平底，素面，轮制成型。高 4.2、口径 13、底径 7.4、壁厚 0.5—0.7 厘米，203 克（图二六，1）。

碗（T3959③：31）　硬陶，敞口，圆唇，束颈，折腹内收，圈足，平底，轮制成型，颈部饰凹弦纹。高 4.8、口径 9.6、底径 7.4、壁厚 0.5—1 厘米，198.1 克（图二六，12）。

石坯（T3959③：32）　石质，近似长方体，打制成型，通体磨光，素面。残长 9.6、宽 1.5—3.5、厚 1.6—2.9 厘米，122.6 克（图二六，5）。

盆（T3959③：33）　泥质灰陶，敞口，尖圆唇，卷沿，束颈，鼓腹内收，平底，腹部遍布戳印纹，轮制成型。高 7.1、口径 23.8、底径 14、壁厚 0.3—

0.8 厘米，933.4 克（图二六，14）。

盆（T3959③：34）　泥质黑皮陶，敞口，卷沿，圆唇，束颈，折腹内收，平底微凹，素面，轮制成型。高 6.4、口径 29、底径 16、壁厚 0.3—0.7 厘米，1060.5 克（图二六，15）。

钵（T3959③：35）　泥质黑陶，敛口，圆唇，斜肩，鼓腹内收，平底，轮制成型，素面。高 6、口径 22.8、底径 13、壁厚 0.4—0.8 厘米，1119.2 克（图二六，16）。

盆（T3959③：36）　泥质黑皮陶，敞口，卷沿，圆唇，束颈，折腹内收，平底微凹，轮制成型，素面。高 6.2、口径 28.4、底径 18、壁厚 0.4—0.7 厘米，1043.3 克（图二六，17）。

G1 呈西北—东南方向穿过探方，向西、北进入剖面，向南进入剖面，被第③层叠压，打破生土，平面形状不规则，长约 1125、宽约 60—350、深约 20—80 厘米，填土为青灰色黏土，较致密，水平状堆积，包含 1% 陶，保存状况良好，出土 3 件器物，为战国时期水沟（图二七）。

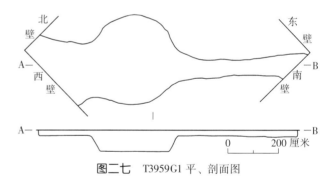

图二七　T3959G1 平、剖面图

罐（T3959G1：1）　夹砂硬陶，敛口，方唇，斜颈，圆肩，贴塑 2 桥形耳，鼓腹内收，平底，轮制成型，唇部饰一道凹弦纹。高 15.4、口径 8.2、底径 4、壁厚 0.4—0.8 厘米，942 克（图二四，5）。

钵（T3959G1：2）　硬陶，敛口，圆唇，斜肩，弧腹内收，平底，肩部饰凹弦纹，内壁饰涡纹，轮制成型。高 4.6、口径 11、底径 5.4、壁厚 0.3—0.7 厘米，272.3 克（图二四，2）。

犁（T3959G1：3）　石质，梯形，两边单面刃，中间对钻一孔。打制成坯，磨光成型，素面。残长9.7、宽2.6、壁厚0—1厘米，68.6克（图二四，1）。

七 采集品

在发掘工作进行中，采集到器物14件。

盆（采:1） 泥质黑陶，敞口，折沿，方圆唇，斜腹内收，平底，轮制成型，素面。高4.3、口径20.6、底径13.4、壁厚0.4—0.8厘米，556.5克

（图二八，3）。

盆（采:2） 泥质黑皮陶，直口，卷沿，圆唇，束颈，鼓腹内收，平底，轮制成型，素面。高4.3、口径22、底径10、壁厚0.3—0.6厘米，541.3克（图二八，4）。

三足盘（采:3） 夹砂黄陶，直口，尖圆唇，弧腹内收，锅底，三个角形足，轮制成型，素面。高

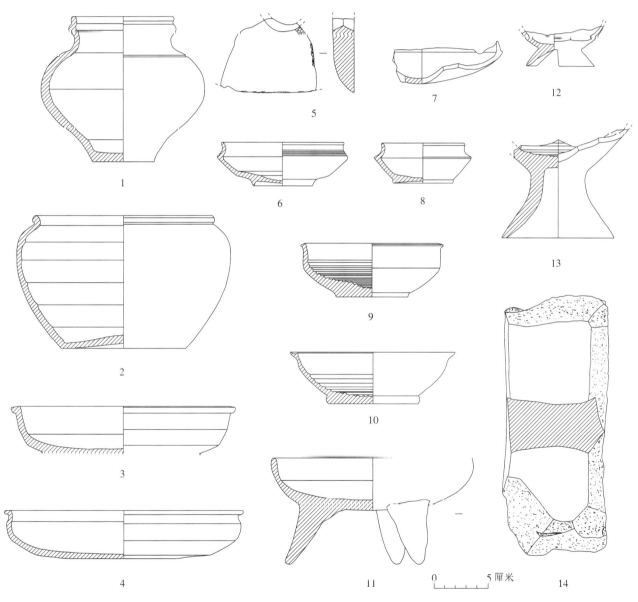

图二八 采集器物

1. 罐（采:6）　2. 罐（采:5）　3. 盆（采:1）　4. 盆（采:2）　5. 斧（采:13）　6. 碗（采:11）　7. 豆盘（采:12）　8. 盂（采:4）　9. 碗（采:9）　10. 碗（采:10）　11. 三足盘（采:3）　12. 三足底（采:8）　13. 圈足（采:7）　14. 砺石（采:14）

9.5、口径 18.4、壁厚 0.3—1 厘米，696.9 克（图二八，11）。

盂（采：4）　硬陶，敞口，尖圆唇，束颈，折腹内收，饼底微凹，轮制成型，素面。高 3.6、口径 7.8、底径 5.6、壁厚 0.2—0.7 厘米，101 克（图二八，8）。

罐（采：5）　泥质黑陶，敞口，圆唇，束颈，圆肩，鼓腹内收，平底微凹，轮制成型，素面。高 11.9、口径 16.6、底径 11.4、壁厚 0.4—0.7 厘米，845.2 克（图二八，2）。

罐（采：6）　泥质灰陶，直口，圆唇，束颈，圆肩，鼓腹内收，平底，轮制成型，肩部饰一道凹弦纹。高 13、口径 9.4、底径 5.6、壁厚 0.4—0.8 厘米，502.5 克（图二八，1）。

圈足（采：7）　硬陶，上部残缺，束腰，喇叭口形圈足，轮制成型，内壁饰涡纹。残高 9.7、底径 10.4、壁厚 0.6—1 厘米，440.6 克（图二八，13）。

三足底（采：8）　原始瓷，三瓣足，轮制成型，切割而成，素面。残高 3.6、底径 6.2、壁厚 0.3—0.5 厘米，93.6 克（图二八，12）。

碗（采：9）　泥质黄陶，敞口，卷沿，尖唇，直颈，弧腹内收，饼底，轮制成型，内壁饰涡纹。高 4.8、口径 13.2、底径 6.6、壁厚 0.3—1.4 厘米，279.3 克（图二八，9）。

碗（采：10）　夹砂硬陶，敞口，尖唇，卷沿，弧腹内收，饼底，轮制成型，内壁饰涡纹。高 4.6、口径 15.2、底径 8.4、壁厚 0.2—1 厘米，250 克（图二八，10）。

碗（采：11）　泥质灰陶，敞口，尖圆唇，束颈，折腹内收，矮圈足，平底，轮制成型，肩部饰凹弦纹。高 3.9、口径 12.2、底径 5.4、壁厚 0.2—

0.5 厘米，140.6 克（图二八，6）。

豆盘（采：12）　泥质红陶，大部残缺，敛口，折腹内收，轮制成型，素面。残高 2.8、口径 14、壁厚 0.2—0.5 厘米，101.7 克（图二八，7）。

斧（采：13）　石质，残缺，呈梯形，单面刃，上部中间对钻一孔，打制成坯，磨光成型，素面。残长 8.7、残宽 6.6、壁厚 0—2 厘米，173.8 克（图二八，5）。

砺石（采：14）　石质，近似长方体，打制成型，素面。长 23、宽 9.5、壁厚 5 厘米，2243.1 克（图二八，14）。

八　对马庄遗址的认识

该发掘点共发现分别属于战国时期、唐宋时期、明清时期等时期文化层 5 层，唐宋时期墓葬 1 座，明清时期墓葬 2 座，唐宋时期灰坑 2 个，唐宋时期水井 1 口、明清时期水井 2 口，战国时期沟 1 条。出土陶、瓷、石、铜等各类材质器物 178 件组，标本 1300 余件。以战国时期和唐宋时期文化遗存为主。该遗址位于苏州古城与木渎古城之间，此次发掘工作材料为苏州城址的沿革发展研究提供了重要的实物材料。

附记：此次发掘工作得到中国社会科学院考古研究所唐锦琼先生的大力支持，在此致谢！

领　　队：张铁军

工作人员：周官清　左金飞　秦存誉　马永超　　　　　　杨　猛　梁有骏　高　芮　马　骏　　　　　　封世雄

绘　　图：张铁军　周金波　秦存誉　杨　猛　　　　　　马永超

执　　笔：张铁军　何文竞

明末永昌大元帅虎纽金印考

后晓荣　陈　刚（首都师范大学历史学院）

在 2016 年全国破获的最大文物案——四川眉山市彭山区江口镇岷江河道内"江口沉银遗址"出土"张献忠沉银"被盗挖倒卖案中，追缴文物中最引人注目的是国家一级文物"虎纽永昌大元帅金印"。此金印金质、虎纽、方形，印面为九叠篆文"永昌大元帅印"，印背左右分刻"永昌大元帅印"和"癸未年仲冬吉日造"（图一）。在出水时已分成两部分，上为虎纽，下为印章。有关该印"大元帅"是谁，或言张献忠，或言李自成[1]，或言李定国，或言李自成赐给张献忠之印[2]等，不一而是。笔者多年关注历代农民起义军用印问题[3]，也想就此印谈谈自己的看法。

图一　永昌大元帅金印与印文

一　李自成农民军用印特点

明末李自成起义军用印传世极少，20 世纪 80 年代初罗福颐先生收集整理了 9 枚李自成起义军印，并一一考证[4]。近年笔者在新材料的基础上，对此进行了相关讨论，并涉及李自成用印制度等问题[5]。从现存十几枚李自成起义军用印遗物看，其印面形制有方形、长方形两种，印面阳文凿刻篆字，字画平直凌厉，篆书方正，线条坚硬，与宋元以来的九叠篆文的圆曲之势明显有别。其印纽多为柱纽，印背刻铸印年月、监造机构等，印侧多刻以千字文为序的编号，目前所发现的大顺政权印所见编号有"天""安""宇"等字。

与其他印章相比，李自成起义军用印文字非常特殊，禁止"印"字入印，相关文献都有记载。清初文献《甲申传信录》记载："李闯既入，五日，建设伪官，改印曰符、券、契、章，凡四等，令职方司收缴前印，悉更铸之，更官名。"[6]清道光年间徐鼒著《小腆纪年附考》记载："（崇祯十七年三月）壬子……改印曰符、曰券、曰契、曰章，凡四等，……受职者给小票，向礼政府领契。"[7]除相关文献记载外，目前所见大顺政权印章实物涉及中央和地方多级官吏用印，确实没有一枚印章的印文有"印"字入印。从现存李自成起义军官印遗物看，大顺政权修改官印文，不用"印"字，入印文字实为"契、信、符、记"等专称，而非文献记载"自成改印曰符、券、契、章，凡四等"，或为用来区别当时明朝政府的中央、行政、地方用印[8]。相关文献有关李自成起义军用印制度的记载明显存在错误，所记载的"券、章"实为"信、记"之误。

李自成起义军的各级官印文字用"符、信、契、记"四字而不用传统的"印"字入印，与中国避讳文化有很大关系。据相关文献记载李自成父亲名"守忠"，又名印[9]，或名务[10]，为避父讳，所以李自成起义军所用官印不许用"印"字，而改用其他字替代。此外明末清初文献也多次记载李自成起义军避讳事件和用字规定。崇祯十七年（1644）李自成在西安即皇帝位，国号大顺，就颁布和制定了一套大顺讳法，为其典章制度的组成部分。清康熙年间《延绥镇志》记："册封刘氏为皇后，陈氏为贵妃，并颁讳法于天下。"[11]又明末清初《怀陵流寇始终录》云："伪礼部示闯贼先世祖讳，如自、印、务、光、安、定、成等字悉避"[12]。据学者王兴亚不完全统计，大顺讳法中规定的避讳字有"世、辅、海、守、忠、印、自、成、务、明、光、安、令、闯等十五个"[13]。

这枚从"张献忠沉银"被盗挖倒卖案中追缴的国家一级文物"虎纽永昌大元帅金印"的印文中有"印"字入印，明显不符合李自成用印制度。此外从新见李自成起义军的"汲县之契"和故宫博物院藏"辽州之契"铜印铸印时间看，此两印印背都刻"癸未年十二月　日造"，为明确的数字表示铸造时间，与"永昌大元帅"金印刻铸印时间"癸未年仲冬吉日造"，表述方法也完全不一致。因此该枚金印与李自成基本没有关系，而李自成赐给张献忠之印的说法也无从谈起。

二　张献忠农民军用印特点

有关明末张献忠农民军用印的记载，最早见于明崇祯十三年（1640）。文献记载明末陕北王嘉胤起义军"据府谷，陷河曲。献忠以米脂十八寨应之，自称八大王"。张氏后来制印"西营八大王"。清代文献《滟滪囊》记载："崇祯十三年（1640）四月，内接陕抚郑从检、总兵左良玉塘报，称太平县玛瑙山于二月内大破逆贼张献忠，……（获）篆书'西营八大王承天澄清川岳'印，卜卦金钱三文。"[14]张献忠占领武昌后，即正式建立大西政权，改省城为京城，铸西王之玺[15]，地方设巡抚、守道。张献忠在成都建国后，设立丞相府和吏、户、礼、兵、刑、工六部尚书，四道各设学官一名，并开科取士，授

县印官，地方设巡抚、守道、巡道、学道，均给敕印，同时"追收全川文武印信，改铸七叠印文"（应为九叠篆）[16]。清代文献《荒书》记载："（八月）十五日，贼张献忠僭位，改贼国曰大西，贼元曰大顺，以蜀王府为贼阙，设五府六部等官。"[17]

目前所见张献忠起义军印章共13枚[18]，都是大顺元年（1644）、二年（1645）颁发的，且确系"九叠印文"。从目前已发现的张献忠农民军用印看，大西政权的行政建制和地方职官设置仍实行明代的府、州、县三级制。除知府、知州、知县外，属官见于印文者有经历司、儒学、医学、僧官等，也多仿明代官职，如"蓬州儒学记""南川县医学记""都纲之印"等。《隋唐以来官印集存》中收录有明代"桐柏县儒学记""荆门州儒学记"[19]两枚印章。此外从刻款中的"礼部"来看，张献忠政权中的礼部主要负责制作职官印。通过比较发现，大西印和明代官印基本吻合，尺寸质地、名称、刻款方式都和明朝官印如出一辙。此外四川大学博物馆收藏一枚刻有"洪武三十五年"字样的"南川县医学记"印章[20]，尺寸和文字几乎与重庆博物馆藏张献忠政权大顺二年（1645）"南川县医学记"印章一模一样，就是最好的例证。由此推之，大西政权地方行政设置及官僚规制基本上沿用了明代制度。

四川"江口沉银遗址"出土的这枚"永昌大元帅印"金印为方形印，边长10.3、印台厚1.6、通高8.6厘米，重3.195千克。该印印纽为一立虎，虎口大张，虎身前倾，虎尾向上卷曲，虎身阴刻线纹表现鬃毛和斑纹，与明代将军印章的纽制基本一致（图二）。文献记载明代将军印章的印纽多用虎纽。《明史·舆服志》记载："武臣受重寄者，征西、镇朔、平蛮诸将军，银印，虎纽，方三寸三分，厚九分，柳叶篆文。"[21]南京市玉带河发现的明末"荡寇将军"印即为伏虎纽，银质，方形，边长10.4厘米[22]，与"永昌大元帅印"金印的形制尺寸、印纽基本一致。此外该印与传世的张献忠自用"西王之宝"玉印（图三）形制相同，都为方形，印文也都是阳文九叠篆[23]。该枚"永昌大元帅印"金印盗掘

出土于四川眉山市彭山区江口镇岷江河道内"江口沉银遗址",清代以来的文献多记载明末大西军领袖张献忠曾沉银于此,此外该遗址性质也为考古发掘工作所证实。该印与此次沉银事件有关,判断其为张献忠自封元帅用印问题不大。

图二　永昌大元帅金印印背拓片和印面钤本

图三　西王之宝钤本

三　相关历史文献记载考实

这枚"永昌大元帅印"虎纽金印,印面文字为九叠篆阳文"永昌大元帅印",印台上阴刻"永昌大元帅印,癸未年仲冬吉日造"。可知该金印铸造于1643年农历十一月,该年是明崇祯十六年。是年春,张献忠起义军势力壮大,攻陷武昌,笼沉楚王,建立政权。"十六年春,连陷广济、蕲州、蕲水。入黄州,……陷武昌,执楚王华奎,笼而沈诸江,尽杀楚宗室,……献忠遂僭号,改武昌曰天授府,江夏曰上江县。据楚王第,铸西王之宝,伪设尚书、都督、巡抚等官,开科取士"。之后张献忠起义军一路南下,尽占湖南全境和江西部分地区,年底决定向西入川。永昌大元帅金印于"癸未年仲冬吉日

造",正是崇祯十六年农历十一月。崇祯十七年(1644)正月,张献忠率部向四川进发。农民军攻克夔州,"至万县,水涨,留屯三月"。六月二十日占领川北重镇重庆,八月初九日,农民军攻克成都。崇祯十七年十一月十六日,张献忠在成都称帝,建国号"大西",改元"大顺",以成都为西京,"遂据有全蜀"。"献忠遂僭号大西国王,改元大顺,冬十一月庚寅,即伪位,以蜀王府为宫,名成都曰西京"。

借着在河南连杀两位明藩王之余威,崇祯十六年(1643)正月,李自成起义军攻下承天(今湖北钟祥市),被举为"奉天倡义文武大元帅"。三月,李自成改襄阳为襄京,称"新顺王"。《明史·列传第一百九十七·流贼》记载:"十六年春陷承天。………自成自号奉天倡义大元帅,号罗汝才代天抚民威德大将军。"之后李自成率主力北上,与明朝督师孙传庭军决战,两军对垒于郏县。十月,李自成攻破潼关,杀死孙传庭,占领陕西全省。崇祯十七年(1644)一月,李自成在西安称帝,以李继迁为太祖,建国号"大顺"。

对比明末李自成和张献忠两支起义军的活动情况,崇祯十六年(1643)正月李自成自立为"奉天倡义文武大元帅",三月称"新顺王";五月张献忠攻陷武昌,"遂僭号","铸西王之宝"。两支起义军在分分合合之后,正式分道扬镳,各自建立自己的政权。该年十月李自成与明孙传庭军在河南激烈厮杀,之后西进陕西,尽占全境。张献忠起义军在取得湖南等地胜利之后,厉兵秣马,准备年底向西入川。李自成自称大元帅在先,不会在两支起义军各自建立政权的时候给张献忠封官铸印,张献忠也不会在兵强马壮,正准备摩拳擦掌进军川蜀之时,接受李自成之赐印。从这个角度看,"永昌大元帅印"既不是李自成之印,也不可能是李自成赐给张献忠之印,而应为张献忠向西入川之前所准备的自用印,即张献忠像李自成一样自立为"永昌大元帅",以号令部下。张献忠自立为"永昌大元帅"之事应为文献漏载。

"大元帅"隐有掌控兵柄之意，明太祖朱元璋就曾称"太平兴国翼大元帅"，常遇春曾称"行省都督马步水军大元帅"，明朝中期还有农民军自号"奉天征讨大元帅"者[24]，明末李自成自己就自号过"奉天倡义大元帅"，决不会轻易再将"大元帅"之职授予他人。《宋史》记载："初，虏攻城日急，殿中侍御史胡唐老言：'闻康邸奉使至磁、相间，为士民所遏不得进，此天意也。乞就拜大元帅，俾率天下兵入援。'宰臣视奏，犹以'大'字为难，唐老力争曰：'今社稷危矣，仰其拯国，顾惜一"大"字，非计也！'"北宋靖康之时，金军围京师（开封），康王（后来的宋高宗赵构）在外，开封城内的朝廷围绕是否封康王"大"元帅还进行过争论。

有学者提出年号互用说，认为"张献忠和李自成，历史上就曾有过互用年号的情况"，但事实并非如此。崇祯十六年（1643）十一月，张献忠自称为"永昌大元帅"；崇祯十七年（1644）正月，李自成称王于西安，国号大顺，改元永昌，铸永昌通宝钱币；崇祯十七年十一月，张献忠在成都称帝，国号大西，改元大顺，铸大顺通宝钱币。在张献忠称"永昌大元帅"时，李自成尚未建国，还没有自己的"永昌"年号，自然也就谈不上"张献忠用李自成的年号自封，也是可能的"。相反的事实是，李自成建国后，改元"永昌"年号，恰恰是使用了张献忠的元帅名号，并发行相应的年号钱币。张献忠称帝后，则使用李自成建国后的国号"大顺"作为自己的年号，也发行相应的年号钱币。这种你中有我，我中有你的趣事，或许正说明这两支农民军亦友亦敌的关系。

总之，无论是从李自成农民军和张献忠农民军用印的实际情况，还是从历史文献和考古实际情况分析，从四川省眉山市彭山区江口镇岷江河道内"江口沉银遗址"盗挖出的这枚虎纽"永昌大元帅"金印，都应属于张献忠的自用印。明末农民起义军领袖张献忠一度自称为"永昌大元帅"，为文献所缺载，可补文献之遗。

注释：

[1] 中国社科院历史研究所研究员、清史专家周远廉说："张献忠部队中，没有人用过'大元帅'这个称号，为何推断金印是张献忠所有？"持此观点的还有巴蜀文化专家、《张献忠传论》作者袁庭栋。他说："'永昌'不是张献忠的年号，而是李自成的。这个永昌大元帅到底是谁？"

[2] 网友石城畔在《张献忠"虎钮永昌大元帅金印"之小考》文中认为此"虎钮永昌大元帅金印"是李自成"通好献忠"这个时期的产物（吃不掉张，需要稳住张），用于笼络縻羁，反映了李自成与张献忠之间的一段复杂曲折历史。网址：http：//www.sohu.com/a/120607199_ 563418。

[3] 后晓荣：《元末农民起义军用印概述》，《元史研究》第 13 辑，2010 年；后晓荣、程义：《明末张献忠农民军用印初探》，《中国国家博物馆馆刊》2016 年第 6 期。

[4] 罗福颐：《李自成起义军遗印汇考》，《故宫博物院院刊》1980 年第 1 期。

[5] 后晓荣、贾麦明：《新见明末大顺农民政权三枚铜印和相关史实》，《中国国家博物馆刊》2018 年第 6 期。

[6] 中国历史研究社编：《甲申传信录》，上海书店 1982 年，第 74 页。

[7] 徐𪷤撰、王崇武校点：《小腆纪年附考》卷四，中华书局 1957 年，第 113 页。此书为清咸丰十一年（1861 年）初刊，专记明末清初社会动荡史料。

[8] 后晓荣、贾麦明：《新见明末大顺农民政权三枚铜印和相关史实》，《中国国家博物馆馆刊》2018 年第 6 期。

[9] 〔清〕钱𫓹：《甲申传信录》卷六《鹿樵纪闻》卷下载："李守忠，一名印。"

[10] 〔明〕谈迁：《国榷》卷一百载魏学廉的上疏云："自成父名务。"谈迁：《国榷》，中华书局 1958 年。

[11] 〔清〕谭吉璁撰，刘汉腾、纪玉莲校注：《延绥镇志》，三秦出版社 2006 年。

［12］〔清〕戴笠著，陈协琹、刘益安点校：《怀陵流寇始终录》，辽沈书社 1993 年。

［13］王兴亚：《李自成起义史事研究》，中州古籍出版社 1984 年，第 188 页。

［14］〔清〕李馥荣：《滟滪囊》，《张献忠剿四川实录》，巴蜀书社 2002 年，第 37 页。

［15］〔清〕彭孙贻：《平宛志》，上海古籍出版社 1984 年，第 138 页。

［16］阙名：《纪事略》，中华书局 1959 年，第 43 页。

［17］〔清〕费密：《荒书》，《张献忠剿四川实录》，巴蜀书社 2002 年，第 428 页。

［18］后晓荣、程义：《明末张献忠农民军用印初探》，《中国国家博物馆馆刊》2016 年第 6 期。

［19］罗振玉：《隋唐以来官印集存》影印本，1947 年。

［20］和中浚、吴鸿洲：《中华医学文物图集》，四川人民出版社 2001 年。

［21］《明史》卷六八《舆服志》，中华书局 1974 年，第 1662 页。

［22］南波：《关于"荡寇将军印"》，《文物》1978 年第 2 期

［23］后晓荣、程义：《明末张献忠农民军用印初探》，《中国国家博物馆馆刊》2016 年第 6 期。

［24］〔清〕张廷玉等撰：《明史》，中华书局 2000 年。

试论苏州乐桥宋代井藏铜钱

张　炜（苏州博物馆）

内容摘要： 2011 年苏州乐桥发现宋代井藏钱币近两吨，如此大量铜钱出土在苏州还是首次。本文结合这次井藏货币的特点，并查阅文献，考证出这次井藏货币或与北宋崇宁时期官方发行钱币混乱所导致的苏州钱币盗铸案有关。

关键词： 当十钱　崇宁　盗铸　章縡

2011 年 6 月 1 号，苏州干将路改造雨水管道施工中发现有铜钱出土，后经苏州市考古研究所发掘，在一口残井中清理出近两吨的铜钱与四个釉陶四系罐。根据发掘简报，这批铜钱均为圆形方孔钱，有 47 种不同面纹，分属汉代、北朝、唐代、隋代、五代十国和北宋。其中北宋钱币占据绝大部分，达 38 种，铜钱有序埋藏，先埋小钱再埋大钱，最晚的是北宋的崇宁重宝[1]。发掘简报只是简要叙述出土的文物种类，并没有得出任何有关埋藏年代和埋藏性质的结论。但从已公布资料来看，此次井藏钱币出土数量为苏州地区历来最多的一次，即使在整个中国也不多见。

在《苏州文博论丛 2018 年》中，考古人员根据窖藏钱中最晚钱币来探讨埋藏年代，根据同时出土的釉陶四系罐的形制以及埋藏地点判定这批钱币应该埋藏于建炎四年（1130）金兵入城之时，是坊市商户为避免财产损失而采取的权宜之计[2]。可是崇宁重宝发行于崇宁三年（1104），到建炎四年还有二十六年时间之久，在这期间，仅北宋就发行了崇宁通宝、大观通宝、政和通宝、宣和通宝与靖康元宝。如果是坊市商户由于紧急原因迫不得已将铜钱埋起来，不可能把所藏的钱币按大小有序存放，也不可能不包括北宋末期的其他货币。因此，这次井藏铜钱的埋藏性质与具体年代还需要重新分析。

在中国文物考古和钱币研究的杂志中关于宋代窖藏钱币的报道有很多，但都是简报性质，并没有进行总结性的探讨，仅日本学者三宅俊彦 2004 年从整体上对宋代窖藏钱币做了考古学上的研究[3]。根据他收集的资料，截止到 2004 年，在中国境内共发现宋代窖藏钱币 160 多处，223 个遗址。范围分布极广，北至黑龙江，南到广西，东起渤海沿线，西达新疆。在这些窖藏中以陶瓷罐与瓮作为容器的有 65 处，放入铁制容器的有 7 处，砖垒灰坑的有 6 处，其他的就直接放入灰坑。其中只存放铜钱而没有与其共同流通的铁钱的北宋窖藏，主要分布是以华北为中心，湖南、江西也有零星发现，一共有 26 处。发现地点与当时宋金之间交战的地点有密切关系。由于窖藏一般都属于偶然发现，只能根据出土文物的类型与地点来确定窖藏货币的性质。三宅俊彦在文中将宋代窖藏分为四种，一为钱币爱好者的私藏品，由于特殊原因不得已埋入土中。二为佛门弟子的供养物，这些一般埋在寺院附近。一、二两种出土的钱币一般不多，大多在几十公斤左右。三为军库窖藏，这一般埋在要塞附近，作为军饷用。四为府库窖藏，这一般是官府的仓库。三、四两种一般出土的钱币比较多，大都有数吨[4]，有的甚至达数十吨[5]。

将三宅俊彦发的分析与这次井藏钱币的简报相对照，我们发现这次井藏地点是在乐桥西南方，离北宋苏州子城只有一路之隔，且出土数量达两吨，仿佛这次窖藏货币的性质是府库窖藏。但府库窖藏一般在发生战争的情况下才会被舍弃，比如深圳花果山建筑工地窖藏[6]、湖南官圹坳窖藏都是这类型。但金兵攻入平江府在 1130 年，而出土最晚的货币是崇宁重宝（1104 年发行），这期间还有若干流通货币未被发现，因此乐桥井藏钱币是由于战争原因，苏州将府库里的钱币倒入井中这一解释也无法成立。最让人无法解释的是这次发现的钱币是在井中。这是以前宋代窖藏钱币中所未见的。将铜钱投入井中会使铜钱发生锈蚀而损毁。显然投币入井的人是不在乎铜线的锈蚀。

要弄清楚这批铜钱的性质，我们只能回归到这批铜钱的类型与出土地点上。通过仔细分析，我们发现它有四个特点。1. 铜钱朝代虽然跨度比较大，从汉代一直延至北宋末年，但它们都是铜质地，数量巨大，达 2 吨。2. 这批铜钱是按钱币的大小，先小钱再大钱，分批投入井中。这说明铜钱投入井之前是按钱币大小有序存放。3. 这批出土的铜钱最多的是北宋的货币，时间最晚的是崇宁重宝。但没有出现与其相差一年发行的崇宁通宝。这是否说明井藏事件发生的时间应是在崇宁重宝发行以后，崇宁通宝未发之时呢？4. 最令人奇怪的是这批铜钱发现在井中。在中国，由于某种迫不得已的原因，为了避免损失，直接放入灰坑中，或将钱币窖藏、罐瓮藏起来的比较多，但井藏钱币没有。笔者综合这些特点，翻阅了宋代史料，特别是北宋崇宁时期的史料，发现这或与发生在宋徽宗崇宁年间因国家钱币发行混乱而导致的钱币盗铸案有直接的关系。

徽宗时期，冗官制度与连年战乱造成巨额的军费开支，朝廷在财政上一直处于入不敷出的状态，这导致中央政府的货币政策非常混乱，即便是在同一时期，不同地区的货币政策也不一样。因此，要弄清徽宗时期的货币政策是非常困难的。本文仅在崇宁时期，苏州所属的两浙路的货币政策做一概括。崇宁三年（1104）正月，尚书省令江淮荆浙等路收集市面上的当二钱，或以前官库剩余的当二钱，依陕西样，改铸成当十钱，即为崇明重宝。崇宁四年（1105）又铸造由徽宗御书的崇宁通宝。但是这类当十钱的重量只是一般小平钱的三倍，价值却是小平钱的十倍。因此"民间尽将小平钱销铸当十钱，致民间小钱数少"[7]。朝廷意识到"铸当十钱利重，不能禁，深虑民间物重钱滥"[8]。崇宁五年（1106）正

月，朝廷颁布政策，将当十钱改作当五钱。同年二月，又命两浙路的崇宁重宝改作当三钱。与此同时，在其他各路，当十钱还作为当五钱使用。此时国家出现了同一货币在不同地区价值不同的现象，这在中国历史上是前所未有的。当年六月，诏命除京师、陕西、河东、河北外，各路都不得使用官铸当十钱，民间的当十钱以小钞相易，如果有隐藏不换的，以私有法论。

但是当十钱"自是而为五，民之所有十去其半矣，自五而为三，民之所有十去其七矣"[9]。百姓不甘心自己的大钱贬值，往往是"多不赴官送纳请钞，衷私就小钱贱价博易，以致转贩入京畿、三路，或只依旧收藏在家"[10]。而小钞"自一百等之至于一贯，民之交易，不能悉辨其真伪，一也，输于官而不可得钱，二也，是以东南之民，不肯以当三易钞"[11]。

苏州作为两浙路内商业比较繁华的地区，钱币的私铸也十分严重。崇宁五年，知苏州塞序辰因为"纵盗铸钱，市肆所用皆非官铸"[12]而落职。然而一开始地方官员对私铸货币的监察并不是很严格。文献记载，"对于两浙路盗铸之奸，因州县纵不严禁戢，间有告获，又置不问，部使者还私观望"[13]。这或许是因为"往往鼓铸，不独间细民，而多出于富民、士大夫之家"[14]，盗铸者与官府有着千丝万缕的联系。这种现象直到苏州发生一起钱币盗铸案才得以改变。章綖家族是苏州的世家大族，章綖父章楶曾贵为同知枢密院事，追赠太师、秦国公。章綖的兄弟也大都任签判、通判等职。根据《宋史·章楶传》记载，章綖盗铸钱币案发生在大观元年（1107），蔡京恢复宰相职务不久。章綖的大哥章縡"上疏言钞法误民"[15]，三哥章琼帮助姐夫刘逵"渐复元祐之政"[16]，得罪了蔡京。蔡京恢复相位后，"遂兴制狱，倾章氏，綖居苏州，或得私铸钱数巨器，京风言者诬綖与州人郁宝所铸。诏遣李孝寿、张茂直、沈畸、萧服更往鞫之，连系数百人"[17]。后经过调查，朝廷断定章綖公然聚工铸钱，将数万缗的钱币以三四条船潜载入京城。

此案是不是蔡京为打击政敌刘逵而一手炮制的冤案，这里不打算讨论，但该案确实得到蔡京的支持。文献记载："株逮至千百，强抑使承盗铸罪，死者甚众，京犹以为缓。"[18] 南宋笔记《中吴纪闻》比较详细地记载了章縡被逮捕时的情景："大观中，枢密章公之子縡，为蔡京诬以盗铸，诏开封尹李孝寿，即吴中置狱，连逮千余人。遣甲士五百围其家，钲鼓之声昼夜不绝，俗谓之聒囚鼓。"[19]《宋史》对这件事造成的严重后果做了详细的记载："京起苏州章縡狱，还孝寿开封，使往即讯。至苏州，穷治铸钱，逮系逾千数，方冬惨掠囚，堕指脱足不可计，死则投于垣外。"[20] 最后 "章縡除名勒停，刺面配沙门岛"[21]。这个案件打击面非常广，牵涉到众多官员。仅《宋会要辑稿·职官》中记载的因章縡盗铸案而连坐的官员就包括两浙转运使孙虞丁、判官胡璞、提点刑狱黄克俊、朝奉大夫周彦质等十余人[22]。

乐桥出土的货币是否直接与章縡有关，由于缺乏相应的文字信息，已无从知晓，但这个案件 "民目所未睹，莫不为之震"[23]，震骇了苏州百姓，自然也震慑了那些当时在苏州盗铸钱币的人。可以推定，章縡盗铸案发生后，朝廷对盗铸者的高压政策，使得盗铸者为了避免损失和消灭罪证，迫不得已将作为原料的小平钱与已经盗铸成的崇宁重宝分别倒入井中。那么为何井中只有崇宁重宝而没有崇宁通宝呢？章縡盗铸案案发时崇宁通宝已经发行了三年。这是因为 "通宝钱所铸未多，在官者并随处封桩，在民间者小平钱纳换"[24]，崇宁通宝本来在市场上发行就不多，而且已经不再使用，盗铸它已经没有意义。而在大观元年（1107），虽然南方不可以使用，只能用小钞记作当三钱换，但在北方崇宁重宝还可以当五钱使用。同一货币在两浙路与北方不同的价值以及对小钞的不信任使得盗铸者将私铸的钱币潜载入京。

因而我认为，乐桥井藏货币应是大观元年发生的事情。由于章縡盗铸案巨大的震慑力，盗铸者迫不得已将盗铸的钱币投入到井中，以便风声不紧的时候可以取出并重新锻铸。投币入井的人也可能受到章縡案的牵连，很快就死了，也可能在以后的兵荒马乱中死亡，这批井藏货币直到近千年后才重出天日。这个结论或许能解释这次乐桥井藏钱币的埋藏性质。

注释：

[1] 苏州考古研究所：《苏州乐桥宋代井藏铜钱发掘简报》，《苏州文博论丛 2013 年》，文物出版社 2013 年。

[2] 周官清、孙明利：《胡尘暗中原——试析苏州乐桥井藏钱币的出土》，《苏州文博论丛 2018 年》，文物出版社 2019 年。

[3] 三宅俊彦：《宋代窖藏钱币的初步研究——兼论窖藏钱的中日比较》《中国历史文物》2004 年第 3 期。

[4] 赖俊哲：《建宁出土古钱币初探》，《福建文博》1991 年第 1、2 期。

[5] 傅聚良：《湖南出土的宋代窖藏钱币》，《南方文物》1998 年第 2 期。

[6] 深圳市文物管理办公室：《深圳发现窖藏古钱币》，《南方文物》1996 年第 4 期。

[7] 〔南宋〕杨仲良：《皇宋通鉴长编纪事本末》卷一三六《当十钱》，黑龙江人民出版社 2006 年，第 2294 页。

[8] 〔南宋〕杨仲良：《皇宋通鉴长编纪事本末》卷一三六《当十钱》，黑龙江人民出版社 2006 年，第 2293 页。

[9] 〔北宋〕周行己：《浮沚集》卷一《上皇帝书》，《儒藏·精华编》第 220 册，北京大学出版社 2007 年，第 545 页。

[10] 〔南宋〕杨仲良：《皇宋通鉴长编纪事本末》卷一三六《当十钱》，黑龙江人民出版社 2006 年，第 2293 页。

[11] 〔北宋〕周行己：《浮沚集》卷一《上皇帝书》，《儒藏·精华编》第 220 册，北京大学出版社 2007 年，第 545 页。

[12] 〔南宋〕杨仲良：《皇宋通鉴长编纪事本末》卷一三六《当十钱》，黑龙江人民出版社 2006 年，第 2297 页。

[13] 〔南宋〕杨仲良：《皇宋通鉴长编纪事本末》卷一三六《当十钱》，黑龙江人民出版社 2006 年，第 2298 页。

[14] 〔南宋〕杨仲良：《皇宋通鉴长编纪事本末》卷一三六《当十钱》，黑龙江人民出版社 2006 年，第 2295 页。

［15］〔元〕脱脱：《宋史》卷三二八列传第八十七《章楶传》，中华书局 1977 年，第 10591 页。

［16］〔元〕脱脱：《宋史》卷三二八列传第八十七《章楶传》，中华书局 1977 年，第 10591 页。

［17］〔元〕脱脱：《宋史》卷三二八列传第八十七《章楶传》，中华书局 1977 年，第 10591 页。

［18］〔元〕脱脱：《宋史》卷三四八列传第一百七《沈畸》，中华书局 1977 年，第 11023 页。

［19］〔南宋〕龚明之：《中吴记闻》卷第六《苏民三百年不识兵》，王稼句点校：《苏州文献丛钞初编》，古吴轩出版社 2005 年，第 115 页。

［20］〔元〕脱脱：《宋史》卷三一零列传第六十九《李迪》，中华书局 1977 年，第 10180 页。

［21］〔南宋〕杨仲良：《皇宋通鉴长编纪事本末》卷一三六《当十钱》，黑龙江人民出版社 2006 年，第 2301 页。

［22］〔清〕徐松：《宋会要辑稿·职官》卷六八，上海古籍出版社 2014 年，第 4879 页。

［23］〔南宋〕龚明之：《中吴记闻》卷第六《苏民三百年不识兵》，王稼句点校：《苏州文献丛钞初编》，古吴轩出版社 2005 年，第 115 页。

［24］〔南宋〕杨仲良：《皇宋通鉴长编纪事本末》卷一三六《当十钱》，黑龙江人民出版社 2006 年，第 2295 页。

大同地区龙山时代初识

——从吉家庄遗址观察

王子煜（首都师范大学历史学院）

内容摘要： 大同地区自古以来是十分重要的交通孔道。2017 年大同吉家庄新石器时代遗址的调查与发掘，反映了大同地区龙山时代文化面貌的独特性。从目前对几件出土陶器的简单类型学对比，可以认为，大同地区龙山时代的文化面貌归于周边任何地方文化序列中，目前看来都为时尚早。

关键词： 大同 龙山时代 陶器 类型学

大同位于山西东北，东经 112°34′—114°33′，北纬 39°03′—44°40′，位于雁门关以北晋冀蒙三省交界处，南与朔州、忻州交接，北与内蒙古乌兰察布相邻，东与河北张家口接壤。大同地区地理位置十分重要，东至北京地区，西至呼和浩特地区，自古以来是华北北部极为重要的交通枢纽，也是各民族文化交流及其关键的孔道之一。2017 年，大同市文物考古研究所、山西大学对大同吉家庄遗址的调查与发掘，虽然尚未有正式简报发表，但是从披露的一些细节看，吉家庄遗址的重要性不容忽视[1]。现以该遗址的龙山时期文化遗存为关注点，就一些问题发表一些浅显的认识。

一 大同地区龙山时代的研究背景

大同位于阴山余脉，大同盆地中部，是为古代大同湖形成的地理地貌，阴山在北，恒山在南，桑干河在此起源并顺势向东，著名的泥河湾盆地即为古大同湖时期孑遗。旧石器时代的许家窑—侯家窑遗址，即位于大同阳高县与张家口阳原县交界。可见，自旧石器时代以来，本地就有先民长期生存繁衍。

龙山时代，我国处于氏族社会向王权社会过渡的时期，各个地理区域的文化在此时期发生了空前广泛和深入的交流。至龙山时代晚期，二里头文化兴起前夜，大型的聚落更是不断涌现，中原嵩洛地区的大中型城址群，陕北高原的石峁遗址，晋南平原的陶寺遗址，都证明了社会组织的进一步完善和集权制度的逐步形成。苏秉琦先生认识到，关中地区、内蒙古中南部、辽河流域在地理上形成 Y 字形分布[2]，有学者观察到，三者文化交流的节点恰是在晋北至河套地区[3]。早在仰韶时代，这样的文化交流过程就已经开始，不同文明在此交融，最早的罍即在此出现。也有学者指出，恒山南北、桑干河上游地区是这个节点各方交流的必经之路。因此，对大同地区龙山时代的文化面貌及文化交流过程的探究，其重要性毋庸置疑。

前辈学者对大同地区的新石器时代文化的调查与研究有一定基础，但相比周边地区的同时期文化研究，仍然十分薄弱。安志敏先生在 20 世纪 50 年代对大同云冈地区的新石器时代遗存进行过调查，采集到一批龙山时代的陶器。经过观察，安先生敏锐地意识到，"无论在陶器上或石器上都代表着不同文化的特征，好像有不同的来源"。后续的调查、发掘有云冈南梁、大同县水头、大同县马家小村、南郊高山镇等，采集了仰韶时代至龙山时代的一些遗物标本，但并无十分重要的发现披露。与此形成鲜明对比的是，周边的一系列龙山时代的遗址已积累了较为丰富的材料。晋中北忻州地区游邀遗址、阳白遗址，河套地区准格尔旗的永兴店遗址、大庙圪旦遗址，陕北神木地区的石峁遗址、新华遗址，张家口地区的蔚县筛子绫罗遗址、庄窠遗址，蒙中南乌兰察布地区的凉城老虎山遗址，晋中白燕遗址、杏花村遗址，晋南陶寺遗址等，均有学者进行了较为详细的分析，并尝试对上述地区的文化性质、序列问题进行探究。应当意识到，大同地区同时代文化性质、序列问题认识的缺乏，对于晋陕冀蒙地区乃至中国北方龙山时代诸文化的发展、交流的进一步深刻认识，无疑是一个不利因素。

二　吉家庄遗址概况

吉家庄遗址位于大同市大同县吉家庄乡吉家庄村南，分布于桑干河畔的二级台地上。1957 年 6 月山西省文物普查队发现，采集到了部分标本。1988 年 9 月山西省文物考古研究所张德光、朱华再次进行调查，采集到了一批仰韶时代至龙山时代的陶片、石器，并且注意到遗址"面积大、堆积厚、遗存丰富"[4]。1991 年 10 月，北京大学考古系与雁北地区文物工作站合作，再次进行调查，同样观察到吉家庄遗址丰富的堆积，并采集了一些陶片标本[5]。2017 年，大同市文物考古研究所与山西大学考古系联合对吉家庄遗址进行了发掘。据报道，截至 7 月初，发掘探方 13 个，探沟 1 条，共 365 平方米，出土小件 200 余件，可复原陶器 30 余件。据调查，该遗址面积超过 100 万平方米，为雁北地区首次发现[6]。

三　吉家庄遗址所见陶器类型

1988 年张德光、朱华根据调查，将吉家庄遗址大致分为第一期、第二期两个阶段。第一期陶质主要是泥质红陶，一些陶片有黑彩或红彩，主要是彩绘条带纹，器形有翻沿圆唇盆、敛口钵、折肩钵、小口深腹罐（图一）。

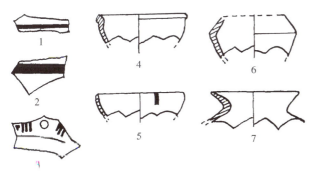

图一　1988 年吉家庄遗址第一期陶器类型
1—3. 彩陶片　4. 折沿盆　5. 敛口钵　6. 折肩钵
7. 小口深腹罐

第二期遗存堆积厚，遗物丰富，陶器类型也较为丰富。采集到的陶器主要是泥质、夹砂灰陶、褐陶，纹饰有绳纹、篮纹、少量方格纹、锥刺纹。器形主要有鬲、罐、斝、瓮、甗、甑、豆等[7]（图二）。

1991 年，吉家庄遗址调查中，调查者将陶器分为甲乙两组。甲组主要是灰陶，器形有双耳壶、小罐等；乙组主要是灰陶，还发现了磨光黑陶，器形有鬲、罐、豆、斝等[8]（图三）。

吉家庄遗址 2017 年发掘材料目前尚未发表，但目前可见部分陶器的照片，在此列出以供参考。磨光黑陶器形有带把斝、豆形盘等[9]（图四）。

在 1988 年和 1991 年的两次调查中，调查者都将采集到的陶器分为早晚两组，从陶器类型观察，可以基本将 1988 年调查的第一、二期与 1991 年调查的甲、乙组分别对应。

1988 年第一期泥质红陶较多，部分具有彩绘纹饰，主要器形有盆、罐、敛口钵。调查者观察到与太原义井、汾阳杏花村第二段陶器的面貌相似，因而将其归入大司空类型。而 1991 年甲组中，调查者在 1988 年调查者的基础上分析，认为甲组存在白燕一期文化因素，总体时代确定于仰韶晚期，可以确定受到晋中地区文化的一定影响。

这里需要详细讨论的是 1988 年第二期和 1991 年乙组，以及 2017 年照片中的几件陶器。总体上看，吉家庄遗址的陶器显然与周边地区的陶器组合有着密切关联，中领、矮领壶、戳刺纹饰鬲等，都是晋陕高原、蒙中南地区具有代表性的器物群。由于无完整器物图发表，仅进行简单描述。

单把斝在周边遗址龙山时代也有一系列发现。2017 年出土的磨光黑陶单把斝，领部较高，与足几乎高度相等，口略侈，桥形把，一侧固定于口沿，一侧固定于一足顶部，三足呈带弧度略外撇的锥状，装于器物侧边，裆部平。这与陶寺、白燕三期的单把斝，石峁、新华的斝，游邀晚期的斝都有明显的差别，而与北部老虎山文化、永兴店文化的单把斝和斝式鬲更为相似[10]，在筛子绫罗也发现了类似的单把斝[11]，但同时又与其有着显著区别，体现了不

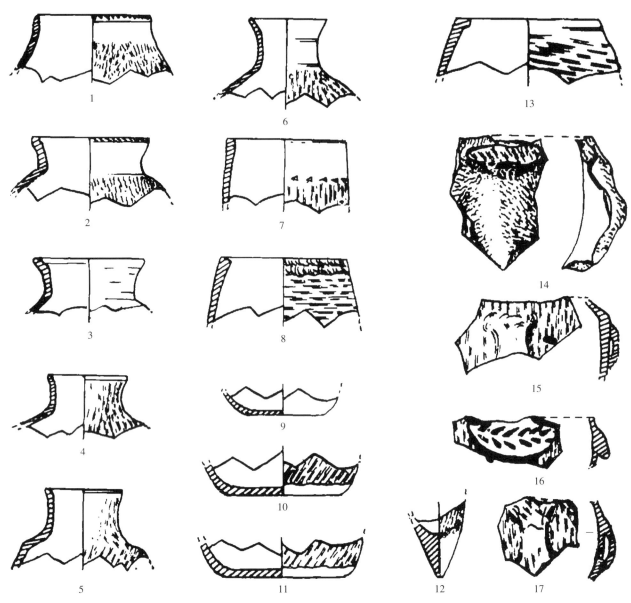

图二　1988年吉家庄遗址第二期陶器类型

1、12、14. 鬲（采：1、27、26）　2、3. 中口罐（采：11、13）　4、5、6、15. 小口罐（采：2、3、4、17）　7. 直口罐（采：5）
8、13. 瓮（采：6、7）　9—11. 罐底（采：18—20）　16. 舌形錾（采：22）　17. 竖耳（采：25）

同的特征。总体上看，吉家庄单把鬲似乎处于老虎山文化、永兴店文化单把鬲与陶寺、白燕单把鬲之间，三足介于锥形袋状和乳形袋状的中间状态，鬲体由宽扁转向瘦高，鬲把两端逐渐离开足和口沿。同时，杏花遗址的一种杯也体现出一些相似的特征[12]，可以看作类似器物影响下的产物。可以看出，吉家庄的单把鬲受北方永兴店文化、老虎山文化的影响更多。田广金先生认为这种单把鬲作

为朱开沟的单把鬲及晋中地区的单把鬲的前身，晋中地区单把鬲与客省庄二期的釜式鬲共同影响下形成了晋南陶寺地区的鬲[13]，吉家庄单把鬲也指示这条蒙中南—晋北—晋中—晋南传播路线的可能（图五）。

镂空圈足豆盘也是一种在周边较常见的器形。吉家庄这件豆盘圈足基本呈圆柱体，中部有数个圆形镂孔，足底部略宽。这与阳白出土的一类圈足盘

基本一致，可见来源于同一文化[14]，与游邀的圈足盘盘部也基本一致[15]；但与哑叭庄一期Ⅰ式、Ⅱ式均有区别，无Ⅰ式近底部的一圈凸弦纹，圈足也不似Ⅱ式般的上窄下宽的弧度[16]；圈足镂孔较寨峁二期的圈足豆盘略偏下；与西白玉的圈足豆盘差异更加明显，西白玉的圈足豆盘圈足上窄下宽更加明显，体现了这类器物与老虎山文化相比，更接近于游邀类型（图六）。

吉家庄的这件单把杯口沿缺失，无法确定把上部与口沿的距离，但从形制看，与哑叭庄的这类杯十分相似。陈小三认为，阳白遗址的单把杯，器形即来源于哑叭庄类型，并加入了晋中杏花文化在圈足镂孔的工艺[17]。吉家庄单把杯的把下部与哑叭庄单把杯不同，并不与底部平齐，而是高于底部，介于两者之间。从这方面来看，吉家庄遗址也位于哑叭庄类型这类器物影响的路线之上（图七）。

四　大同地区龙山时代文化面貌的初步认识

值得注意的是，1988 年调查者注意到，虽然第一期该遗址已经形成定居点，但该聚落在第二期"遗迹较丰富"。张德光先生认为原因是"生活时间较长"[18]，然而我们也应当意识到，堆积丰富的原因可能不仅是该遗址沿用时间较长，也可能是由于遗址在这一时期的人口、规模较前一时期有了一定幅度的增长。从吉家庄遗址采集和发掘的陶器来看，主要内容为第二期龙山时代的陶器，这也表明了该遗址主要的繁荣期处于龙山时代。

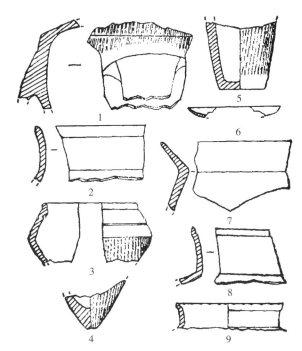

图三　1991 年吉家庄遗址采集的陶器类型
1. 双耳壶　2、7—9. 罐　3. 斝　4. 鬲　5. 小罐　6. 豆
（1、5 属甲组，余属乙组）

人口增长、聚落规模扩张，原因是社会生产力的进步，其他地区人口的迁徙和开发。1991 年调查者认为"此地自然条件与周邻地区相比也是较差的，……新石器时代遗址很少，这与此地并不优越的自然环境不无关系"，显然有失客观[19]。龙山时代我国环境总体上较现在温暖潮湿，众所周知，中原地区至商代仍然有野生象的存在，因此以目前该地区的气候条件衡量龙山时代的环境，是不准确的。大同盆地—桑干河—泥河湾盆地从地形上看，显然在南北面山脉中，形成了较为平坦开阔的一片"走廊形地带"，

图四　2017 年吉家庄遗址出土的部分陶器
1. 磨光黑陶斝　2. 磨光黑陶豆盘　3. 陶杯

图五 大同周边遗址出土的单把斝、单把杯

1. 西白玉 T4：41　2. 西白玉 F11：6　3. 板城 F7：11　4. 园子沟 F2023：5　5. 白草塔 F8：11　6. 筛子绫罗 79YSH120：24　7. 游邀 H386：1　8. 游邀 H1：7　9. 杏花四期Ⅲ式杯　10. 白燕三期 H108：38　11. 陶寺 M1111：4

该地区也并非调查者认为的"遗址很少"，在龙山时代，桑干河流域与大同地区接壤的蔚县筛子绫罗、三关、庄窠等遗址即为代表，该地更是形成了"泥河湾遗址群"[20]。而据调查，大同市境内的新石器时代遗址，主要分布于大同县境内。大同县位于

"大同盆地走廊"东侧，地理上与泥河湾遗址群非常接近。虽然尚未有大型遗址的正式揭露，但是在调查中周边不少地方采集到了陶片和石器，可见存在着不少尚未确认的新石器时代聚居点，这一现象显示了大同盆地在新石器时代是较为适宜人类生存的，桑干河

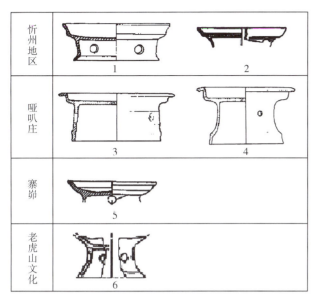

图六　大同周边遗址出土的镂孔圈足豆盘

1. 阳白 T13032A：26　2. 游邀 T557：5：1　3. 哑叭庄一期Ⅰ式 H34：94　4. 哑叭庄一期Ⅱ式 H7：8　5. 寨峁二期 CH12：4　6. 西白玉 F6：5

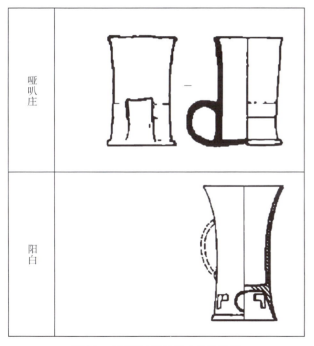

图七　大同周边遗址出土的单把杯

1. 哑叭庄Ⅱ式 H23：1　2. 阳白 H206：8

流域也符合农业文明发育的基本要求。

如前文所述，该地区处于"Y"字形文化交流带的节点，是龙山时期不同文化体系交流的重要地带，人口的往来迁徙、聚落规模的扩大化极有可能与这种文化交流带来的影响有密切的关系。韩建业先生提出，在公元前 2300—2200 年前后，我国北方地区气候经历了一次趋冷趋干的变化过程，导致了气候带的南移，这可能导致了游牧民族的整体南移，内蒙古中南凉城岱海地区的老虎山文化极有可能在这个过程中进行了一定规模的迁徙[21]。这一事件可能直接影响了与之接壤的大同盆地地区的文化，导致了该地区聚落规模的扩张。同时，东部哑叭庄类型、南部忻定盆地文化等因素也对该地产生影响。

许宏先生认为，在龙山时代，大型聚落周边常有中小型聚落呈"众星拱月"式分布[22]，该地理区域目前大型遗址发现缺乏，但区域性的大型遗址有存在和发现的可能性。虽然像吉家庄遗址这种 100 万平方米的大型聚落在雁北地区尚属首次发现，但是周边陕北地区出现的大型龙山晚期聚落如石峁遗址暗示，雁北地区极有可能也存在类似的中心性遗址。从考古发现上看，磨光黑陶作为一种经过精心修治的陶器，其作用显然与日用的普制陶器具有差异，极有可能作为一种"礼制性器物"使用。虽然吉家庄遗址的性质目前还不能定论，但从发现的磨光黑陶等器物来看，至少大同盆地也应当存在一定规模的聚落乃至相关联的聚落群，存在一定祭祀和礼制因素，吉家庄遗址可能就是其中一个较为大型的聚落。

对于大同地区龙山时代的文化面貌，以往学者虽然并未对其性质作出明确判定，但是在对周边相关文化的讨论中，有学者将其划归河套北部的永兴店文化[23]，也有意见将其划归凉城地区老虎山文化游邀类型[24]，而早期学者则注意到该地发现的蛋形圜底大口瓮与永兴店文化、杏花文化的蛋形瓮存在明显的差异，是一种具有地方特色的器物[25]。结合上述几种陶器器形的简单对比，可以认为，大同地区龙山时代的文化面貌归于周边任何地方文化序列中，目前看来都为时尚早。

注释：

［1］ 高雅敏：《吉家庄新石器时代聚落遗址考古发掘有重要发现》，《大同日报》2017 年 7 月 13 日第一版。

［2］ 苏秉琦：《中国文明起源新探》，人民出版社 1999 年。

［3］ 常兆福：《黄土高原东北部龙山时代晚期考古学文化研究》，吉林大学学位论文，2012 年。

［4］ 张德光：《临水和吉家庄遗址的调查》，《文物世界》1989 年第 2 期。

［5］ 戴向明：《山西大同及偏关县新石器时代遗址调查简报》，《考古》1994 年第 12 期。

［6］ 大同县吉家庄乡政府：《山西黑陶艺术的原点——大同县吉家庄新石器文化遗址再发现》，《陶瓷科学与艺术》2017 年第 7 期。

［7］ 张德光：《临水和吉家庄遗址的调查》，《文物世界》1989 年第 2 期。

［8］ 戴向明：《山西大同及偏关县新石器时代遗址调查简报》，《考古》1994 年第 12 期。

［9］ 大同县吉家庄乡政府：《山西黑陶艺术的原点——大同县吉家庄新石器文化遗址再发现》，《陶瓷科学与艺术》2017 年第 7 期。

［10］ 常兆福：《黄土高原东北部龙山时代晚期考古学文化研究》，吉林大学学位论文，2012 年。

［11］ 孔哲生、张文军、陈雍：《一九七九年蔚县新石器时代考古的主要收获》，《考古》1981 年第 2 期。

［12］ 国家文物局：《晋中考古》，文物出版社 1999 年。

［13］ 田广金：《论内蒙古中南部史前考古》，《考古学报》1997 年第 2 期。

［14］ 胡建、贾志强：《山西五台县阳白遗址发掘简报》，《考古》1997 年第 4 期。

［15］ 忻州考古队：《山西忻州市游邀遗址发掘简报》，《考古》1989 年第 4 期。

［16］ 郭瑞海等：《河北省任邱市哑叭庄遗址发掘报告》，《文物春秋》1992 年特刊第 1 期。

［17］ 陈小三：《晋陕高原双鋬手鬲遗存研究》，吉林大学学位论文，2009 年。

［18］ 张德光：《临水和吉家庄遗址的调查》，《文物世界》1989 年第 2 期。

［19］ 《山西大同及偏关县新石器时代遗址调查简报》，《考古》1994 年第 12 期。

［20］ 宋志刚：《略谈张家口新石器时代考古研究》，《河北北方学院学报》（社会科学版）2016 年特刊第 1 期。

［21］ 韩建业：《老虎山文化的扩张与对外影响》，《中原文物》2007 年第 1 期。

［22］ 许宏：《何以中国——公元前 2000 年的中原图景》，生活·读书·新知三联书店 2014 年。

［23］ 陈小三：《晋陕高原双鋬手鬲遗存研究》，吉林大学学位论文，2009 年。

［24］ 韩建业：《老虎山文化的扩张与对外影响》，《中原文物》2007 年第 1 期。

［25］ 张德光：《临水和吉家庄遗址的调查》，《文物世界》1989 年第 2 期。

常熟明代王之麟墓抢救性清理与初步研究

常熟博物馆

内容摘要：2018 年 1 月，常熟市辛庄镇旺倪桥发现明代王之麟墓葬，墓葬遭到后期破坏，墓室破坏严重，墓前神道以及两侧石像生仅存石马与少量条石。墓前出土墓志一方，确定了墓主身份，为研究明代中晚期官员墓葬的墓葬制度提供了考古学资料。

关键词：常熟 辛庄 王之麟 石马 墓葬

2018 年 1 月，常熟市农委在辛庄镇旺倪桥推进"万亩良田"建设工程中，发现有墓葬出土，并在附近发现石马一个，工作人员随即向常熟市文物部门进行报告。在接到通报后，苏州考古研究所随即派人，会同常熟博物馆对工程中发现石马的区域进行考古调查、勘探，确认该处为一处明代家族墓地（图一）。随后常熟博物馆对已暴露墓葬进行了抢救性考古清理工作。在墓前埋葬有墓志一方，可确认该墓为王之麟夫妻合葬墓。现将该墓的清理情况及初步研究汇报如下。

图一　辛庄王之麟墓位置示意图

一　墓葬清理情况及形制

工作人员到达现场之后，确定了墓坑与石马所在位置，初步判断为一处明代墓葬，且墓葬级别较高，存在石像生、神道等墓上建筑。此处原为一处

土墩，现大部已被推平，很多遗迹已经出露在地面上。为了解该墓情况及相关墓上设施情况，我们对墓葬所在区域进行勘探，勘探以墓坑为中心，总面积为 2000 平方米，基本确定了遗存的分布范围。在这个范围内，先后清理出墓坑、墓志、石条带、石像生基座、神道、石马等遗存。考虑到该墓的保护与今后可能的展示工作，所以本次清理工作除了对墓穴进行清理外，其他遗迹以显现出来为目标，不继续向下清理，保留该墓的整体布局情况（图二）。

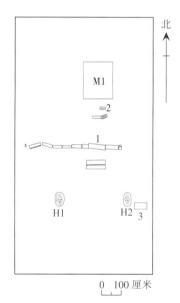

图二　王之麟墓遗迹分布图
1. 石条　2. 墓志　3. 石马
H1、H2. 石像生基础

该墓由神道、石像生、墓坑等组成，可能曾有墓上建筑牌坊等，现已不存（图三）。该墓为近正南北向的长方形浇浆砖石墓，方向171°，墓顶已被破坏，神道位于南侧。墓坑长 340、宽 310、深 117 厘米，砖室内长 300 厘米、宽 270 厘米、深 75 厘米（图四、五）。该墓的营建应是先开挖土坑墓室，然

后再用青砖砌建墓室，并用浇浆在墓室外部进行浇筑。墓葬在 20 世纪五六十年代即遭破坏，此次平整土地又有所破坏，墓室内填土均为扰土，扰土中清理出股骨、木块、铜质环件等。墓壁砖则被取走作为他用，仅在墓穴四角位置还残存数块，浇浆内侧壁上可见砖砌痕迹（图六）。墓砖长 37、宽 18.5、厚 8.5 厘米。在墓坑南外侧发现一合墓志，竖直埋在土里。

图三　墓地发掘全景

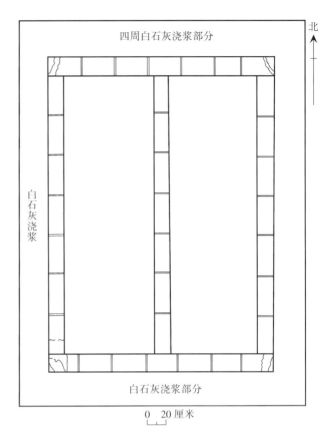

图四　王之麟墓平面图

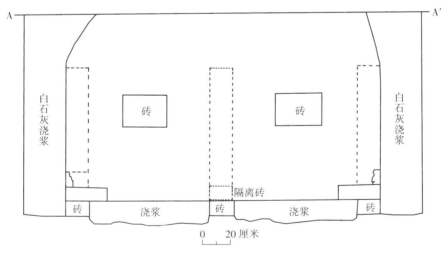

图五　王之麟墓剖面图

二　出土遗物

石墓志一合。青石质，志盖呈正方形，长 60 厘米、宽 60 厘米、厚 12 厘米。志盖上面篆书阴刻"明故大参云峰王公墓志铭"（图七）；志石与志盖相同，亦呈正方形，长 60 厘米、宽 60 厘米、厚度 12 厘米（图八）。志文楷书阴刻，墓志下部分因地下水浸等原因，文字漫漶不清，其他区域清晰。志文共计 53 行，满行 64 字，志文通篇可识 2047 字。现录

图六　墓室现状

文如下（"/"表示另行，缺省用"□"代替）：

　　明故大参云峰王公墓志铭/赐进士出身嘉议
大夫都察院右副都御史奉/勅巡抚山东前本省左
右布政使四川按察司副使奉/勅提督学校刑部四
川司郎中奉/勅审录山西友人晋江黄克缵顿首撰
/赐同进士出身文林郎福建道监察御史奉/勅巡
按山东年眷弟严一鹏篆盖/赐同进士出身翰林院
庶吉士门生郑以伟书丹/万历庚子孟秋山东行省
叅知政事云峰王公卒于官舍将归葬于吴其子宇
熙等述其□□命曰我没则使□□□□□不佞惟
惟否否□□□□□□□□□/古记之矣今固不
乏人也奈何使不佞共执笔之役不佞惭焉是冬予
率六郡吏上计京师公甥翁□子复□□□□□□
□舅氏志也□□□□□□□□/实寄余斋中
不佞泫然出涕曰嗟乎士固为知己者志不文何病
昔汉张元伯疾笃同郡郅□□殷子征晨夕往省之
□□□□以不见□□□□□□□□/尽心
于子是非死友复欲谁求元伯曰若二子者生友耳
山阳范巨卿所谓死友也徃不佞为爽鸠郎时始识
公于□□□□□抚信□□□□□□□□□
□/□□□薄而公驱来爰予政相得益欢即交谊未
知于范张何如然居官心迹大都相类其不为世俗
悠悠之交可□□□□□□□□□□□□□
□□□□□讳之麟字汝祯其先楚之武陵人洪武初

五代祖继祖始徙常熟之石塘里继祖生公泽公泽
生允学允学生宝世□□□□□□□□□□□□
□□□□□□/父赠中宪公也娶锡山朱恭人遂侨
居于锡生子男六人仲即公公生六岁聪慧过人读
书惟兀坐默诵经年不忘□□□□□□□□□□
□□□□□□□□/有奇童之目又十年始补常郡
弟子员隆庆戊辰督学使者麻城周先生益奇公文
□□廪于庠常州守福清施□□□□□□□□□
□□□而文者□□□□/院厚其饩廪而劝课之躬
为之师每试则公与少宰柏潭孙公递为甲乙于是
公名藉甚里中贵人欲得公为弟子□□惟恐公
□□□也□□癸酉以贡入京师□/大廷第一丙子
领乡荐丁丑成进士丁外艰归庚辰谒选得刑部郎
时大司寇滇南严公清介震俗诸郎官鲜所许可
□□知公遇□□□□□辄使公为奏□上□/时
得可盖/上亦知其非俗吏所为也临江守钱某为政
骜猛道不拾遗部使者劾其严酷状有/旨立诛不以
听临江民赴/阙冤讼之/上怒欲尽寘之法公时为
江西司郎中即上疏言临江守罪状未经覆核诸伏/
阙者安知非民心之公乎且月令春掩骼埋胔之时
奈何杀太守以伤天和疏入不报然守亦自是得缓
死计部郎某纵子强□□□公以□□□□□□□
□□□□/端最后以大珰书至公叱之曰若视吾岂为
巨珰屈法者哉投刺者惶恐去尚书某误以非罪坐
同乡日者以死公为力争□□卒出此□□□□□□
□公遇公□/于平日守临川以宽大廉静称州俗好
争公以理开譬之多愧服相让岁大祲民饥公檄属
邑曰凶岁多盗宜料丁壮为乡兵以偹不虞□□□□
□□□民因令日/给二粥以观其去就而就役者皆
真饥民也已请于当道大龄仓廪即以赈籴乡兵籍
者无滥及云监司行县崇仁饥民□□□□□□□
□□□司未得其情伪/辄首肯民群起抢夺祸延隣
邑治兵使者欲以兵诛之公曰是治丝而棼之也某
当徃乃单骑如崇仁谕令悔祸散去悉□□□□□□
□□□□□□□□□□□□/活者甚众在抚三年以
艰归士民多涕泣挽留者服除起知信州治信如临
川有蔡王二人交恶蔡聚众群殴之王被驱至

□□□□□□□□□□□□□有□□□□/也救之且
与贼同罪王竟溺死讼之官蔡行贿得减死论公署
其狱曰兵莫惨于意镞铘为下蔡殴王于波流又绝
其援被殴者必无□□□□□□□□□□□□/心
以故杀论斩得报可又有殴盗舟人至死者邑令欲
论抵公曰此杀盗也非杀平民也律有已执而擅杀
者正为此设论输鬼薪为□□□□□□□□□□
□也迁湖广辰沅偹兵使避籍里居又二年起补浙
江治军伍邮传时承平久所在戎伍空虚清勾仅有
其名公躬为稽核里胥无敢请□□□□□□□□□
□□□怨继之者稍济以宽大士大夫非奉使而乘
传者接踵于途公曰如此则大司马所设符信将安
用之纵博长厚名如民力何职方□□□□□□□□
□□□□□/至公曰此中无边警安用羽檄对使焚
之邮人自是稍稍得息肩迁山东行省督粮叅政时
山东大饥公请于两台出保赤仓谷以赈□□□□□
也□□□□□□/还仓不敛其息常平仓虽官有然
凶岁亦宜出其半以赈先是贷而不能偿者悉蠲之
又上书大司农议输临清德州仓粮悉改□□□□□
□□□□□□/虽饥不病益都令吴宗尧上
疏言采金中使贪暴状被反诬逮系/诏狱事下两台
议檄公会勘公署其牍曰吴某一介拘儒未闲世故
惟知银洞不产于县治决难平地生财不思矿使刻
意于诛求安□□□□□□□□□□□□□/缧绁
之悲拙哉令之为身谋也顾核其治行皎皎无瑕欲
罗织其赃不敢奉/诏士类为之增气中使搜取外藏
输之内帑又议鬻常平仓谷以益之东河令议畀以
万石宁阳令议以六千石公曰顷畿辅□□/主上且
发临德二仓以赈山东饥不异畿辅出本地之粟救
此一方犹惧不给奈何捐不赀以实漏卮且弃寺何
厌之有此□□□□□□□□□□□□□□/
者于物无忤至临大事则侃侃独执其不可犯也人
有德于公者终身不忘其有隙于公者事已辄忘之
微时从乡贡士庞君游又与邻人□□□□□□□
□□及庞没公兄弟视其孤者二十年岁时问遗胡
媪并往祭胡翁墓辄徘徊歔欷不能去人谓延陵挂
剑于公复见此邦信多君子哉里中侠□□□□□

□□□□□□/者公既贵人谓必报公视之若未尝怨
也抚州司理某善螫人公偶失其欢中公于直指使
者□□不及公迫公迁浙臬司理来判处州公厚
□□□□□□□□□□□□/塘公犹以旧寮待视
之为具舟楫护之归士论益多公长者云公神清气正寡疾
病在齐以奔走劳瘁得奇疾卧病数月遂不起四子
仲季□□□□□□□□至省/视易篑时俱绕膝下
于公可无憾公生于嘉靖乙未九月八日殁于万历
庚子七月九日享年六十有六配萧恭人先公十二
年卒□夫子四□□□□□□□□□/娶吴宇新太
学生娶徐宇春邑诸生娶葛女三一适倪鏳一适徐
大铭俱恭人出一许严柱副室张氏出孙男七人昌
议昌□昌谏昌□昌□昌□昌□□□□人□/字皆
名族公墓在县西南蔡姑村坐癸向丁以癸卯年甲
子月甲子日宇熙等将奉公及萧恭人合葬初公女
弟适翁氏者有二甥俱举进士□□□□□□□□
□/诏阙下季为邹平令与不佞交今以才堪治剧徙
会稽二甥俱笃渭阳之情能成公宅相者所次第公
状取核无虚美叔氏笔也不佞谨撮其行□□□□
□□□□□/铭铭曰/王公初宦实为法吏/主意不
阿权贵爰避两守剧郡劳心抚字料民为兵䄛廪以
施□□一言解梦单骑人所欲杀原情以议其或幸
免我诛厥意士民戴之□□□□□□□□齐赋称
治/民用息肩公家永利守我仓庾岂狥中使护我善
人惟力□□凡此炳炳足风有位况处内外德行纯
粹怨则必忘何忍弃我与公交为□□□□□□□
□□□/瘁辞以诔公乃公之志岂曰能文心则不
愧/

三 墓志相关问题

1. 王之麟及家族谱系。

从志文可知，王之麟生于嘉靖乙未（1535）九
月初八日，卒于万历庚子（1600）七月初九日，享
年 66 岁。王之麟的生卒年、字号、籍贯等情况，地
方志记载多缺失或不详，其科举、入仕情况亦少有
记载。墓志的出土为我们提供了翔实的资料，弥补
了地方文献上的缺失。志文记载的王之麟家族迁徙

图七　王之麟墓志盖

和世系内容，则为全面了解其家族迁徙、谱系提供了翔实的史料。王之麟家族原本是"楚之武陵人"，到了明洪武初期，五代祖（名王继祖）从武陵（现湖南常德地区）开始迁徙到了常熟的石塘里，并在常熟安家。王继祖生王公泽，王公泽生王允学，王允学生王宝，王宝生王韩和王韬，王韩就是王之麟的父亲（后改名王万龄），获赠中宪公，娶锡山朱恭人，侨居于锡山。因王之麟功名在无锡常州考取，所以地方志记载其为"无锡籍进士"。王之麟，娶妻萧氏、副室张氏。志文中提到"萧恭人先公十二年卒"，由此可知，萧恭人是在万历戊子年（1588）去世。

按照志文记载，王之麟有四个儿子，即长子宇熙，太学生，娶谭氏；次子宇醇，郡诸生，娶吴氏；三子宇新，太学生，娶徐氏；四子宇春，诸生，娶葛氏。王之麟女儿三个，一嫁倪鏜，一嫁徐大铭，此二女为萧氏所生；另一嫁严柱，为副室张氏所生。

2. 王之麟科举和为官情况

志文详细记载了其科举情况及为官政绩。王之麟六岁时即露出了聪慧过人，过目不忘的天赋；十四岁（1549），为诸生；二十四岁（1559）时，补常郡弟子员；三十四（1669）岁被督学使者麻城周某

举荐为常州痒生；三十八岁（1573），以贡入京师，试大庭第一；四十一岁（1576）42岁中举，四十三岁（1577）中进士；四十六岁（1580）选刑部郎中，从开始为官一生。《重修常昭合志》载王之麟授刑部主事，晋郎中，出知抚州府。内艰服阙补广信，所在多惠政。历湖广金事，山东督粮参政，值岁饥，力请捐赈，民得免死。益都知县吴宗尧疏论矿税贪暴被逮系狱，事下抚按会勘，之麟第署其不谙世故，拙于保身，士论壮之。卒于官。墓志铭可与之相互印证。如临江太守钱若赓案、崇仁百姓抢粮事件等，这些记载可与文献资料互为印证，为我们还原了真实的历史和人物故事。

3. 从墓志看王之麟的社会交往

由于王之麟是明代中晚期的官员，其墓志中涉及了一些有名望有一定社会地位的明代官员，例如志文的撰写者黄克缵、篆盖者严一鹏、书丹者郑以伟等。这些人既是王之麟的同僚，更是亲友，王之麟与他们同为进士出身，又有着相似经历，性格契合，都是清官，与他们结下了深厚的友谊。

黄克缵，明后期一个具有影响的名宦，曾任刑部尚书、工部尚书、两任兵部尚书，晚年又被起用为吏部尚书，民间戏称其"黄五部"。黄克缵一生恪尽职守，清正廉明，淮阳按察使陈用宾对其考核时，评价他"清操守官，居常亦勤吏治，劳怨荣辱不避，文章气节俱高。"崇祯七年，黄克缵于家中去世，谥襄惠，墓葬南安二十三都上坝山。因为其政绩突出，惠民利国，得以推恩，赠其父黄澄为奉直大夫，其母蔡氏为宜人。黄克缵著述留下《数马集》《杞忧疏稿》《性理集解》《百氏绳愆》《春秋辑要》《疏治黄河全书》。黄是王之麟临终时遗言所托付的撰写志文之人，根据志文，黄克缵称其与王之麟的感情深厚，可类比于东汉张元伯、范巨卿之交，视为"死友"。黄克缵在为官爽鸠郎时与王之麟相识，王之麟任命江西抚州府守时，黄克缵也刚好任守江西的虔州，后二人又同在山东为官，二人结下了深厚友谊。

图八　王之麟墓志铭

福建道监察御史严一鹏篆盖。严一鹏，明万历五年（1577）进士，历任都察院行人、御史、山东巡抚、大理寺丞、南京光禄卿、通政使、刑部左侍郎，历万历、天启、泰昌、崇祯四朝。崇祯帝赐建其"齿德兼优"坊，寓其年高德劭之意，旨在表彰其尽忠朝廷、弹劾不法官员之举，卒赠尚书。

翰林院庶吉士、门生郑以伟书写。郑以伟，字子器，号方水，江西上饶人。隆庆四年（1570）出生，万历二十二年（1594）中进士，入翰林，官至礼部尚书、东阁大学士，与徐光启并为内阁左右辅臣。64 岁（1633），由于积劳成疾，郑以伟卒于礼部尚书、东阁大学士任上。崇祯皇帝亲自到他的任所吊唁，称他"辅政勤劳，服官慎恪"，赠太子太保，赐谥号为"文恪"，褒奖他一生恪尽职守，并派大宦官王德化扶灵柩送郑以伟回归故里。他为官三十九年，一身正气，两袖清风，清明如信江水。《明史·列传》记载其"妻不衣帛，马不食粟。盖棺之日，囊无余赀"。

四　结语

该墓因遭到严重破坏，无法获取完整的墓葬信息，但是从现存的墓葬形制显示，这种浇浆砖室墓在明代时期常熟地区比较常见，在常熟的虞山周边亦有此类墓葬的发现，比如陆润墓葬、缪宣墓葬、虞山东麓季家山陆妙清墓葬、程式夫妻墓葬等。这种浇浆砖室墓一般规模不是很大，在明代墓葬类型学研究中一般划为中小型墓葬，流行于明代中晚期的江南地区，墓主人一般都是品官或者乡绅。墓穴填土中出土的楠木块，推测其为垫棺用；所见的铜环，则是棺材上的附件。

墓地发现的石条带、神道、石像生等，则表明王之麟墓原有的规模较大，最初可能存有墓园等结构。背山面水的位置，说明当时整个墓地还受到易学因素的影响。

王之麟墓志的出土，为我们了解和研究王之麟及其家族、社会交往等提供了可靠的实物史料。墓志中所记载的王之麟的家世、个人高尚情操、历官等内容，可与地方志、《明史》黄克缵的《数马集》等文献资料相互补充，相互印证，丰富了王之麟本人的资料，为研究明代中晚期名臣提供了基础性的资料，为研究明代中晚期官员墓葬的墓葬制度提供了实物资料。同时，地名中涉及的蔡姑村、石塘里、武陵、锡山等地名，亦为我们认识和研究该地古今地名的变化提供了有价值的线索。

附记：参加王之麟墓考古调查、勘探、发掘的主要人员有常熟文广新局陈俊，常熟博物馆谢金飞、李前桥，苏州市考古研究所孙明利、周官清、郭明珠、左金飞、金玉棠等。感谢中国社会科学院考古研究所唐锦琼等专家给予热情指导。在王之麟墓的调查、发掘过程中，得到了苏州市考古研究所、常熟市文广新局、辛庄镇政府、辛庄旺倪桥村委、常熟市农委等单位领导的大力支持，相关单位和人员给予了鼎力协助，在此致以衷心的谢意！

执笔：李前桥
绘图：朱艺欣　李前桥

江苏常熟虞山东麓明墓发掘简报

常熟博物馆

内容摘要：2017 年 1 月，常熟市虞山南路季家山一基建工地在施工过程中发现一座墓葬，常熟市文物部门随即对其进行了抢救性清理。该墓尽管已经遭到破坏，但是还是出土了金簪一支，墓志一块。墓志记载了墓主陆妙清的生平，根据墓志可知墓主生于元末，卒于宣德元年。明代早期纪年墓的发现，丰富了常熟地区明代墓葬形制演变考古学资料，出土的金簪亦为探讨江南地区的手工业发展提供了实物。

关键词：常熟　明代　陆妙清　墓志　金器

2017 年 1 月 3 日，常熟虞山东麓季家山市政工地上发现古墓葬一座（图一）。常熟博物馆得知消息后，立即赶往现场，在苏州市考古研究所的指导下，对该古墓进行抢救性发掘清理，确认该墓为明代宣德年间墓葬，墓主为陆妙清，女性。现将发掘情况简报如下。

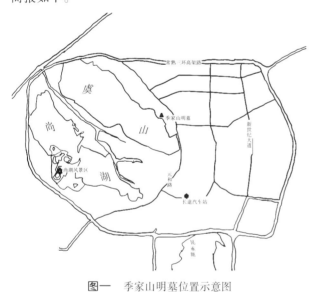

图一　季家山明墓位置示意图

一　墓葬形制及构造

常熟季家山明代墓葬位于虞山东麓，地理坐标为 N31°39′47″，E120°43′41″，为单室青石盖板砖室墓，墓葬编号 2017CSJM1，以下简称 M1。墓呈长方形，方向 254°，墓坑长 330、宽 210 厘米（图二、三）；内长 270、内宽 145 厘米，墓底距离地表 100 厘米（图四）。在建造该墓时，先开挖墓坑，在坑底及四周先用木炭铺，在墓室底部用青砖平铺，墓坑四壁用长方形青砖两横一顺的形式错缝平砌 6 层，上面再用四块方正的青石板盖顶，外部用浇浆进行封闭，以达到防潮保护之效果。墓壁用砖和墓底用砖相同，均为长方体状，砖体较大，长 37、宽 18.5、厚 8.5 厘米。葬具和尸骨皆无存，仅在墓中部位置见有略许朱红色漆皮。

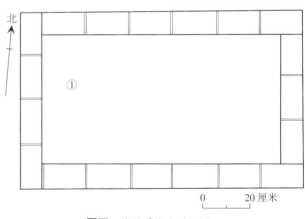

图二　常熟季家山平面图一

二　出土遗物

该墓尽管已经遭到施工破坏，但墓室整体保存不错，却出土器物不多，仅有金簪 1 件，墓志 1 块。介绍如下。

金簪　1 件。长 12 厘米，出土于墓穴内部南部区域。金质，簪身用黄金卷成空心筒状，无纹饰；簪头较小，为六瓣形月华纹（图五）。

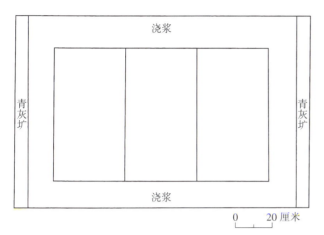

图三　常熟季家山平面图二

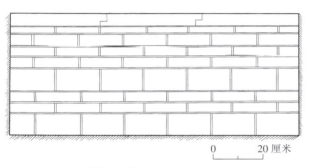

图四　常熟季家山明墓剖面图

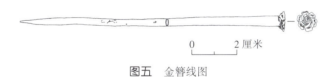

图五　　金簪线图

墓志　1块。石质，为志石，出土于墓穴外部东侧区域。墓志平面呈正方形。长48厘米，宽48厘米，厚8厘米。保存较好。志文阴刻楷书，共21行，满行24字，全文共444字，仅有一个字迹不清不可认（图六）。录文如下（缺省不可认以□代替，/表示另行）。

故张伯淳妻陆氏硕人墓志铭
宣德元年十一月五日，张伯淳妻陆氏卒。卜以三年戊申四月/九日，葬虞山之阴先茔侧。其抓以友人尤栻状踚门，泣拜请铭。/余碑不获，乃叙而铭之。按状，硕人讳妙清，姓陆氏，苏之常熟人，/哮塘信甫之女，母王氏。幼聪

图六　　陆妙清墓志铭拓片

慧，特善女工、组紃织纴之事，习训/诚为父母所钟爱。媒使日至其门，择配，归张伯淳。氏入门，事舅/姑，克尽妇道；相其夫，以恭顺；奉烝尝，严以洁；供衣服，勤以时；闺/门雍睦。洪武间，遭家多故，伯淳不幸早世。硕人遂综家政，屏去/膏沐华丽之饰，纺绩织纴，以为家业。身先俭勤，内外则之。自誓/不嫁，宗族敦迫之，所守益坚。常教其子曰，吾丧汝严父，保身行/日兢兢，恐亏道者，是畏贻所生之垢辱，而忝汝祖宗也！若体吾/心，当知稼穑之艰，难以无忝尔祖。子感泣奋发。硕人年既耄，而/志不衰，子孙遵奉教戒。授之以事，而责其成功，故业无荒坠，硕/人之力也！天相吉人，锡兹寿祉，春秋八十有四。子男二人：曰基，/娶郑氏；曰贤，徙戍而归，皆有学行，娶盛氏。女二人，妙贞适蒋思/贤；妙安适钱敬。孙男六人，颛、颢、颐、颖、顿、颛；女二人，淑瑛、淑琼；曾/孙男六人，□、瑄、珵、珏、琪、琳；女四人。铭曰：

婉婉淑姿，归于名门，妇织既修，母道弥敦。

及其守节，凛乎莫夺，我作铭诗，以昭

其烈。

国朝列大夫贵州承宣布政使司左参议尤
安礼撰

琴川吕谦刻

三 墓志释文

墓志文字清晰，其志文大意为：墓主陆妙清，是苏州常熟哮塘陆信甫的女儿，其母姓王。陆妙清小时候就是一个聪明的女孩子，特别善于做女工，对明代社会的礼教制度也极为遵守；与人相处，亦是和睦，是一位聪明勤劳整洁的家庭女性。在丈夫去世后，也不畏压力，不再嫁人。教育子女，认真有方，从而让子女能够知道生活艰辛，让子女能够业无荒坠，不负先人期望。吉人天相，陆妙清获得了高寿，活了 84 岁。陆氏卒于宣德元年（1426），可推其生于大元至正三年（1343），是生活于元末明初的一位女性。

常熟，简称"虞"。西汉景帝前元时期（前156—前150），常熟地域上首次设虞乡建置，隶于会稽郡吴县。西晋太康四年（283），"分吴县之虞乡立海虞县"，隶于吴郡，此为常熟地域设县之始。梁大同六年（540），以南沙之地置常熟县，县治之地设南沙城，因"土壤膏沃，岁无水旱之灾"得名"常熟"，是为常熟县名之始。元代元贞元年（1295），常熟县升为常熟州，隶于平江路。明代洪武二年（1369），复降为县，仍隶于苏州府。

哮塘，明代福山塘的支流之一，现已不存。明王鏊《姑苏志》卷一记载："其西弓连泾钱泾，其东哮塘，哮塘之南为焦庄泾、为黄庄浜、为李家浜、其西为福山塘"。《重修常昭合志》记载："福山塘，起镇海门外寿带桥北流，东出一支为哮塘，贯耿泾而东，达于何村。过李家桥。"按照这些记载，结合现在的地理情况，啸塘位置应在今天的三环路边上何村一带，《重修常昭合志》载："何村街二道，如曲尺形，均临河。"古镇何村，自明清至今街形基本未变。何村塘（古称哮塘）从西折东傍街东流，岸型即街道，与河平行。西端为南北向街道称横街，

长 80 米，与之相垂直的东西向为何村主街道。街长 620 米，弹石路面，街两道，构成曲尺形。街道两侧房屋多为两闾一门，户户相连。枕河人家，黄石驳岸，面街前屋设店堂，屋后临河筑泾栈，河上架有古石桥三座，街延伸段筑新桥三座，小桥流水，具有水乡特色。小镇由长街、横街、下塘、北弄组成。通过以上的资料，我们可以推测陆妙清的娘家应位于明代常熟城北的何村位置。

有明一代，江南地区风水思想流行，为了能够荫福后代，求得黄道吉日、寻到风水宝地，人死后停柩数年乃至更长时间才下葬的现象十分常见，下葬数年乃至数十年后再改葬的事也时有发生。正如明人张首所云"今俗过信堪舆，多停棺于土上，以砖石赘之，至数十年远，不座埋者。"本墓出土的墓志记载"宣德元年十一月五日，张伯淳妻陆氏卒。卜以三年戊申四月九日，窆虞山之阴先茔侧"。我们可以看到陆妙清也是去世后的第三年才正式下葬在虞山先茔侧的。墓志上的记载，就是风水文化在当时常熟地区社会丧葬文化中的具体表现。

本墓志为墓主家人通过尤秩委托尤安礼所撰写，《孤本明代人物小传》载："尤安礼，字文度，吴县人，建文元年举于乡官，至贵州布政司参议"。另外还记载了尤安礼的一些事迹，"诗诂少参，为高士敏、方希直所取士，树屏归田，人罕见其面况。太守钟入觐。杨东里询其起居，钟无以应。东里曰：'公为守土吏，乃不识尤文度耶？'钟归，访之。见一老络丝，巷中布衣㡀屦环堵，萧然。钟欲割官地益宅，谢不可。遗以金，亦不受。乡人至今传为美谈。其遗文尚存，韵语特少。送人从车一篇，虽乏警句，然唐名家作古诗亦有如是而止者。"可见尤安礼是当时的一个名士，在当地具有一些影响力。

四 结语

明代早期有明确纪年的墓葬，目前发现的基本上都是在南京、安徽凤阳一带，并且纪年墓的等级较高，较低等级的墓葬发现则比较少。常熟季家山发现的明代早期陆妙清墓等级不高，但具有明确纪年。

常熟虞山及其周围，已经发现的明代墓葬较多。主要有：

1990 年 6 月 15 日，虞山北麓桃源涧与石屋涧之间的陆家山发现温州知府陆润夫妇合葬墓，该墓墓圹平面呈长方形，墓室四周用浇浆围筑，两墓结构、尺寸相同。每室用五块花岗石板围成，用青砖呈"丁"字形铺地。

1990 年 10 日 15 日林场报慈工区陆家山明代双穴墓四座，明墓有石室木椁及石盖砖室木椁二种葬式，外部均有较厚浇浆层。

1989 年 10 月，在常熟市城郊乡三八村明代程姓夫妻合葬墓。程氏墓葬，结构为竖穴石室木椁墓。男性墓，长方形竖穴石室木椁墓。此墓结构极其考究，由外及里，为浇浆，其下为石板，然后是木椁。石板、木椁之间有一层松香层。女性墓，位于男性墓的西面，长方形竖穴石板木椁墓。外石板内木椁，然后由浇浆将木棺封住。

1990 年虞山林场石洞管理工区明代王氏家族墓。该墓在环山公路内的缓坡上，主穴为浇浆、石椁、木椁墓；昭穴为浇浆木椁墓。

1994 年 8 月 24 日，常熟市人武部打靶场基建工地发现的明代泰和令缪宣夫妇合葬墓。该墓室为砖石结构，四周墙用灰砖错缝砌筑，墓底亦用此砖铺

成，上覆黄石板，最后用浇浆浇封。

2000 年 8 月 21 日林场宝岩管理区宝岩寺大雄宝殿基建工程中发现明代嘉靖间举人南阳府通判沈鼎墓。其中二座为南方常见的砖室石盖、一座为石椁石盖葬式。

本次发掘的陆妙清墓葬，形制上与以上六座明代墓葬相同或者相似，皆是砖室石盖板浇浆墓，只是陆妙清墓为一墓一穴，其他则有双穴的情况。时间上，陆妙清墓为宣德三年，年代较其他几座墓为早。

虞山东麓季家山陆妙清墓的发掘，填补常熟地区明代早期墓葬资料，特别是出土的墓志，为该墓提供了精确年代，为我们研究明代早期常熟地区的墓葬形制演变、葬俗、古地名的变迁和常熟地方史志的研究增添了新的考古学资料，对以后常熟地区乃至江南地区的墓葬文化研究具有重要的参考价值。

发掘人员：邹建东　李前桥
　　　　　俞家平　常利平
执　　笔：李前桥
绘　　图：朱艺欣　李前桥
拓　　片：李前桥

苏州市虎丘路新村土墩新发现
南宋葛氏家族墓志

何文竞　张铁军（苏州市考古研究所）

内容摘要：苏州市虎丘路新村土墩在 2016 至 2017 年度发掘中采集到南宋时期家族墓志 3 块，志文记载了葛氏的家族背景和联姻情况，有较高历史价值，特别是葛南寿志文提及墓葬位置南宋时期叫"吴天墩"，为我们对虎丘路新村土墩和黑松林土墩的六朝早期大、中型砖室墓的定性问题提供了一个重要材料。

关键词：苏州　宋代　墓志　吴天墩

一　背景

虎丘路新村土墩位于江苏省苏州市姑苏区虎丘路西侧。为配合基本建设，2016 年 7 月至 2017 年 6 月，苏州市考古研究所对土墩（图一）进行了抢救性考古发掘，共发现六朝时期墓葬 5 座，宋代墓葬 3 座[1]。由于虎丘路新村土墩在考古工作开展之前已受严重破坏扰乱，一些墓志脱离原始位置（图二），并遭到一定程度破坏，其考古研究价值受到一定影响，但因为部分墓志字迹尚较清晰，有较高的史料价值，现将其中三块宋代墓志资料整理出来与读者共同探讨。

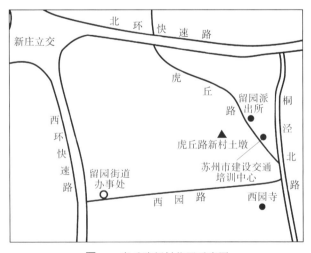

图一　虎丘路新村位置示意图

图二　考古工作开展前工区环境

二　志文

（一）葛南寿墓志

地表采集，墓志左上角缺失，右半部分文字清晰，左半部分风化严重，字迹漫漶不清，多无法辨认（图三），录文如下（缺省不可认以□代替，/表示另行，下同）。

先君判院讳南寿字仲山生于/绍兴戊寅没于嘉定庚辰卜以/壬午三月庚申葬于武丘吴天/之墩家世本末行实梗概已□/述于□□□□□□□□□□□/扩□□□□□□□□□□/……

（二）陈妙真墓志

地表采集，至少断成三块（图四），发现时并不位于一处，后期整理时发现此三块残志实为一件。志文如下：

先姚陈氏讳妙真世居□□□伯谦故请进士举母钱氏生于绍兴/三十年八月初五日午□□十九归我先君保义郎差监湖州长/兴县酒税葛南寿

图三　葛南寿墓志拓片

图四　陈妙真墓志拓片

佐馂□□克尽妇道先君既殁勤俭尤着淳祐/六年
正月二十三日亥时□感征疾终于正寝□年六十
有七子男/一人应时文林郎前差充□金书枢密府
供□文字女三人长适故/通直郎前监镇江府榷货
□门孟□昌次适端明殿学士中奉大夫/□□□书
□□□事金渊于嘉定十六年正月二十三日先逝
次为/□□□□□□□□□痛哉应时禄不逮亲
仅能效菽水之奉/先姚俭德禀□□□□□衣不
以为薄岁月易流追念罔极阴阳/家□于山运□□

□□□□以淳祐九年三月二十五日丁酉祔葬/于
先君之□□□□□□□□大贤姑叙其略以纳诸
圹男应时/泣血谨志

……元府昌国县事赵逢辰填讳

（三）葛应时墓志

M3 东侧出土，M3 为砖砌单室墓（图五、六），
发掘前已遭破坏，顶部不存，仅出土青瓷器盖一件，
锈蚀铜钱三枚，青瓷片少许。墓志全文如下：

图五　葛应时墓志拓片

长侄讳应时字可叔世居吴门阊阖之内曾祖故/祖传故/守荣州助教父南寿故保义郎监安吉州长兴县酒税母/太安人陈氏长□绍熙壬子八月十有九日子时生文林/郎监常州□□□□未请浙漕举娶赵氏忠简公孙提举/次女先十九□□逝有姊二人妹一人长适隆裕孟太后/之孙榱□□□适金书端明金渊妹为尼长侄自淳祐/庚戌得□□□之疾荏苒两载愈而复甚壬子中秋二/十□□□□正寝享年六十有一初有男溥及冠未娶/而□□□□欲继嗣虽有百十二侄之次子乃犹子也尚/□□□□观其德以此姑□外姓曰淳年十八长侄在/日不□□为继诸亲曰不然是吾弟知县勉□淳既有室/成全则□废置不可遂以昭穆相当百十二侄之次子曰/澄十岁并立为嗣兹以是年十二月二十有二日卜宅于长洲县武丘乡/之原共葬于侄之父母前室之墓而溥之/柩久攒萧寺就其父丧全日而瘗于百步之外吁有浚巅/□二走叔与襄大事遂纪岁月纳诸圹云/叔儒林郎前差监常州无锡县户部钱桥犒赏酒库葛南仲填讳

图六　葛应时墓志出土位置（由东向西摄）

三　认识与疑问

（一）人物关系

根据三块墓志的志文内容，葛氏家族男性主要成员多为下层官吏，"儒林郎""文林郎""保义郎"等称谓都是宋代下层文、武散官名[2]，与葛氏联姻的家族也多是中、下层官员。以葛应时为中心人物可知志文所载人物关系如下（表一、图七）。

表一　人物关系

姓名	人物关系	生卒年	其他
葛敀	曾祖	不详	不详
葛传	祖父	不详	守荣州助教
陈伯谦?	外祖父	不详	
钱氏	外祖母	不详	无
葛南寿（仲山）	父亲	绍兴戊寅（1158）嘉定庚辰（1220）	判院、保义郎，监湖州长兴县酒税
陈妙真	母亲	绍兴三十年（1160）淳祐六年（1246）	无
葛南仲	叔父	不详	儒林郎，监常州无锡县户部钱□犒赏酒库
孟□昌	大姐夫	不详	通直郎，监镇江府榷货
葛氏	大姐	不详	无
金渊	二姐夫	不详	金书，端明殿学士，中奉大夫
葛氏	二姐	嘉定十六年卒（1223）	无
葛应时（可叔）	中心人物	绍熙壬子（1192）淳祐壬子（1252）	文林郎，监常州……
赵氏	妻	1233年（?）卒	无
葛氏	妹	不详	出家为尼
葛百十二	堂弟	不详	不详
葛溥	儿子	早亡	无
葛澄	继子	不详	葛百十二次子

除上面表格所见人物外，志文中还涉及"隆裕孟太后""元府昌国县事赵逢辰""忠简公孙提举""淳"等人，但或因信息不明，或因介绍文字不易理解，未列入表格之中。

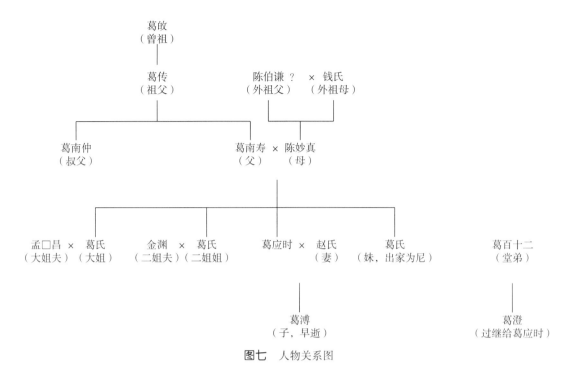

图七　人物关系图

（二）"吴天墩"由来

20世纪90年代，苏州博物馆考古部曾发掘虎丘留园街道黑松林土墩墓地，发现三国时期砖室墓葬五座，其中M3、M4规格很高，M3为前、后室穹隆顶砖室墓，穹隆顶上盖有大青石，全长9米；M4由甬道、横前室、双后室组成，甬道至后室总长13米，横前室宽6.2、进深3.4、高3.8米[3]。根据当地居民介绍黑松林土墩又叫"东吴天墩"。虎丘路新村土墩位于黑松林土墩西侧约200米，此次发掘规格较高的六朝早期墓5座，其中M1墓室南北长14.2、东西宽9.7米，M5发现有"吴侯"字样铭文砖[4]。当地居民称虎丘路新村土墩为"西吴天墩"。此次发现的葛南寿墓志中有"葬于武丘吴天之墩"的记载，可以证明"吴天墩"之名由来已久，结合黑松林土墩和虎丘路新村土墩发现的十余座六朝早期高规格墓葬以及"吴侯"铭文砖等资料，此两处土墩应该与孙吴宗室墓地有关。

（三）湖州与安吉州

葛应时墓志载"父南寿故保义郎监安吉州长兴县酒税"，其母陈妙真墓志载"先君保义郎差监湖州长兴县酒税葛南寿"，两志区别在于"湖州"与"安吉州"，根据《湖州府志》记载，湖州在宝庆二年（1226）改称安吉州[5]，志文中人物正好生活在地名更改的这段时间内。

（四）几点疑问

1. 葛应时墓志所载其大姐葛氏"适隆裕孟太后之孙權□□□"，笔者查阅《宋史》并未见"隆裕孟太后"，疑其为宋哲宗朝孟皇后——即"隆佑孟太后"[6]之误。

2. 陈妙真墓志记载其长女"适故通直郎前监镇江府権货□门孟□昌"，结合葛应时墓志可知"孟□昌"是孟太后之孙，为何其姓孟不姓赵？或许是指孟太后的侄孙。

3. 葛应时墓志中记载其"举娶赵氏忠简公孙提举次女"，既然是"赵氏"，那么其中的"忠简公孙提举"又当何解？也许是"忠简公"之孙的意思。

注释：

[1] 苏州市考古研究所：《2017 年苏州考古工作年报》，2018 年，第 26 页。

[2]〔元〕脱脱等撰：《宋史》卷一百六十九《志第一百二十二·职官九》，中华书局 2000 年，第 2712 页—2713 页。

[3] 徐亦鹏、钱公麟：《苏州考古》，苏州大学出版社 2000 年，第 192 页。

[4] 苏州市考古研究所：《2017 年苏州考古工作年报》，2018 年，第 26—31 页。

[5]〔明〕劳钺修、张渊纂：《湖州府志》卷一《沿革》，图书文献出版社 1990 年，第 13 页。

[6]〔元〕脱脱等撰：《宋史》卷二百四十三《列传第二·后妃下》，中华书局 2000 年，第 7165 页

苏州市胥口镇繁丰路 D39、D40 考古发掘报告

苏州市考古研究所

内容摘要：2018 年 1 月至 4 月，苏州市考古研究所在胥口镇繁丰路北侧、石胥街东侧发掘了两座土墩，共清理明清时期墓葬 12 座，出土及采集各类文物 111 件。该墓群的发掘为我们研究苏州地区明代墓葬的地域特征提供了一批较好的新材料。

关键词： 苏州　胥口　明墓

苏州市吴中区胥口镇人民政府拟建设苏州胥口城乡一体化建设发展有限公司（中、小学、幼儿园）项目，项目选址位于苏州市吴中区胥口镇繁丰路北侧，用地面积 107288.49 平方米。根据 2009 年灵岩盆地春秋木渎古城考古调查，该项目选址范围西南部有二处土墩，编号为苏州胥口繁丰路 D39 和 D40（图一），经勘探两处土墩内均发现古代墓葬，土墩现存面积合计约 700 平方米，高度 1.5—2 米。

图一　土墩位置卫星图

苏州市考古研究所于 2018 年 1 月 11 日至 4 月 19 日用"四分法"对 D39 和 D40 进行考古发掘，分别在两土墩的中部留下 1 米宽的十字隔梁，经过发掘

D39 地层可自上而下分为 9 层，共发现明清墓葬 7 座（图二），包括合葬墓 5 座，除 M1、M6 外其他墓葬均位于第⑥层下。D40 地层可自上而下分为 8 层（图三），之下还有沟和灰坑各一个，共清理明清墓葬 5 座（图四），包括合葬墓 3 座。墓葬都为平民墓，出土遗物主要是青花碗、瓷盅一类。

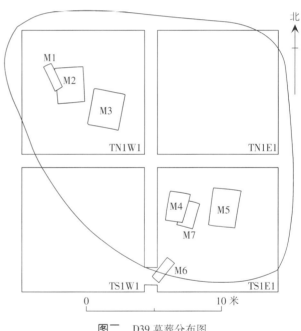

图二　D39 墓葬分布图

一　地层堆积

以 D40 地层为例。

第①层：灰褐色黏土，现代扰土层，土质疏松，厚约 20 厘米，包含现代迁葬墓葬遗物、塑料垃圾、砖瓦、陶瓷片等。

第②层：灰黄色黏土，致密坚硬，厚约 40 厘米，包含物较少，年代约为清代。

第③层：浅灰黄色黏土，致密坚硬，清代地层，厚约 40 厘米，包含少量青花瓷片、釉陶片。

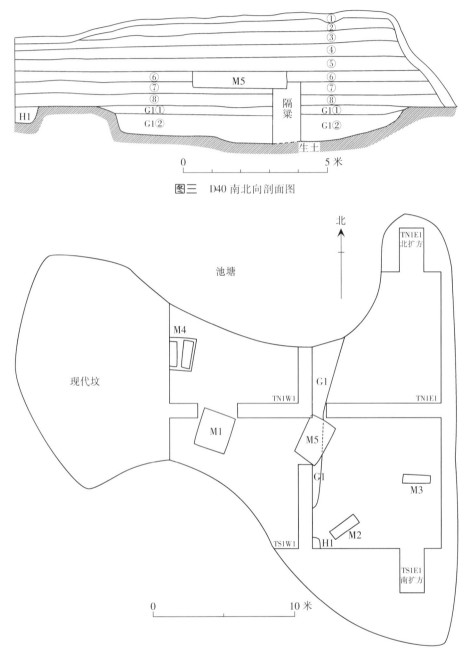

图三　D40南北向剖面图

图四　D40总平面图

第④层：褐黄色黏土，致密坚硬，清代地层，厚约50厘米，包含青花瓷片、青瓷片、釉陶片等。

第⑤层：黄褐色黏土，致密坚硬，明代地层，厚约50厘米，包含青花瓷片、青瓷片、白瓷片及釉陶片等。

第⑥层：黄灰色黏土，致密坚硬，明代地层，厚约50厘米，包含青花瓷片、青瓷片、白瓷片、釉陶片等。

第⑦层：浅黄灰色黏土，致密坚硬，明代地层，厚约40厘米，包含青花瓷片、青瓷片、黑瓷片、釉陶片等。

第⑧层：青灰色黏土，致密坚硬，宋元地层，厚约50厘米，包含黑瓷片、青瓷片、白瓷片、釉陶片等。

第⑧层下为 H1、G1 及生土。

二 遗迹单位

D39、D40 一共发掘墓葬 12 座，其中清代墓葬 1 座（D39M6），明代墓葬 11 座。D40 的第⑧层下发现宋代灰坑 1 个（D40H1），宋代沟 1 条（D40G1）。

1. 清代墓葬

清代墓葬只有 D39M6（图五）1 座，墓葬位于 D39 南部边缘，开口于第①层下，墓坑东西长 180、宽 70、残深 15 厘米。棺木及人骨尸朽，仅存石灰及棺钉，棺痕长 144、宽 37 厘米。出土青花瓷盅两件。

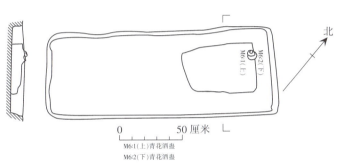

图五 D39M6 平、剖面图

2. 明代墓葬

明代墓葬共发掘 11 座，其中砖石混筑石盖板墓 3 座，都位于 D39 第⑥层下，这三座墓葬都是并列合葬墓，两墓室共用墓壁北部中间留有"神仙洞"。其他 8 座为土坑竖穴墓，墓穴中基本都垫有石灰。墓葬大多保存有人骨，但保存质量不佳。

D39M1（图六），位于 D39 西北侧，开口于第⑤层下，土坑竖穴墓，墓坑南北长 195、东西宽 65、残深 5—15 厘米。墓主头向北，方向 340°，下肢骨保存较完整，身下垫有一层厚薄不均的石灰，墓主头骨东侧出土青花瓷盅两件。

D39M2（图七），位于 D39 西北侧，开口于第⑥层下，被 M1 叠压，砖室石盖板合葬墓，墓室由青砖垒砌而成，墓底平铺条砖，其上铺石灰。分东西两个墓室，中间有"神仙洞"相通，墓壁上沿用条石砌成墓框，上盖六块石板。墓坑南北长 250、宽 250、深 73 厘米，方向 355°，墓主头向北，除肢骨外，其他骨骼保存不佳，东侧墓室出土青花瓷碗 2 件，西

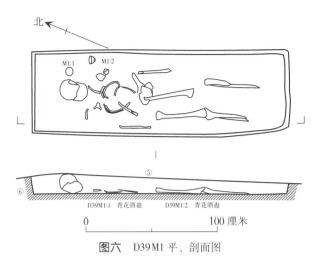

图六 D39M1 平、剖面图

侧墓室无随葬品。

D39M3（图八），位于土墩中部偏西北，开口于第⑥层下，砖石石盖板合葬墓，墓室主要由形状不规则的石块垒砌而成，分东西两个墓室，中间有"神仙洞"相通，墓壁上沿用条石砌成墓框，上盖八块石板，两墓室墓底分别有四块砖（石）作为棺床。墓坑南北长 270、宽 230、深 66 厘米，方向 20°。墓主头向北，骨骼保存皆不佳，出土青花瓷盅、韩瓶、戒指等文物共 7 件。

D39M4（图九），位于土墩中部偏西南，开口于第⑥层下，打破 M7，土坑竖穴合葬墓，墓坑南北长 215、东西宽 130—150、残深 35 厘米，方向 20°。墓主头向北，骨骼保存不佳，西侧墓室墓底铺一层石灰，共出土瓷盅、铜镜等文物共 5 件。

D39M5（图一〇），位于土墩东南侧，开口于第⑥层下，砖石石盖板合葬墓，墓室主要由不规则形状的石块垒砌而成，分东西两个墓室，中间有"神仙洞"相通，墓壁上沿用条石砌成墓框，上盖八块石板，墓底无砖室铺地。墓坑南北长 270、宽 190—205、深 70 厘米，方向 23°。墓主头向北，骨骼几乎不存，西侧墓室出土青花瓷碗 2 件，东侧墓室没有随葬品出土。

D39M7（图一一），位于土墩中部偏东南，开口于第⑥层下，被 M4 打破，土坑竖穴合葬墓，墓坑南北长 190、东西宽 130、残深 25 厘米，方向 20°。墓主头向北，墓主骨骼保存不佳，西侧墓室垫有一层

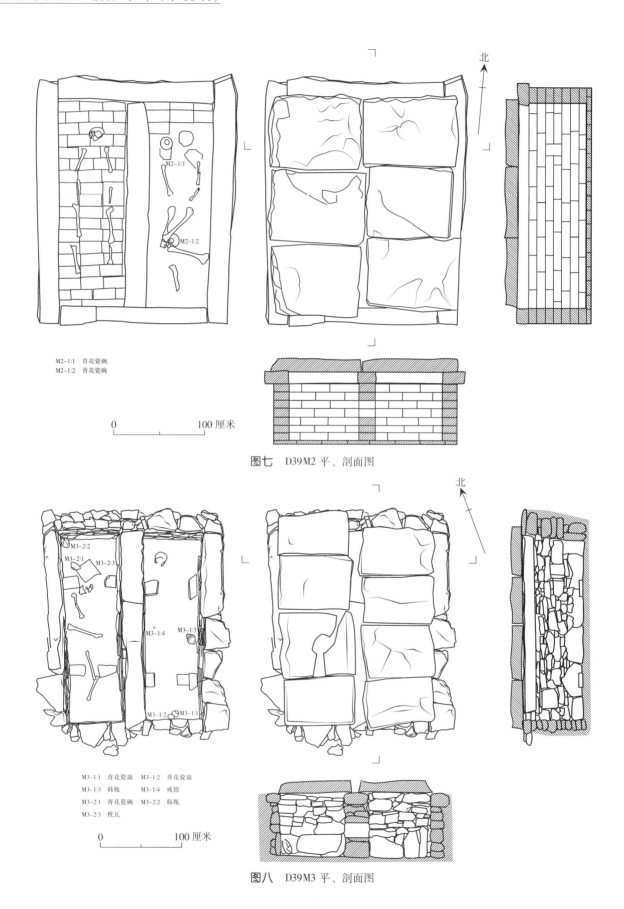

北

M2-1:1
M2-1:2

M2-1:1 青花瓷碗
M2-1:2 青花瓷碗

0   100 厘米

图七　D39M2 平、剖面图

北

M3-2:2
M3-2:1　M3-2:3
M3-1:4　M3-1:3
M3-1:2　M3-1:1

M3-1:1 青花瓷盅　　M3-1:2 青花瓷盅
M3-1:3 韩瓶　　　　M3-1:4 戒指
M3-2:1 青花瓷碗　　M3-2:2 韩瓶
M3-2:3 枕瓦

0   100 厘米

图八　D39M3 平、剖面图

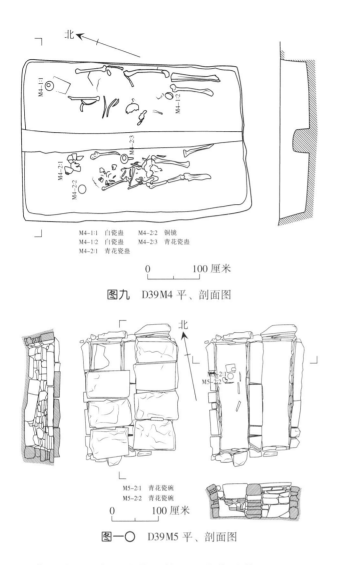

M4-1:1 白瓷盅   M4-2:2 铜镜
M4-1:2 白瓷盅   M4-2:3 青花瓷盅
M4-2:1 青花瓷盅

0 ———— 100 厘米

图九 D39M4 平、剖面图

M5-2:1 青花瓷碗
M5-2:2 青花瓷碗

0 ———— 100 厘米

图一〇 D39M5 平、剖面图

厚薄不均的石灰，除枕瓦外，无其他随葬品出土。

D40M1，位于土墩西侧，开口于第⑤层下，土坑竖穴合葬墓，墓坑南北长 275、东西宽 250、深 60 厘米，方向 40°。墓主头向北，出土铜镜 2 面，铜簪 1 件。

D40M2（图一二），位于土墩南侧，开口于第⑤层下，土坑竖穴墓，墓坑东西长 205、南北宽 65、残深 40 厘米，方向 64°。墓主头向东，墓主骨骼保存较完整，身下铺一层石灰，出土铜镜、青花酒盅、铜簪等11件随葬品。

D40M3（图一三），位于土墩东侧，开口于第⑤层下，土坑竖穴墓，墓坑东西长 195、南北宽 70、残深 40 厘米，方向 275°。根据出土物判断墓主头向

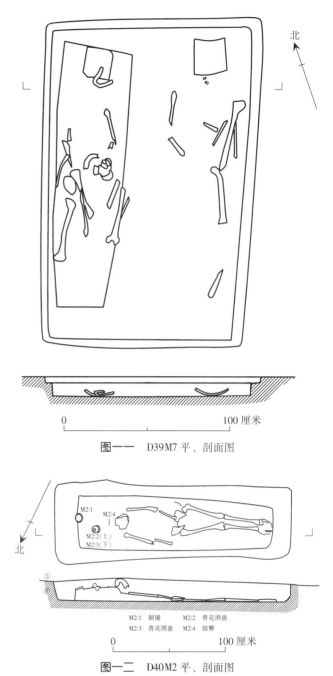

0 ———— 100 厘米

图一一 D39M7 平、剖面图

M2:1 铜镜   M2:2 青花酒盅
M2:3 青花酒盅   M2:4 银簪

0 ———— 100 厘米

图一二 D40M2 平、剖面图

北，因在土墩外侧，破坏严重，墓主尸骨不存，只剩部分棺板及 1 件青花瓷盅。

D40M4（图一四），位于土墩西北，开口于第⑤层下，土坑竖穴合葬墓，两墓椁体略成弧形，墓坑南北长 225、东西宽 155—190、残深 60 厘米，方向约 20°。墓主头向北，墓主骨骼保存一般，两墓室除枕瓦外各出土铜镜 1 面。

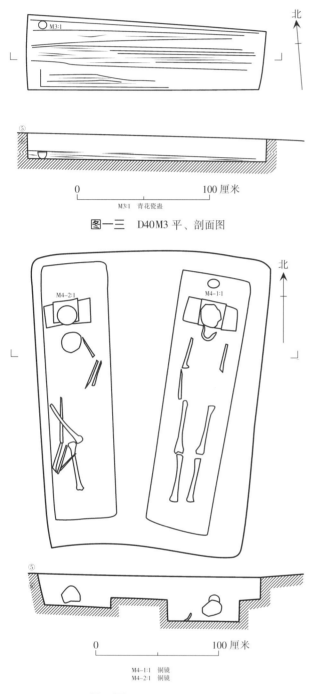

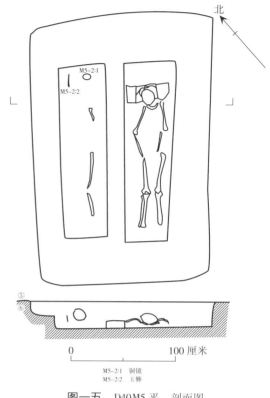

图一三　D40M3 平、剖面图

M3:1　青花瓷盅

图一四　D40M4 平、剖面图

M4-1:1　铜镜
M4-2:1　铜镜

图一五　D40M5 平、剖面图

M5-2:1　铜镜
M5-2:2　玉簪

D40M5（图一五），位于土墩中部略偏东南，开口于第⑤层下，土坑竖穴合葬墓，墓坑南北长275、东西宽170—190、深60厘米，方向40°。墓主头向北，墓主骨骼保存一般，墓室填有大量石灰，出土铜镜1面、玉簪1件。

3. 其他遗迹单位

（1）灰坑一个（D40H1），位于土墩南侧，开口于第⑧层下，打破生土，出土较完整的执壶一件（流缺失）及青瓷碗残件、黑釉盏等。年代为宋代。

（2）沟一条（D40G1），南北向，穿过土墩中部，同样开口于第⑧层下，出土物有黑釉盏残件、青白瓷粉盒残件等，时代为宋代。

三　随葬器物

1. 清代墓葬

D39M6，出土青花瓷盅2件。D39M6:1（图一六，7、8），敞口，圆唇，斜弧腹，圈足，内外施透明釉，圈足及底未施釉，外壁青花形似"竹枝"，内壁饰青花双圈纹，底部青花纹形似"大"字。口径6、高2.9、底径2.5厘米，重30.75克。D39M6:2（图一六，9），形制基本与D39M6:1同，口径6、高3.1、底径2.2厘米，重42.3克。

2. 明代墓葬

D39M1，出土青花瓷盅2件，耳坠1件。D39M1:1

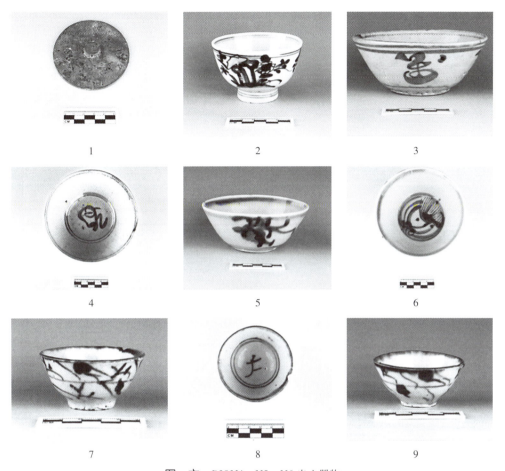

图一六 D39M4、M5、M6 出土器物

1. 铜镜（D39 M4 - 2∶2） 2. 青花杯（D39M4 - 2∶3） 3、4. 青花碗（D39M5 - 2∶1） 5、6. 青花碗（D39M5 - 2∶2）
7、8. 青花瓷盅（D39M6∶1） 9. 青花瓷盅（D39M6∶2）

（图一七，1），敞口，圆唇，斜弧腹，圈足，胎色发红，内外皆施乳浊釉，外沿饰一周青花点状纹，内底饰一个点状青花纹。口径5.8、高3.3、圈足3厘米，重40.47克。D39M1∶2（图一七，2），形制基本与D39M1∶1同。口径6.2、高3.4、圈足2.6厘米，重42.96克。D39M1∶3（图一七，3）耳坠，质部泛银白色，外部有绿锈，钩状，坠部缺失，长约2.8厘米，重1.2克。

D39M2，出土青花碗2件。D39M2 - 1∶1（图一七，4），敞口，圆唇，斜弧腹，圈足，外底中心突出（鸡心碗），内体施乳色透明釉泛青，内沿饰两道青花弦纹，内底饰两道青花弦纹，弦纹以内饰青花点状纹饰，遍布内底面，外上腹部饰点状青花纹饰，下腹近圈足处饰两道青花弦纹。口径13.5、高5、底

径5.3厘米，重150.9克。D39M2 - 1∶2（图一七，5）与D39M2 - 1∶1形制基本相同。口径13.8、高5.1厘米，底径5.2厘米，重147.7克。

D39M3，出土瓷杯、韩瓶、戒指、碗等随葬品共计7件。D39M3 - 1∶1（图一七，6、7），白瓷杯，敞口，尖圆唇，弧腹，圈足，口残，白胎施透明釉，无纹饰，外底一道青花圆圈，圈内为青花款"大明宣德年制"。口径8.2、高4.3、圈足4.6厘米，重71.67克。D39M3 - 1∶2（图一七，8、9），白瓷杯，形制与D39M3 - 1∶1相似，外底一道青花圆圈，圈内为青花款"大明成化年制"，口径8.3、高4.2、圈足3.8厘米，重58.93克。D39M3 - 1∶3（图一八，1），韩瓶，子母口，束颈，圆肩，鼓腹，平底，肩至下腹部有五道凸棱，口沿至腹部施黄色釉，釉面

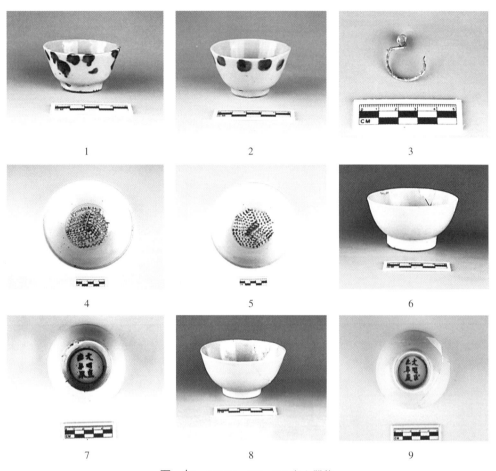

图一七 D39M1、M2、M3 出土器物

1. 青花瓷盅（D39M1:1）　2. 青花瓷盅（D39M1:2）　3. 耳坠（D39M1:3）　4. 青花碗（D39M2-1:1）　5. 青花碗（D39M2-1:2）　6、7. 瓷杯（D39M3-1:1）　8、9. 瓷杯（D39M3-1:2）

剥落严重。口径 4、腹径 10、底径 4.6 厘米，重 461.87 克。D39M3-1:4（图一八，2），铜戒，扁形，戒面呈椭圆形，锈蚀比较严重，背面有交叉，可以调节大小，戒面宽 1 厘米，最窄处宽 0.2 厘米，重 3.01 克。D39M3-2:1，青花瓷碗（图一八，3），敞口，圆唇，斜弧腹，圈足，内外施乳浊釉，外底无釉，内口沿饰青花双圆圈纹，内底中部饰青花双圆圈纹，内部青花纹饰似水草，外口沿饰青花两道弦纹，上腹青花纹饰似草叶，下腹部饰一道青花弦纹。口径 12.9、高 4.9、圈足 5.4 厘米，重 173.9 克。D39M3-2:2（图一八，4），韩瓶，子母口，束颈，溜肩，直腹，平底，肩部原有四系，两两靠近对称，现存两系，下腹部有四道凹弦纹，口沿至腹部施褐釉，釉面剥落殆尽。口径 5.1、腹径 9.8、底径 5.9 厘米，重 672.55 克。D39M3-2:3（图一八，5），枕瓦，青黑色，长 21.2、宽 17.5—20.5、厚 1 厘米，重 912.45 克。

D39M4，出土白瓷杯、青花杯、铜镜共计 5 件。D39M4-1:1（图一八，6），白瓷杯，敞口，尖圆唇，斜弧腹，圈足，腹部略残，白胎，内外施透明釉，外底无釉，无纹饰。口径 7.4、高 4.3、底径 3.6 厘米，重 66.26 克。D39M4-1:2（图一八，7），白瓷杯，形制与 D39M4-1:1 同。口径 7.6、高 4.7、底径 3.7 厘米，重 70.09 克。D39M4-2:1（图一八，8、9），青花瓷杯，敞口，圆唇，斜弧腹，圈足，内外施透明釉，内口沿饰两道青花弦纹，内底饰两道青花弦纹，内底中心饰青花草纹，外口沿饰两道青花弦纹，外腹部饰青花草叶花卉纹，圈足外壁饰三

图一八 D39M3、M4 出土器物

1. 韩瓶（D39M3－1:3） 2. 铜戒（D39M3－1:4） 3. 青花碗（D39M3－2:1） 4. 韩瓶（D39M3－2:2） 5. 枕瓦（D39M3－2:3） 6. 白瓷杯（D39M4－1:1） 7. 白瓷杯（D39M4－1:2） 8、9. 青花杯（D39M4－2:1）

道青花弦纹，内底饰两道青花弦纹，中心饰青花"四"字形款。口径8.5、高5.5、底径3.9厘米，重109.35克。D39M4－2:2（图一六，1），铜镜，青铜，圆形，背有一饼形纽，纽中有一穿孔，纽上有"祁双榆造"四字，镜面及镜背锈蚀。镜面直径8.3、厚0.2、镜纽直径1.6厘米，重181.38克。D39M4－2:3（图一六，2），青花瓷杯，形制与D39M4－2:1基本相同。口径8.6、高5.6、底径3.9厘米，重100.02克。

D39M5，出土青花碗2件，D39M5－2:1（图一六，3、4），青花瓷碗，敞口，圆唇，斜弧腹，矮圈足似"卧足"，底面很平，外底无釉，内外施乳色透明釉泛青，内沿饰两道青花弦纹，内底饰两道青花弦纹，底部中心青花纹饰形似草书"龙"，外口沿饰

两道弦纹，外上腹部饰青花草书四字不易辨认，下腹近圈足处饰一道青花弦纹。口径12.4、高4.8、底径5.4厘米，重174.55克。D39M5－2:2（图一六，5、6），青花瓷碗，敞口，圆唇，斜弧腹，矮圈足似"卧足"，底面很平，外底无釉，内外施乳色透明釉泛青，内沿饰两道青花弦纹，内底面饰条带状青花纹饰形似飞鸟、草叶，外口沿饰两道弦纹，外上腹部饰青花纹饰形似花卉，下腹近圈足处饰一道青花弦纹。口径12.3、高4.6、底径5.3厘米，重161.46克。

D39M7，未出土随葬品。

D40M1，出土铜镜2面，铜簪1件。D40M1－1:1（图一九，1），铜镜，生肖镜，圆形，背部中心一小纽，纽中有穿孔，背部纹饰由两道圆圈和十二个放射

线纹由内到外可分三层十二格，内部为纽，中间是文字"子丑寅卯辰巳午未申酉戌亥"，最外围是十二生肖画像，镜缘凸起，直径 6.8、缘厚 0.6 厘米，重 46.95 克。D40M1-2:1（图一九，3），铜镜，圆形，背部中心一圆形纽，纽有穿孔，纽外为六边形纹饰地，六边形中有菊花纹，六边形纹饰外围有一周凸起，凸起外是一周连珠纹，连珠纹两边饰放射纹，其外边缘凸起，铜镜表面为一层绿锈，直径 10.8、沿宽 0.7 厘米，重 273.09 克。D40M1-2:2（图一九，2），铜簪，棒状，簪首有一球状装饰，簪身略弯曲，长 13.2、直径 0.3 厘米，重 8.55 克。

D40M2，出土铜镜、瓷盅、银簪共计 4 件。D40M2:1（图一九，4），铜镜，圆形，背面边缘凸起，中间有一圆周凸棱，内有"连中三元"四字，

中心为一乳突纽，纽中一穿孔，锈蚀。直径 7.2、边缘厚 0.3 厘米。D40M2:2（图一九，5），青花瓷盅，侈口，翻沿，直腹内收，圈足。白胎施透明釉，内壁无纹饰，外壁口沿有一道青花弦纹，下腹与圈足结合处有一道青花弦纹。口径 6.8、高 3.5、圈足 2.9 厘米，重 33.08 克。D40M2:3（图一九，6），青花瓷盅，口残，形制与 D40M2:2 同。口径 6.8、高 3.7、圈足 2.9 厘米，重 37.12 克。D40M2:4（图一九，7），银簪，锈蚀，残长 5.3、直径 0.1 厘米，重 0.71 克。

D40M3 出土青花瓷盅 1 件。D40M3:1（图一九，8），青花瓷盅，敞口，圆唇，斜弧腹，圈足。口残，内外皆施透明釉，外沿饰一宽一窄两道青花弦纹，下腹与圈足交接处饰一道青花弦纹。口径 6.2、高 3.6、圈足 2.4 厘米，重 37.05 克。

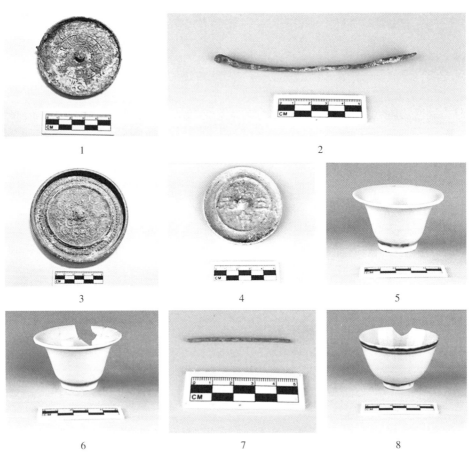

图一九　D40M1、M2、M3 出土器物
1. 铜镜（D40M1-1:1）　2. 铜簪（D40M1-2:2）　3. 铜镜（D40M1-1:2）　4. 铜镜（D40M2:1）　5. 青花瓷盅（D40M2:2）　6. 青花瓷盅（D40M2:3）　7. 银簪（D40M2:4）　8. 青花瓷盅（D40M3:1）

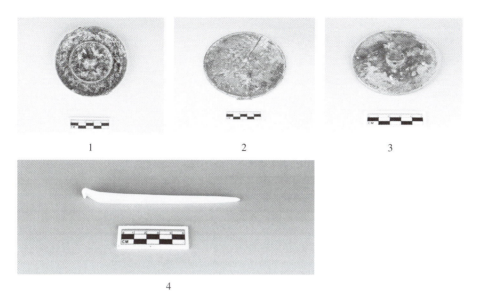

图二〇 D40M4、M5 出土器物
1. 铜镜（D40M4－1:1） 2. 铜镜（D40M4－2:1） 3. 铜镜（D40M5－2:1） 4. 白玉簪（D40M5－2:2）

D40M4，出土铜镜 2 面。D40M4－1:1（图二〇，1），铜镜，圆形，形似"海兽葡萄"镜，镜背缘凸起，背面中部有一桥形纽，纽外四个凸起，外饰一道凸棱，外有多个凸起，但锈蚀不清。直径 9.2、边缘厚 0.8 厘米，重 202.88 克。D40M4－2:1（图二〇，2），铜镜，圆形，手柄缺失，镜背缘凸起，背部似有鎏银纹饰似龙凤，但锈蚀不清。直径 14.3、边缘厚 0.3 厘米，重 203.68 克。

D40M5，出土铜镜 1 面，玉簪 1 件。D40M5－2:1（图二〇，3），铜镜，青铜，圆形，背有一饼形纽，纽中有一穿孔，纽上有"薛怀泉造"四字，镜面及镜背锈蚀。镜面直径 8.7、厚 0.3 厘米，镜纽直径 1.7 厘米，重 233.76 克。M5－2:2（图二〇，4），白玉簪，簪首呈近"S"状，尾部呈"剑尖"形，表面无光泽，似未经打磨。长 13.4 厘米，簪首宽 0.8、厚 0.4 厘米，重 10.75 克。

四　结语

此次发掘未发现宋代之前的文化层，D40 的 H1 和 G1 之下便是生土，可见该遗址与木渎春秋古城关系不大。根据地层及遗迹关系，两处土墩均成形于明代，作为墓葬区使用，一直沿用至近现代，因未发现墓志及其他相关文字材料，墓主身份不明，但

根据出土遗物分析可知墓葬应该都为普通平民墓。D39 的几座砖石混筑墓形式比较统一，方向一致，很有可能为家族墓地。

近几十年来，苏州地区发掘了多座明代墓葬，较早的有 1966 年发掘的虎丘公社新庄大队王锡爵墓[1]，1973 年在吴县洞庭山洞庭公社红光三大队发掘的许裕甫墓[2]，1978 年发掘的虎丘双利村明墓[3]，1984 年太仓南转村杨林塘南发掘的施贞石夫妇合葬墓[4]，1989 年在常熟市郊乡三八村发掘的陈景和夫妇合葬墓[5]，1990 年在常熟虞山发掘的温州知府陆润夫妇墓[6] 等。近年经考古发掘的明墓主要有：2010 年于吴中区渡村发掘的明代家族墓群[7]，2010 年在高新区科技城大墩发掘的 5 座明清时期墓葬[8]，2011 年发掘的吴中区吴山岭公墓三区明墓[9]，2011 年在虎丘宋家坟发掘的 16 座明墓[10]，2012 年于吴中区木渎天平村发掘的包括范仲淹十六世孙范惟一夫妇墓在内的 7 座明墓[11]，2015 年在望亭螺蛳墩发掘的 6 座明墓[12]，2017 年在昆山市周庄镇发掘的 10 座明墓[13]，2018 年 1 月吴中区东山镇莫厘村发掘的明代砖室墓[14]，2018 年太仓古塘街发掘的 10 座明末清初墓[15]，2018 年 5 月在吴中区临湖镇联东发掘的 2 座明清浇浆墓[16]，2018 年 7 月发掘的相城区黄

埠镇吴杨墩 9 座明墓[17]以及姑苏区城北西路三花遗址发掘的几座明清墓[18]等。

明清时期的墓葬在苏州地区有着广泛的分布，由于距今时间不长，且绝大多数平民墓规模小、随葬品少，一直以来未得到应有的重视，此次发掘的这十几座墓葬虽然等级不高，但一般都会有两个瓷碗或瓷盏随葬，比较有地方特色，为我们研究苏州地区明清时期一般平民墓的葬制提供了一批较好的材料，有一定的历史文化研究价值。

领队：张照根

发掘：何文竞、高超、钱海江、钱桂树

拍照：何文竞、周官清

修复：钱海江、钱桂树

绘图：何文竞、钱海江、钱桂树

撰文：何文竞

注释：

[1] 苏州市博物馆：《苏州虎丘王锡爵墓清理纪略》，《文物》1975 年第 3 期。

[2] 南京博物院：《江苏吴县洞庭山发掘清理明许裕甫墓》，《文物》1977 年第 3 期。

[3] 苏州博物馆：《苏州虎丘明墓清理简报》，《东南文化》1997 年第 1 期。

[4] 吴聿明：《太仓南转村明墓及出土古籍》，《文物》1987 年第 3 期。

[5] 杨新民：《常熟城郊发现明代墓葬》，《东南文化》1991 年第 6 期。

[6] 常熟市博物馆：《常熟市虞山明温州知府陆润夫妇合葬墓发掘简报》，《东南文化》2004 年第 1 期。

[7] 苏州市考古研究所：《江苏苏州吴中区渡村明墓发掘简报》，《苏州文博论丛》2017 年总第 8 辑，文物出版社 2018 年。

[8] 苏州市考古研究所：《江苏苏州高新区大墩土墩遗存抢救性考古发掘报告》，《东南文化》2015 年第 5 期。

[9] 苏州市考古研究所：《江苏苏州吴山岭明刘德贞墓发掘简报》，《东南文化》2016 年第 6 期。

[10] 张铁军：《关于苏州高台汉墓的思考——以虎丘宋家坟为例》，《江苏省考古学会文集（2015—2016）》，上海古籍出版社 2018 年。

[11] 苏州市考古研究所：《苏州市吴中区木渎天平村明墓发掘简报》，《苏州文博论丛》2016 年总第 7 辑，文物出版社 2016 年。

[12] 苏州市考古研究所：《螺蛳墩遗址发掘工作情况汇报》；2015 苏州考古工作年报》。

[13] 苏州市考古研究所：《昆山市周庄镇明墓发掘工作汇报》，《2017 年苏州考古工作年报》。

[14] 苏州市考古研究所：《吴中区东山镇莫厘村明墓发掘》，《2018 年苏州考古工作年报》。

[15] 苏州市考古研究所：《太仓古塘街墓地考古发掘工作报告》，《2018 年苏州考古工作年报》。

[16] 苏州市考古研究所：《吴中区临湖街道联东遗址》，《2018 年苏州考古工作年报》。

[17] 苏州市考古研究所：《相城区黄埭镇吴杨墩的发掘》，《2018 年苏州考古工作年报》。

[18] 苏州市考古研究所：《三花遗址考古发掘报告》，《2018 年苏州考古工作年报》。

汉晋时期笮人历史及考古文化研究综述

胡婷婷　许晓玉[1]（首都师范大学历史学院）

内容摘要： 先秦至汉晋时，笮人活跃在我国西南地区，是西南夷重要部族之一。笮人很早就从经济、政治、交通、文化交流等各个方面与中原有着紧密的关系。汉代便载于正史。20 世纪 80 年代以来，学者们便从历史学、民族学、考古学等多学科结合对笮人展开积极的调查和研究，已取得了较为丰硕的成果。

关键词： 笮人　史书记载　活动范围　盐源青铜文化　文化交流　族属及变迁

我国西南地区，地处青藏高原的东南缘，是早期人类活动的一个重要地区，也是古代民族活动相当频繁的地区。这一地区不仅是周秦以来形成的古代川西民族走廊的重要组成部分，也是各民族及其文化的交汇地区。在先秦至汉代活跃着数十个大小族群，统称"西南夷"。笮便是"西南夷"中的重要部族之一。

笮[2]，音昨，也写作筰、莋、筰，其族群被称为笮人、笮都夷。笮人很早就在经济、政治、交通、文化交流等各个方面与中原有着紧密的关系。自秦代便在笮地设置郡县，汉朝对这一地区也倾注大量心血，多次出兵兼政策扶持措施，最终将笮地纳入汉朝版图。

20 世纪 80 年代，专家学者们做了大量的文献考证，并在西南地区开展实地调查，探究笮人的族源及发展融合历史。随着考古调查、发掘和研究工作的开展，滇、夜郎和邛等"西南夷"民族的文化遗存渐渐明朗。而在笮人的活动范围内，发现该区域有着发达的青铜文化，并已形成了区域中心。这些都为笮人的研究提供了考古例证。数十年来，有关笮人的考古发现和研究都取得了重大进展，研究内容涉及笮人的活动范围、文化遗存、文化交流、族属及变迁、社会结构等诸多方面。

一　史书记载

有关笮人的记载，最早的见于司马迁的《史记·西南夷列传》："西南夷君长以什数，夜郎最大。……自嶲以东北，君长以什数，徙、筰都最大；自筰以东北，君长以什数，冉駹最大。其俗或土著，或移徙，在蜀之西。"[3]记录历史时间最早的是《华阳国志·蜀志》："（周赧王）三十年（前285），疑蜀侯绾反，（秦）王复诛之，但置蜀守，张若因取筰及其江南也。"先秦时期笮人便居住于此地，秦代已纳入中央王朝管辖。

《史记》记录时间上至黄帝，下至武帝太初年间（前104—前101），第一次将包括笮在内的西南夷部族系统记载入正史。后世正统史观文献如《汉书》《后汉书》《华阳国志》等多沿袭《史记》的体例和内容，并在其基础上不断进行补充和完善。如《汉书》也记载了战国秦汉间西南夷诸部，补记西南夷各部自汉武帝迄至新莽间变动，其前所记基本抄袭《史记》，只是用字遣词略有改动[4]。《大宛列传》《司马相如列传》和《张骞列传》，《汉书·地理志》等篇里也能见到关于笮人的零散记载。内容涉及笮人的活动范围、习俗、生业模式、地理环境、自然资源、交通贸易和重大历史事件等。

据《史记·西南夷列传》记载，笮人"以邛都为越嶲郡，以筰都为沈黎郡"，"其俗或土著，或移徙"，"巴蜀民或窃出商贾，取其筰马、僰僮、髦牛，以此巴蜀殷富"。《汉书·地理志》则记载"定筰，出盐"。《后汉书·南蛮西南夷列传》记载："其人皆被发左衽，言语多譬类，居处略与汶山夷同。"

重要历史事件也散见于史籍中。据《史记·司马相如列传》记载，西汉建元六年（前135），汉武帝派司马长卿略定西夷，邛，筰、冉駹、斯榆之君皆请为内臣[5]，于是仿南夷在其地"置一都尉、十余县，属蜀郡"。《史记·西南夷列传》："元鼎六年（前111），又诛杀且兰、邛君和筰侯，以邛都为越嶲郡、筰都为沈黎郡"[6]。《后汉书·筰都夷传》记载"天汉四年（前97），并蜀为西部，置两都尉：一居旄牛，主徼外夷；一居青衣，主汉人"[7]。

汉晋时期筰人活跃于传世文献中，这一历史时期也是研究筰人的核心时段。汉晋之后，筰人不再见于史料。

虽然史料零散甚略，这些记载仍是历代研究筰人的重要参考依据。

二 活动范围

后世的专家学者们，结合历史学、民族学、考古学等多学科研究手段，对筰人展开专题研究。其中关于活动范围的讨论最为热烈。而争议主要集中在筰都的具体位置以及筰都夷的分布区域。

20世纪80年代，就有诸多学者讨论过筰都的位置。讨论的依据基本源于《史记·西南夷列传》中"以邛都为越嶲郡，以筰都为沈黎郡"。一般是以汉代沈黎郡的所在地作为筰人的分布地区。民族史学家方国瑜先生和尤中等先生均认为筰都在汉嘉郡，今为雅安地区[8]。关于筰都的具体位置，学界尚存在三种观点：传统考据考证是位于雅安地区的汉源。任乃强先生认为沈黎郡治所在大渡河上游之沈村[9]。石硕先生则认为汉置沈黎郡的治所筰都定在青衣江宝兴、芦山一带[10]。

关于筰人的分布区域，很多学者都进行过深入考证。《汉书·地理志》记载越嶲郡下辖的定筰、大筰、筰秦三县确定为筰人之地，大致为今天的凉山州旄牛山以西盐源、木里、盐边、米易及冕宁县西部地区。综合筰都的地理位置，多以为今四川雅安地区及甘孜州东部地区是筰人的活动地域[11]。范围约以雅砻江以西，北接河湟地区，南近滇的广阔川西高原地带[12]。民族学家陈宗祥先生据历代典籍，结合民族学调查和古音的使用，认为汉代的白狼、筰都部落以邛崃山为界，活动于今雅安的汉源、石

棉、芦山和荥经一带。除越嶲郡与沈黎郡外，汶山郡以及蜀郡均有筰人生息其间，而甘孜州地区也应深入调查[13]。杨凌、罗亚平针对"仅以中央王朝郡县所在地判断筰的分布地"的研究思路提出质疑，事实上西汉以筰都所置的沈黎郡未能统辖整个筰人集团的分布范围。天汉四年（前97），蜀郡西部两都尉之一的"主外夷"，即汶山以西的旄牛徼外夷，也当属于筰人集团。因此，认为古代筰人分布应为南北走向带，筰人集团大致分布在今天的四川阿坝、甘孜两州及凉山州旄牛山以西的辽阔地区，汉时，其东部已扩展到今四川雅安地区汉源一带[14]。

20世纪80年代起，四川西南地区积极开展考古调查与发掘工作，在大渡河、雅砻江和金沙江流域均发现了大量文化遗存，展现出风格迥异的青铜文化面貌。已有不少学者将这些地区的考古遗存与筰人联系起来。童恩正先生最早关注西南地区战国秦汉时代的考古发现，依据《史记·西南夷列传》所记载的民族分布，对滇、夜郎、邛都、筰都等部族进行分区研究和考证。认为筰都夷活动中心在大渡河流域的四川汉源一带，雅砻江流域也有分布[15]。刘弘先生初步分析了"筰域"发现的考古学文化遗存，并据史籍记载，认为筰人最先居住在川西北岷江上游地区，后来逐渐向南迁徙，秦汉时期雅砻江下游地区成了筰人的聚居之地。筰人分布的地域较广，因其所处的地理生态环境不同而生产方式有所差异，故史籍称筰人"或土著，或迁徙"[16]。江章华先生将盐源地区青铜文化与川西高原石棺墓文化相比较，认为两者有某些相近相似的文化特质和相近似的文化因素，但其文化的总体特征区别是十分明显的[17]。

三 盐源青铜文化及其反映的文化交流

1. 筰人的文化遗存

筰文化的提出，是从石棺葬文化的研究开始的。石棺葬又被称为"石棺墓""石板墓""岩板墓"等，广泛分布在从岷江以西直至金沙江流域的川西高原以及滇西北地区。

20世纪70年代末，雅砻江流域发现的考古遗存

以石棺葬为主，陶器以双耳、单耳罐为其特征，铜剑为缠缕状三叉格类型，另有锯齿形长剑格的铜柄铁剑，童恩正先生最早关注到该现象，认为它所反映出的青铜文化族属很可能是笮都[18]。甚至认为，滇西北地区以石棺墓为代表的青铜文化是金沙江、雅砻江流域石棺葬文化向南扩展的结果，其创造者基本上应该属于"笮都夷"[19]。周志清老师进一步认为滇西北的土坑墓与石棺葬应是不同类型的笮文化遗存，都是包括笮人在内的夷系民族的文化创造[20]。

2. 盐源青铜文化

随着近年来考古工作的积极开展，在大渡河、雅砻江和金沙江流域发现了大量文化遗存，展现了风格迥异的青铜文化面貌。尤以2001年雅砻江流域的盐源盆地内发现的老龙头墓地最为突出，被誉为四川地区继广汉三星堆遗址、金沙遗址的第三次考古大发现。该墓地出土了大量具有鲜明区域特点和民族特色的文物，展现了独特的青铜文化面貌[21]。以老龙头墓地为代表的盐源青铜文化引起了广大学者的关注，也揭开了战国秦汉时期笮人活动的研究序幕。

关于盐源青铜文化，早期有滇族说。林向先生认为"盐源盆地战国秦汉间的居民很可能是西南夷中的笮人"[22]。刘弘、唐亮也著文认为"盐源青铜文化典型代表老龙头古墓葬与盐源青铜器应该与笮人密切相关"[23]。刘世旭、林向、赵殿增等诸位先生都无异议。目前学界基本达成共识，以盐源老龙头墓地以及盐源青铜器为代表的盐源青铜文化的主人是笮人。

对盐源青铜文化的研究，以《老龙头墓地与盐源青铜器》中的讨论最为全面。对其文化特征和时代，文化因素与性质分析，居民的族属，学术意义以及盐源青铜文化研究目前存在的问题等均作了分析[24]。

关于青铜器的形制、用途、内涵、渊源以及其所反映的与周边文化的交流和影响都是专家讨论的重点。其中青铜杖、杖首（笮头饰）、枝形饰片、案

形器是盐源青铜器最具地方特色的器物，对这些典型器物所做的研究也较为集中。

关于青铜杖及杖首，刘弘先生将以盐源盆地出土权杖为代表的笮文化与巴蜀、滇等西南地区使用权杖的民族做对比，认为滇、笮杖与蜀杖有着密切关系，两者之间曾存在过某种程度上的统一宗教文化背景，而两者的杖在数量上的多寡则源于古蜀国与西南夷诸族在社会结构上的差异[25]。赵德云老师将包括盐源青铜文化的杖首和其他西南夷地区的杖首统称为"竿头饰"，通过系统的梳理分析，认为西南夷各区域的"竿头饰"在种类上各具特征，地域特色浓郁，但相邻区域之间又互有联系。总体而言，多应为当地青铜文化制品，仅有少数存在物品直接传播流动的情况，与欧亚草原地带"竿头饰"的关系，应是一种观念的传播或承继，而不是物品的直接流动。而"竿头饰"的用途应与丧葬礼仪有关[26]。乔苏婷称其为"杖头饰"认为南方地区杖头饰与西北地区所见的杖头有很大的不同，认为它们的文化来源和功能不同于汉代"鸠杖"。从宏观上看，权杖及其他杖形器的造型、装饰可能受到了经横断山区而来的外来文化的影响，兼有使用者的再创造。多种杖头饰、鐏部结构在盐源盆地的出现，体现了当地使用者对外来文化因素的筛选、吸收与再创造[27]。

关于枝形饰片，各位学者的定名和用途略有不同。刘世旭先生最早对这些器物进行介绍与分析，称其为"人兽纹祭祀枝片"，认为它们主要用于丧葬祭祀，是此地长期盛行神树崇拜和在丧葬祭祀中实行死后归魂等而铸造的，并暗示其可能与汉晋时期的"摇钱树"有联系[28]。林向先生将其称为青铜树，认为青铜树反映了树神崇拜与日、龙崇拜的结合，与三星堆建木铜树有明显的承袭关系，这种青铜树形器应是古代盐源畜牧民族（笮人）的一种宗教文化反映[29]，之后他又认为这种铜树可兼作为"立杆测影"的天文观测仪器[30]。刘弘先生认为盐源出土的部分枝形铜器应与三星堆神树有一定联系，二者都是通天的神树，其中盐源枝形铜器上的璧形

物可能代表太阳，马和兽应是巫师升天的坐骑，并进一步推断其可能是神话中的"若木"[31]。枝形器体现了"一人双兽"的题材，"一人双兽"为母题的古代遗物最早出现于埃及、西亚、中亚和印度等地，象征着势均力敌的双方及中间者对冲突双方的控制[32]。霍巍、江章华等先生认为这种造型的母题应当与欧亚草原游牧民族中流行的"双马神"信仰有关，是北方文化南传的结果[33]。李帅博士称其为人兽纹铜树形器，认为它是南、北文化在盐源地区交融后的产物，可分解为"神树"母题和"一人双马"母题，其中"一人双马"母题应与北方草原文化中"双马神"信仰有关，而"神树"母题和"树上立兽"的造型则渊源于楚文化，反映出一致的沟通天地的信仰观念。蜀地在楚文化因素西传的过程中起到了传播中介的作用[34]。郎剑锋也认为树形器上使用的双马形象是传入当地的外来文化，同时认为当地对这种文化因素的接受仅停留在形象的层面上[35]。盐源树形器上带凸点的圆饼状装饰与盐源当地、西藏西部和滇西北所见受北方草原文化影响出现的青铜短剑上的圆饼形剑柄装饰属同一类型，自西北地区经横断山区峡谷可能是与杖形器有关的文化因素从外部向中国西南地区传播的路径之一[36]。

乔苏婷认为双立禽铜杖首的对称性和立禽形象与树形器的结合，反映出地区间以物质材料为载体的文化互动及相关文化因素的传播路径。西方类似的树枝形铜器向上舒展的形式亦可能为盐源树形器采取并强调树的形象提供了基础。树形器的"树枝"造型，是在当地人接收外来文化时的一种发挥。杖形器物是使用者参与再创造的结果。可能作为具有地位象征意义的杖形器物或被引申为特殊随葬品而存在[37]。

关于案形器，信立祥先生认为中国国家博物馆所藏为笮人的明器辎车，供死者乘蛇升仙之用，受汉文化影响，但汉化程度不高[38]。马今洪先生则认为上海博物馆所藏的案形器是用来放置祭品，用于祭祀动物之神祈求人畜安全的仪式。通过器物对比研究，发现其具有中原地区四足案的特征，又具有

浓郁的地方特点和滇民族风格，应属于西南滇族或带有滇文化影响的民族所有[39]。需要注意的一点是两位先生的论文收稿时，老龙头墓地和盐源青铜器首次在《文物报》上报道，因此未能对盐源青铜文化有全面的认识，故而才将案形器归为滇系。

关于山字格剑、铜戈等其他器物也有讨论。学者们多认为盐源出土的大宗细长三角援无胡戈与"蜀式戈"有关，来源于成都平原地区东周时期的无胡戈[40]，刘祥宇认为从源流上看，应追溯到西周时期的关中及中原地区，通过川西高原、成都平原，这类无胡戈的形制和纹饰特征又传播至盐源盆地[41]。施劲松先生以三星堆器物坑出土青铜鸡形象为主，选取了盐源青铜器上的带冠翘尾的雄鸡形象加以阐释，认为古人应是使用某种动物某种习性，在一定文化背景中加以突出，如雄鸡报晓等，有助于说明动物的种属，丰富家养动物的辨别标准[42]。钟雅莉老师则从青铜艺术角度来分析，认为抽象化的纹饰和写实性的造型构成盐源青铜艺术的两大主体风格，是笮人生产生活和宗教活动的真实反映，带有崇尚自然、勇武的特点以及某种宗教神秘感[43]。

大量运用科技检测也是盐源青铜器的研究中的一大亮点。北京大学科技考古实验室、北京科技大学、北京联合大学和伦敦大学学院等多家科研院校均对笮人的青铜器进行金相观察、成分分析等科技检测。其中，北京大学科技考古实验室通过对 40 件盐源出土的战国、西汉时期的青铜器进行金相观察、成分分析等科技检测，结果显示盐源青铜器具有成分复杂、工艺多样的鲜明特点，在青铜技术方面属于"西南夷"系统。认为盐源地区在当时和西北少数民族、成都平原乃至东南亚地区都存在着广泛的文化和技术交流活动[44]。北京科技大学利用金相显微镜和扫描电镜能谱分析仪对盐源地区出土的 8 件铜钺进行了初步的科学分析，结果表明这些铜钺有红铜、锡青铜、铅锡青铜三种材质，以锡青铜为主，合金配比不理想，制作方式有铸造及热锻两种方式，通过比较，认为盐源地区青铜文化及滇文化存在交流[45]。北京联合大学和伦敦大学学院对征集自盐源

地区的蜻蜓眼烧料珠串进行有损取样后，经激光剥离等离子体电感耦合质谱仪和扫描电子显微镜监测分析，判断其应为高钾费昂斯，通过与同类数据的比较，进而确定它应为我国本土制作，并与战国时期西北地区的西戎文化存在密切关系[46]。

3. 文化交流

童恩正先生曾提出从石器时代到铜器时代在我国的东北至西南地区存在一条中国边地半月形文化传播带[47]。在此基础上，有学者提出 X 形文化传播带的存在[48]。笮人便活跃在这条重要的文化传播带上。专家学者们多基于文化遗存的考古学观察，以盐源青铜文化为代表探讨笮人与周边地区的文化交流。

盐源青铜文化器物从形制和风格上看似乎受到了民族走廊地区南北文化的深刻影响，与西北地区古代青铜文化和人群之间有着紧密的联系，他们之间应当有着族群渊源上的关联[49]。由于石棺葬在东南亚亦有分布，童先生进一步认为，要考察东南亚的石棺葬与中国西南石棺葬的关系，应该从川西高原的"笮文化"开始[50]。

学者们普遍认为笮文化与滇西地区青铜文化、岷江上游地区石棺葬文化有许多相似或相同的文化因素。如以石棺为主的埋藏方式，以及螺旋纹山字格青铜剑、铜柄铁剑、双环首铜剑、弧背铜削、双耳陶罐等器物。关于三者文化传播的方向，尚存争议。有的学者通过详细比较了岷江上游地区石棺葬文化与滇西地区青铜文化的铜器、陶器和舞蹈、居住建筑、丧葬等众多文化因素，重新考证了滇文化与滇西文化的时代，认为岷江上游石棺葬文化是川西南地区以及滇文化、滇西青铜文化的重要文化源头[51]。也有研究者或认为滇西石棺墓中常见的螺旋纹柄山字格青铜短剑早于川西，此类剑系由滇西传入四川[52]。

江章华先生将盐源青铜文化与西南青考古中的滇、滇西、夜郎等青铜文化作了系统的比对，认为其具有很突出的区域特征。与滇、滇西（洱海）、滇西北地区战国至汉代的青铜文化有着不同程度的相似因素或相同特征。与滇西北青铜文化最为接近。与北方系青铜文化的比较中，发现盐源青铜文化葬俗以及许多青铜器与北方系青铜文化相近的情况，推测盐源青铜文化的主人可能与北方草原游牧民族有很大的关系，值得注意。而在与川西高原石棺墓文化的比较，认为两者虽有某些相近相似的文化特质和相近似的文化因素，但其文化的总体特征区别是十分明显的[53]。

杨丽华总结到盐源青铜文化与滇西北的青铜文化有密切的关系，同时也带有川西北、洱海地区、滇文化和北方青铜文化因素。多种青铜文化在此汇聚、交流和融合，充分表明了盐源地区在历史上相当长的一段时期，都是一个相对繁荣的文化交流中心，并因交流的发展形成了独具特色的区域文化中心[54]。

四　笮人族属及变迁

司马迁在《史记·西南夷列传》中将徙、笮归为同一类民族集团。关于笮的族属，主要有夷系说，羌系说。

以支持夷系说的学者居多。据蒙默先生考证，《华阳国志·蜀志》所说的"夷种"，包括笮都在内的其余族群都属夷系民族，笮人不仅指纳西族先民，而且也指彝语支各族的先民[55]。民族学家陈宗祥先生，通过分析《华阳国志》中所记的"笮"和"夷（氐、丹）"、"邛"、"昆明"等四个族称的古读音，认为虽然这四族的分布地区和名称不同，但其意义均是"白人"，因而他们的族属是相同的，是属于一个族系[56]。石应平先生也认为秦汉时的笮人是夷系民族。并且与东汉以后的夷人为同一民族，只是族称的汉译音有所不同。同时也认为盐源地区数百年间的民族分布状态并未发生大变化，这种民族分布态势甚至延续到唐宋以后，只不过文献记载为"磨些蛮"或"西蛮"、"乌蛮"了[57]。

羌系说。殷渝先生认为"笮都是牦牛种的一支，当是牦牛种之白狗羌"，并认为笮是岷江上游白狗羌南下到大渡河流域的一支[58]。龚伟也认为战国秦汉时期的牦牛和笮是同一族群[59]。

史籍称笮人"或土著，或移徙"，笮人最先居住在川西北岷江上游地区，后来逐渐向南迁徙，秦汉时期雅砻江下游地区成了笮人的聚居之地。笮人分布的地域较广，因其所处的地理生态环境不同而生产方式有所差异[60]。龚伟综合文献和考古资料，发现先秦至汉晋时期金沙江流域、雅砻江流域以及岷江上游、青衣江上游区域均有牦牛（笮人）迁徙的遗痕和明显的南迁痕迹。因此认为笮人也是文献中记载的牦牛，他们从先秦时期古笮人的甘青河湟地区，西自阿尼玛卿山与唐古拉山之间的三江上游，进入雅砻江、大渡河和金沙江以及澜沧江流域。或东自阿尼玛卿山东侧，入岷江上游，经迭部—松潘—茂汶—理县，或经迭部—松潘西向经红原、黑水汇聚马尔康入大渡河上游，沿大渡河南下。他们在广阔的川西高原河谷地带不断地南迁，最终在雅砻江中下游形成笮人中心区域[61]。

五　社会结构、生业模式等及其他

《史记·西南夷列传》记载笮人"其俗，或土著，或移徙"，"巴蜀民或窃出商贾，取其筰马、僰僮、牦牛，以此巴蜀殷富"。《汉书·地理志》记载"定筰，出盐"。《三国志·蜀志·张嶷传》也载："定筰，旧出盐铁及漆。"

关于笮人的社会结构、生业模式等，《老龙头墓地与盐源青铜器》做过较为全面的研究。老龙头墓地是经过正式考古发掘的墓地，透过它可以粗略窥视当地秦汉时期居民的丧葬习俗。老龙头墓地的墓葬皆为东西向，分布十分密集，未发现叠压或打破关系，说明该墓地在使用时可能经过精心的规划和安排。同一墓地的墓葬存在大、中、小三种不同的类型，不同阶层的墓室体量存在着明显差异，墓葬结构也不同。不同社会阶层的墓葬共存于同一墓地，相互没有打破关系，显示其为社会不同阶层的成员共同使用，是一处公共墓地。下葬时曾举行过宗教仪式，盛行"毁兵"的习俗[62]。

段渝先生据老龙头墓地的墓葬情况，提出笮都夷社会可以分为五个阶层，即部落首领、巫师、武士、平民、人殉，认为其已经达到复杂酋邦的水平[63]。龚伟综合文献和考古资料的分析古代笮人是以放牧为主，农耕为辅的经济生态。同时也认为，文献记载的笮侯、笮君、笮王实指笮人部落的首领，老龙头墓地的同族墓主之间出现了严重的社会分化，其社会结构应为复杂的酋邦社会状态。

笮以盐源盆地为核心地区，笮域内的交通状况十分复杂，支线众多，古道密布。笮处在边地半月形考古文化带西南枢纽点上，北可接河湟地区，南通滇及外域，东连邛，是古代南方丝绸之路整体构成的重要部分。

盐源地区有着发达的青铜文化，并已形成了区域中心。除了优越的生态环境和地理位置外，当地丰富的矿产资源可能是其中不容忽视的重要因素，古代至关重要的几种战略资源如盐、铜、铁、汞（丹砂）、金等在盐源都有丰富的蕴藏量。《盐源县志》载："后汉书县有盐者置盐官，有铁者置铁官，笮两者俱有"。

其中盐是盐源地区最早见于史籍记载的矿藏，早在汉代以前就已经开采。盐在区域文化中心的形成过程中扮演了重要的角色。促进了川西南地区文明的发展。这些因素使得该地区自古以来就称为盐业和民族研究者关注的焦点[64]。近十余年间，考古工作者在盐源地区多次进行专题考古调查与发掘，发现古代盐源境内盐井分布较为密集，印证了古代文献的描述。盐井或矿化点分布沿河呈带状分布，基本是以青铜文化聚集地为中心分布的，可见盐源青铜文化的中心与盐有着密切的伴生关系[65]。

铜矿分布点多，蕴藏量大，数量巨大、种类繁多的青铜器的发现则表明当地居民已经掌握了青铜冶炼与铸造技术，部分青铜器的制作工艺也比较复杂，包括了铸造、热锻、热锻后冷加工、铸造后加热以及外镀等各种制作技术。目前尚未在该地区发现冶炼和铸造青铜器的考古信息。从总体而言其铸造技术不高，其本土器物少见精美者，器物普遍制作粗糙。这可能反映出当时铸造者的冶铸水平在当时西南夷中当属水平不高的人群，而他们很可能更多的是扮演了原料输出者的角色[66]。盐源出土的某些周边青铜文化的典型器物也有可能是通过交换得来的，经常性的贸易和战争导致了大量来自其他地区文化因素在该区域的广泛存在，这些异质文化因素也是构成盐源青铜文化多元化面貌的一个原因和其重要的组成部分[67]。

除以上讨论热点外，民族学家陈宗祥先生曾对筰人部落的族称音义，筰含有"白"的意思，似为藏语词，由不弄、白狼等称音变的结果。作为《白狼歌》研究具有影响力的学者之一，他认为《白狼歌》中也反映了筰都夷的文化习俗以及与中原的政治、经济、交通的联系与文化交流。同时还在探讨筰都夷的雕刻与绘画艺术等方面进行了尝试[68]。

六 小结

自20世纪80年代以来，学者们从历史学、民族学、考古学等多学科研究方法对筰人展开积极的调查和研究，已取得了较为丰硕的成果。

1. 研究方法更多样，突破了传统的历史文献考证，与考古学、民族学调查相结合，同时引入语言学、宗教学等相关学科的方法以及科技手段，极大地拓宽了我们的研究思路和视野。如蒙默先生肯定

了语言的谱系分类法，是民族史家划分族系时常用的根据，即按语言的亲属关系划分为语系、语族、语支。语言上有亲属关系的民族，常常是有相近起源、相近传统、相近文化的民族。在史料缺乏的古代，又常以族系作为一个整体被当作研究的对象。族系的划分在古代民族的研究中是有重要意义的。龚伟引入族群客位论，补充考古学界的研究基本范式和民族史研究范式的不足之处。

2. 研究内容更广泛，除了传统历史学对筰人活动范围的讨论，还广泛涉及筰人的族属、文化遗存、变迁、生业模式、交通贸易、文化交流等。并进一步讨论经济生活、社会组织、宗教信仰、服饰发型、生活习俗。新的考古资料也为筰人的研究提供新例证，得以重新审视过往的研究成果和结论。

3. 研究的主体，由历史文献和民族志的考证和转向考古材料的观察和研究，探讨筰人的文化内涵、社会结构、宗教信仰和生业模式等。由于考古遗存中存在仅发现墓地而无遗址，半数以上的青铜文化器物多为征集等局限性，研究对象集中于盐源盆地的青铜文化及其典型的老龙头墓地，而对其他器物类别，该范围内其他墓地的讨论相对较少。

注释：

[1] 作者胡婷婷、许晓玉均为首都师范大学历史学院文物与博物馆学专业硕士研究生。

[2] 据字音字义考证，筰字更能反映民族生活环境。故除史书记载所引字不变，其余均写作"筰"。

[3] 〔西汉〕司马迁：《史记》卷一百一十六《西南夷列传》，中华书局2013年，第3601页。

[4] 侯绍庄：《〈史〉〈汉〉"西南夷传"比较研究》，《贵州师大学报》（社会科学版）1989年第2期。

[5] 〔西汉〕司马迁：《史记》卷一百一十七《司马相如列传》，中华书局2013年，第3668页。

[6] 〔西汉〕司马迁：《史记卷》一百一十六《西南夷列传》，中华书局2013年，第3607页。

[7] 〔南朝宋〕范晔：《后汉书》卷八十六《南蛮西南夷列传》，中华书局1965年，第2854页。

[8] 方国瑜：《中国西南历史地理考释》（上册），中华书局1987年，第13—14页；尤中：《中国西南边疆变迁史》，云南教育出版社1987年，第4页。

[9] 任乃强：《华阳国志校补图注》，上海古籍出版社1987年，第200页。

[10] 石硕：《汉代的"筰都夷"、"牦牛徼外"与"徼外夷"——论汉代川西高原徼之划分及部落分布》，《四川大学学报》（哲学社会科学版）2004年第4期。

[11] 尤中：《中国西南民族史》，云南人民出版社1985年，第61页；木芹：《两汉民族关系史》，四川民族出版社1988年，第40页。

［12］龚伟：《试谈战国秦汉时期筰人与牦牛关系》，《中华文化论坛》2014 年第 7 期；龚伟：《试论战国秦汉时期西南筰人迁徙》，《成都大学学报》（社会科学版）2014 年第 6 期；龚伟：《战国至汉晋时期"邛、筰"及同中央王朝关系研究》，四川省社会科学院硕士学位论文，2015 年。

［13］陈宗祥：《试论秦汉时期的"筰人"》，《西南师范大学学报》（哲学社会科学版）1989 年第 2 期。

［14］杨凌、罗亚平：《"邛"、"筜"分布区域考》，《南方民族考古》第 5 辑，四川科学技术出版社 1993 年，第 208 页。

［15］童恩正：《近年来中国西南民族地区战国秦汉时代的考古发现及其研究》，《考古学报》1980 年第 4 期；童恩正：《四川西南大石墓族属试探》，《考古》1987 年 2 期。

［16］刘弘：《筜人觅踪——初析"筜域"的考古学文化遗存》，《中国西南文化研究》2006 年总第 10 期。

［17］江章华：《对盐源盆地青铜文化的几点认识》，《成都考古研究（一）》，科学出版社 2009 年，第 416 页。

［18］童恩正：《近年来中国西南民族地区战国秦汉时代的考古发现及其研究》，《考古学报》1980 年第 4 期；童恩正：《四川西南大石墓族属试探》，《考古》1987 年第 2 期。

［19］童恩正：《试谈古代四川与东南亚文明的关系》，《文物》1983 年第 9 期。

［20］周志清：《滇西石棺墓与周边文化的关系》，《成都文物》2001 年第 3 期。

［21］凉山彝族自治州博物馆、成都文物考古研究所：《老龙头墓地与盐源青铜器》，文物出版社 2009 年，第 1 页；《盐源近年出土的战国西汉文物》，《四川文物》1999 年第 4 期；郎剑锋：《老龙头遗存的初步研究》，北京大学硕士学位论文，2006 年。

［22］林向：《四川西南山地盐源盆地出土的战国秦汉青铜树》，《华夏考古》2001 年第 3 期。

［23］刘弘、唐亮：《老龙头墓地与盐源青铜器》，《中国历史文物》2006 年第 6 期。

［24］凉山彝族自治州博物馆、成都文物考古研究所：《老龙头墓地与盐源青铜器》，文物出版社 2009 年，第 178—211 页；郎剑锋：《老龙头遗存的初步研究》，北京大学硕士学位论文，2006 年。

［25］刘弘：《若木·神树·鸡杖》，《四川文物》1998 年第 5 期；刘弘、王楠：《古代西南地区杖制考》，《四川文物》2009 年第 2 期；周志清、王昊：《四川西昌市发现两件铜杖》，《考古》2011 年第 9 期。

［26］赵德云：《西南夷地区出土青铜竿头饰研究》，《考古学报》2018 年第 1 期。

［27］乔苏婷：《南方地区所见早期铜杖头饰初探》，《四川文物》2018 年第 5 期。

［28］刘世旭：《四川盐源县出土的人兽纹青铜祭祀枝片考释》，《四川文物》1998 年第 5 期。

［29］林向：《四川西南山地盐源盆地出土的战国秦汉青铜树》，《华夏考古》2001 年第 3 期；林向：《中国西南地区出土的青铜树研究——巴蜀文化区树崇拜的源流》，《巴蜀考古论集》，四川人民出版社 2004 年，第 234 页；林向：《我国西南地区出土的汉魏青铜树——柱铢》，《考古与文物》2008 年第 2 期。

［30］林向：《"南方丝绸之路"上发现的"立杆测影"文物》，《四川文物》2007 年第 4 期。

［31］刘弘：《若木·神树·鸡杖》，《四川文物》1998 年第 5 期。

［32］郭物：《一人双兽母题考》，余太山主编：《欧亚学刊》第 4 辑，中华书局 2002 年，第 12 页。

［33］霍巍：《盐源青铜器中的"一人双兽纹"青铜枝形器及其相关问题初探》，《西南考古与中华文明》，巴蜀书社 2011 年，第 35—54 页；江章华：《对盐源盆地青铜文化的几点认识》，《成都考古研究（一）》，科学出版社 2009 年，第 415 页。

［34］李帅：《盐源出土人兽纹铜树形器渊源考》，《江汉考古》2016 年第 1 期。

［35］郎剑锋：《老龙头遗存的初步研究》，北京大学硕士学位论文，2006 年。

［36］霍巍、赵德云：《战国秦汉时期中国西南地区的对外文化交流》，第 42—43 页，巴蜀书社，2007 年。

［37］乔苏婷：《南方地区所见早期铜杖头饰初探》，《四川文物》2018 年第 5 期。

［38］信立祥：《汉代明器铜軺车考》，《中国历史文物》2003 年第 2 期。

［39］马今洪：《馆藏青铜案形器的研究》，《上海博物馆集刊》第 9 期，上海书画出版社 2002 年。

［40］童恩正：《我国西南地区青铜戈的研究》，《考古学报》1979 年第 4 期；霍巍、黄伟：《试论无胡蜀式戈的几个问题》，《考古》1989 年第 3 期。刘弘：《论蜀式戈的南传——西南地区青铜戈的再研究》，《四川文物》2007 年第 5 期；井中伟：《川渝地区出土铜戈及相关问题研究》，《边疆考古研究》第 5 辑，科学出版社 2007 年，第 70—99 页。

［41］刘祥宇：《试论盐源盆地的细长三角援无胡戈》，《成都考古研究（三）》，科学出版社 2016 年，第 163 页。

［42］ 施劲松：《从西南地区出土的青铜鸡看家鸡起源问题》，《考古与文物》2014 年第 4 期。

［43］ 钟雅莉：《盐源青铜艺术初探》，《中华文化论坛》2002 年第 4 期。

［44］ 崔剑锋、吴小红、周志清、江章华、刘弘、唐亮：《四川凉山州盐源县出土青铜器分析报告》，《南方民族考古》第 6 辑，科学出版社 2010 年，第 217—234 页。

［45］ 王文君、李晓岑、覃椿筱、刘弘：《四川盐源地区出土青铜钺的科学分析》，《广西民族大学学报》（自然科学版）2013 年第 2 期。

［46］ 林怡娴、〔德〕Thilo Rehren：《凉山州博物馆藏盐源征集费昂斯串珠的考察》，《四川文物》2017 年第 6 期。

［47］ 童恩正：《试论我国从东北至西南的边地半月形文化传播带》，童恩正《南方文明》，重庆出版社 1998 年，第 362—393 页。

［48］ 凉山彝族自治州博物馆、凉山彝族自治州文物管理所：《一个考古学文化交汇区的发现——凉山考古四十年》，科学出版社 2015 年，第 509—594 页。

［49］ 凉山彝族自治州博物馆、成都文物考古研究所：《老龙头墓地与盐源青铜器》，文物出版社 2009 年，第 194—196 页。

［50］ 童恩正：《试谈古代四川与东南亚文明的关系》，《文物》1983 年第 9 期。

［51］ 徐学书：《岷江上游石棺葬文化与滇文化、滇西青铜文化关系探讨》，《中华文化论坛》2001 年第 3 期。

［52］ 周志清：《滇西石棺墓与周边文化的关系》，《成都文物》2001 年第 3 期；石应平：《盐源地区的民族变迁与笮文化》，《中华文化论坛》2002 年第 4 期。

［53］ 江章华：《对盐源盆地青铜文化的几点认识》，《成都考古研究（一）》，科学出版社 2009 年，第 404—416 页。

［54］ 杨丽华：《盐与古代区域文化中心的形成——以盐源为视角》，《中华文化论坛》2013 年第 11 期。

［55］ 蒙默：《试论汉代西南民族中的"夷"与"羌"》，《历史研究》1985 年第 1 期。

［56］ 陈宗祥：《试论秦汉时期的"笮人"》，《西南师范大学学报》（哲学社会科学版）1989 年第 2 期。

［57］ 石应平：《盐源地区的民族变迁与笮文化》，《中华文化论坛》2002 年第 4 期。

［58］ 段渝：《四川通史·先秦卷》，四川人民出版社 2010 年，第 443、450 页。

［59］ 龚伟：《试谈战国秦汉时期笮人与牦牛关系》，《中华文化论坛》2014 年第 7 期。

［60］ 刘弘等《笮人觅踪》，《中国文物报》2001 年 12 月 14 日第 4 版；刘弘、胡婷婷：《青铜矿产资源与西南夷社会结构和多民族分布格局》，《中华文化论坛》2014 年第 7 期。

［61］ 龚伟：《试谈战国秦汉时期笮人与牦牛关系》，《中华文化论坛》2014 年第 7 期；龚伟：《试论战国秦汉时期西南笮人迁徙》，《成都大学学报》（社会科学版）2014 年第 6 期；龚伟：《战国至汉晋时期"邛、笮"及同中央王朝关系研究》，四川省社会科学院硕士学位论文，2015 年。

［62］ 凉山彝族自治州博物馆、成都文物考古研究所：《老龙头墓地与盐源青铜器》，文物出版社 2009 年，第 179 页；周志清：《盐源青铜文化中的"毁兵"习俗刍议》，《成都文物》2015 年第 3 期。

［63］ 段渝：《西南酋邦社会与中国早期文明——西南夷政治与文化的演进》，商务印书馆 2015 年，第 211 页。

［64］ 李绍明：《少数民族对开发盐源盐业的贡献》，《李绍明民族学文选》，四川人民出版社 2004 年，第 812—819 页；方国瑜：《幺些民族考》，《西南民族研究论文选》，四川大学出版社 1991 年，第 262—280 页；张增祺：《中国西南民族考古》，云南人民出版社 1990 年，第 80—95 页。

［65］ 杨丽华：《盐与古代区域文化中心的形成——以盐源为视角》，《中华文化论坛》2013 年第 11 期；周志清：《盐之于盐源青铜文化的观察》，《东方考古》第 12 集，科学出版社 2016 年，第 185—194 页。

［66］ 四川成都文物考古所：《四川盐源县古代盐业与文化的考古调查》，《南方文物》2011 年第 1 期。

［67］ 周志清：《南丝路上的早期金属工业》，《中华文化论坛》2012 年第 2 期。

［68］ 陈宗祥：《试论秦汉时期的"笮人"》，《西南师范大学学报》（哲学社会科学版）1989 年第 2 期。

朴趾源《书李邦翼事》所见中国史料初探

姚诗聪（韩国岭南大学）

内容摘要：朴趾源《书李邦翼事》是朝鲜时代漂海录文献中提及台湾的重要作品，故对于台湾研究极具研究价值。作为"异域之眼"——"从别国（韩国）看中国"视角的重要文献，《书李邦翼事》亦包含着台湾之外中国其他地方的珍贵史料。更重要的是，它体现着观察中国的李邦翼、朴趾源的主体性，乃至于其所处朝鲜的时代特性，还有韩国异于中国的差异性，故该文献重要的学术意义不言而喻。

关键词：朴趾源 《书李邦翼事》"异域之眼" 台湾文学影响 朝鲜时代 民族意识

1796 年（清嘉庆元年，朝鲜正祖二十年）农历九月二十一日，济州武将李邦翼由济州岛乘船出发，同行八人，目的地是汉城，不料途中遭遇大风，于十月初六日漂流到澎湖。李邦翼一行人在澎湖停留了十余天后被护送到台湾，再转至厦门，经闽浙苏鲁诸省到达北京，最后经由辽阳，于次年闰六月回到汉城，水陆行程总计约一万二千四百（朝鲜）里（2.54 朝鲜里相当于 1 公里[1]，故即约 4900 公里）。回国后朝鲜正祖特别召见了李邦翼，询问其所见到的山川风俗，并命时任沔川郡守的朴趾源记录其事，于是遂有《书李邦翼事》一文。朝鲜时代记载因航行意外而漂流到中国经历的漂海录文献中，提及台湾的作品可谓屈指可数，而作为汉文散文的《书李邦翼事》便是其中的重要作品之一，故对于台湾（学）研究极具研究价值。除朴趾源《书李邦翼事》之外，提及台湾的朝鲜时代漂海录文献还有郑运经《耽罗闻见录》[2]。同时作为"异域之眼"——"从别国（韩国）看中国"视角的重要文献，《书李邦翼事》其中亦包含着台湾之外的中国其他地方的珍贵史料，同样史料价值较高。除此之外，更重要的

是其中亦体现着观察中国的李邦翼、朴趾源的主体性，乃至于其所处朝鲜的时代特性，还有韩国异于中国的差异性，故该文献重要的学术意义不言而喻。大陆学界对于《书李邦翼事》不多的研究基本皆是从其作为"异域之眼"文献对于中国研究的意义的视角展开研究[3]，而对于其中所体现着的作为主体观察中国的李邦翼乃至于其所处朝鲜的时代特性，还有韩国异于中国的差异性罕有涉及，故本文除了从固有视角之外，亦从此重要视角出发，对其试做初步探究。

一 朴趾源其人

《书李邦翼事》一文的作者朴趾源，是韩国文学史上的卓然大家，生于 1737 年（清乾隆二年，朝鲜英祖十三年），卒于 1805 年（清嘉庆十年，朝鲜纯组五年），字仲美，号燕岩，是朝鲜时代后期实学派的代表人物之一，也是一系列向往社会改革的短篇小说的作者。

朴趾源本贯潘南朴氏，其本贯地在今天韩国全罗南道罗州市，生于汉城。潘南朴氏是朝鲜时代后期著名的门阀世族，与安东金氏、丰壤赵氏、丰山洪氏、大邱徐氏、延安李氏并为六大门阀。名人辈出，朝鲜中期文臣、学者朴世采、朴世堂，朝鲜末期文臣、开化思想家朴珪寿，大臣朴定阳，政治家、开化党及亲日派代表人物、韩国国旗的设计者朴泳孝皆出于此门[4]，而其中在韩国文化史上最著名的人物则非朴趾源莫属。

朴趾源虽出身名门，但其出生时家道中落。母亲咸平李氏，并非显族，且幼年丧父，由祖父朴弼均抚养成人。朴弼均刚直不阿，廉洁不苟，家境清贫。朴趾源受其祖父的良好教育，年轻时就刻苦攻读，遍读经史子集。但由于他耿介孤高，不愿与一

般儒生和官场人物周旋，人到中年，仍无一官半职，生活贫困潦倒。43 岁时才任开成留守之职，1780 年（清乾隆四十五年，朝鲜正祖四年），其堂兄朴明源（1725—1790）被任命为赴清朝祝贺乾隆皇帝七十寿诞的"入燕使节团"正使，他作为随行人员到过北京、热河等地。回国之后，写下了他在中国的所见所闻，即《热河日记》，是其平生最著名的作品。62 岁时，他将其论述农业问题的农书《课农小抄》献于正祖，深得嘉奖。63 岁当过襄阳府使，为官清正廉洁。后告老归里，专事著作，直至去世（图一）。

图一　（朴趾源后孙）所藏 박찬우
（朴趾源之孙）所作《朴趾源肖像》

朴趾源在哲学上具有一定程度的唯物主义思想，且具有民主主义倾向，主张改革社会经济。朴趾源在文学上的主要贡献是他的短篇小说。他创作了 10 余篇小说，是朝鲜时代的短篇小说大家。在美学思想上，他反对形式主义，反对盲目追随中国古典诗文，可见其高涨的民族意识。他进行文学创作的主要目的是宣传自己的社会改革思想，其作品的主题往往是社会现实生活中十分重要的、根本性的问题。在其著作《放琼阁外传》《热河日记》中，皆可看到 18 世纪朝鲜社会某些阶层的人物形象[5]。

朴趾源之所以能受命写作《书李邦翼事》，一方面固然是出于朝鲜正祖对其杰出文采的肯定，另一方面应与其曾访问中国的人生经历以及对于中国文化的熟稔密切相关。《书李邦翼事》不但叙写了李邦翼的遭遇，更强调补充说明以及考察李邦翼异国经验的虚实。朴趾源在其中采用了大量的史料和传说，以显示其自身的博学多闻[6]，不过也确实体现出其对于中国文化的了如指掌、极为熟稔，这才是其之所以能奉命写作《书李邦翼事》的根本原因。也正是得益于此，《书李邦翼事》之中才会包含着诸多有关中国地方的珍贵史料，因此而研究意义不凡。

二　李邦翼其人

《书李邦翼事》一文的主人公李邦翼，若不是因为他因遭遇大风而意外漂流到中国的人生传奇经历，以及题名为李邦翼所著、以韩文混合汉字书写的歌词——《漂海歌》，还有朴趾源的这篇汉文散文《书李邦翼事》，或许在历史上也就不会留下他的名字，可见正是得益于此，李邦翼这一历史小人物才被历史记住，历史充满偶然性可见一斑。李邦翼漂流到澎湖的意外人生经历，不仅是他本人的人生幸事，也是古代韩台交流史上的幸事，由此而产生的《漂海歌》《书李邦翼事》等作品中记载着关于台湾的重要史料，史料价值较高，因此《书李邦翼事》成为朝鲜时代漂海录文献中屈指可数的提及台湾的珍贵作品之一，故其经历更是台湾（学）研究的幸事。《漂海歌》《书李邦翼事》之中虽也包含着有关中国其他地方的珍贵史料，但毫无疑问，其对于台湾（学）研究的意义才最大。因此，可以说，李邦翼漂流到澎湖的意外人生经历的最大意义即是对于台湾（学）研究而言的。

李邦翼，济州人，本贯星州李氏[7]，其乘船出发时的官职是忠壮将。关于李邦翼的其他信息，《书李邦翼事》中记有：

> 邦翼年四十一，登甲辰武科，拜守门将，升武兼宣传官。以试射居首，特升资。邦翼之召见也，以壮游劳苦，特除全罗道中军，以荣

其归。[8]

根据朴趾源行历可知，《书李邦翼事》一文写于1797年（清嘉庆二年，朝鲜正祖二十一年），即李邦翼生于1757年（清乾隆二十二年，朝鲜英祖三十三年），比朴趾源整整小出二十岁，有一代之差。"登甲辰武科"即1784年（清乾隆四十九年，朝鲜正祖八年）武科及格，先后担任守门将、升武兼宣传官、忠壮将，归国后升任全罗道中军。

除此之外，对于李邦翼之父朴趾源以小说笔法娓娓道来：

> 邦翼父前五卫将光彬，曾赴武举，涉海漂至日本之长崎岛。番舶凑集，市里繁华。有一医士延光彬至其家，款待劝留。光彬坚请归国。医士引入内堂，出妖娇少娥，使拜光彬曰："吾家累千金，无一个男，只有此女，烦君为吾女婿，吾老且死，千金之财，君所有也。"睇其女，齿白如霜，未染铁汁，果是室女也。光彬大言曰："弃其父母之邦，耽慕财色，投属异国，犬彘之不若也。且吾归国登科，富贵可得，何必君之财与君之女哉！"医士知其无可奈何，而遣还云。光彬虽是岛中武弁，毅然有烈士之风，其父子远游异国，亦可异也。[9]

李邦翼之父李光彬亦为武将，可见其家族可谓武将世家。李光彬曾漂海至日本长崎，而李邦翼曾漂海至中国澎湖，父子两人的人生都拥有传奇的漂海经历，在当时的时代背景下绝对实属罕见，堪称佳话。日本和中国，一东一西，朝鲜的两大邻国，这对武将父子能有幸亲临异域，观其山川，览其风俗，并最终平安归国，实在是上苍阴佑与眷顾的结果，无疑是生命中的幸事，尤其是李邦翼漂流至澎湖的人生经历意义不凡，在韩台古代交流史上占有一席之地，因之产生的《漂海歌》《书李邦翼事》等作品中的珍贵史料对于台湾（学）研究意义尤为重大。朴趾源之所以要用小说笔法叙述李邦翼之父李光彬曾漂海至日本长崎的经历，一方面是为了渲染李邦翼家族的传奇色彩，另一方面，对于李光彬不为异国财色所动、慨然婉拒招婿的做法给予"毅然有烈士之风"的评价亦可突显李邦翼家族的家风传统，旨在美化李邦翼的血统与性格。无论朴趾源叙述的关于李邦翼之父李光彬的经历的真实性与否，其写作目的与初衷都不难想象[10]。

三 朴趾源《书李邦翼事》中的中国史料所见清中期城市样貌

李邦翼一行人漂流到澎湖后被马宫衙门派船送至台湾府（台南），这是他们在中国遇见的第一座城市。

> 以两大船分载，西南向二日，到台湾府北门外下陆。繁华壮丽，楼台夹路，夜张琉璃灯，通明如昼。又有异鸟，驯之彩笼，知更而鸣。[11]

李邦翼回奏的船行方向有误，应是东向，而非西南向。李邦翼一行人从台湾府北门下船，见到的是一派繁华景象的台湾府城，街市壮丽，楼台林立，夜晚灯火通明，好似不夜城，不难想象出摩肩接踵、人声鼎沸的盛况，可见台湾府城商业发达、人民安乐，令人不由心生向往。更何况还有明显带有祥瑞寓意的异鸟，更加衬托出台湾府城的繁华与安乐，以及海晏河清的盛世滋生之景。从当时台湾的人口亦可印证台湾的繁荣与兴旺。据《嘉庆重修一统志·台湾府》载：

> 今滋生男妇大小共一百七十八万六千八百八十三口，计二十二万四千六百四十六户。

而根据台湾学者唐立宗的整理与编绘，如下图所示[12]（图二）。

嘉庆十六年（1811），台湾地方当局曾查照各县厅保甲门牌，核实土著流寓共计1944737，这可视为全台汉人的人口数。至光绪十九年（1893），台湾建省后三府十一县三厅一州的人口数，共计2545731[13]（图三）。晚清台湾的人口密度就是置于全中国也属位居前列，西部自不必说，就是置于东

图二　嘉庆十六年（1811）各县人口数

丽岛"来形容才是真正的当之无愧、名副其实，用惯用语"天府之国"来形容也丝毫不为过。

图三　光绪十九年（1893）各县人口数

部亦堪称翘楚。人口的繁盛在一定程度上便足以反映出社会经济发展的繁荣状况。而明清以来综合实力向来位居中国第一的江苏省，在距离1893年最近的1911年（清宣统三年），编户也不过只有三百二十一万三千四百八十三，人口也只有九百三十五万六千七百五十五，和江苏常常齐名并举的浙江省，也是在1911年（清宣统三年），编户也不过只有三百八十八万八千三百一十一，人口有一千六百一十四万九千四百五，人口密度都只是略大于台湾的人口密度。故从人口的繁盛状况来看，再加上台湾十分优越的自然地理条件，嘉庆时期台湾繁荣兴旺的景象不难想象。从1683年（清康熙二十二年），清政府将台湾岛纳入版图后于第二年设立台湾府，隶属于福建省布政使司。至李邦翼一行人的漂流澎湖之行的1796年（清嘉庆元年），已过去百余年。台湾经过清政府的不断开发、经营和治理，才最终出现了与内地无异，台湾府城甚至胜于内地名都大邑的繁荣景象。可以说此时的台湾用"宝岛"或"美

台湾府（台南）之后，有城市景观样貌描写的城市还有杭州、苏州、镇江，在此以杭州为例。从李邦翼自述的行迹可见，其在各地参观最多的便是寺庙，如宝华寺、法海寺，在杭州他又去了位于北关的大善寺，在苏州又去了寒山寺、虎丘寺。他眼中杭州的城市景观是：

> 至杭州府北关大善寺。山川之秀丽，人物之繁庶，楼台之侈壮，目不暇给。大船缥缈，妓女数辈，游戏船头，环珮琅然。[14]

自然景观是属于江南地域景观的山川秀丽，人文景观是人口的繁盛、楼台的奢侈壮丽、社会经济的富庶，令李邦翼赏心悦目，不由目不暇接。还有远处藏在薄雾缥缈之间的大船，上有妓女数人，在船头嬉戏，身上的佩玉发出清朗的声音，好不风雅快活。看来李邦翼与之相距也不会太远，不然也就

不会记得如此清晰。杭州在作为都城临安的南宋时代便早已是青楼妓院盛行，而此时的杭州妓女形象更是与当下妓女物欲横流的拜金形象形成了再鲜明不过的对比，不能不教人徒生哀叹。只寥寥数语，便把杭州城的秀丽、富庶与繁华描绘得淋漓尽致。和李邦翼眼中的台湾府都是一派盛世景象，应当说是有过之而无不及，因为杭州实在是无愧于那句世人皆知的"上有天堂，下有苏杭"的美誉，令人能不心生神往，恨未能生与共之。《书李邦翼事》中描写的杭州城市景观样貌，难免不会令人联想起那首同样是描写杭州、有着异曲同工之妙的名作《望海潮·东南形胜》：

> 东南形胜，三吴都会，钱塘自古繁华。烟柳画桥，风帘翠幕，参差十万人家。云树绕堤沙，怒涛卷霜雪，天堑无涯。市列珠玑，户盈罗绮，竞豪奢。
>
> 重湖叠巘清嘉，有三秋桂子，十里荷花。羌管弄晴，菱歌泛夜，嬉嬉钓叟莲娃。千骑拥高牙，乘醉听箫鼓，吟赏烟霞。异日图将好景，归去凤池夸。

四 朴趾源《书李邦翼事》中的中国史料所见中国文学在朝鲜的影响

朴趾源在《书李邦翼事》中对于李邦翼苏州行迹及见闻的补充说明中除了提及苏州的繁华富庶之外，还谈到了寒山寺：

> 寒山寺，以寒山、拾得尝止此，故名。东人惯听张继诗"姑苏城外寒山寺"一句，到处必以此题品。失之摹拟，而至于真寒山真姑苏，则从未有身到此地者。[15]

其中提到了寒山寺的得名缘由，即与唐代高僧寒山、拾得有关，还提到了唐代著名诗人的张继的名作《枫桥夜泊》在域外朝鲜有着巨大的影响力，竟然到了处处品评、人人模仿的疯狂地步，虽然难免有夸张虚美的成分在其中，但是足见朝鲜文人的

慕华心理以及诗人张继在朝鲜的文学影响力之大。对于朝鲜汉文学的发展而言，中国是其一直尊崇学习的老师。朝鲜汉文学创作水平的评判标准和学习模仿对象便是中国文人的作品。举韩国古近代文学最重要的文学形式——汉诗为例，韩国汉诗不仅在诗歌格律体式上一依中国，而且在语言运用和技巧方法上与中国诗歌血肉相连，甚至在使事用典和诗歌风格方面也着意与中国诗歌靠近。韩国汉诗深受中国诗歌思潮、流派影响，与中国诗歌的发展脉络大体一致，如"三唐诗人"崔庆昌、白光勋、李达受明代复古派影响，贬宋尊唐[16]。张继名作《枫桥夜泊》在朝鲜之所以被竞相模仿品评，其实这是与当时朝鲜诗坛的文学思潮密切相关。从诗的风格上看，李邦翼、朴趾源所处的这个时期朝鲜诗坛产生了由宋诗诗风转向唐诗诗风的倾向[17]。而之所以会产生这样的文学思潮，应是受到了清朝自王士祯、沈德潜以来中国诗坛的文学思潮影响。最后还说朝鲜人中还从未有人到过苏州、到过寒山寺，实则谬矣。博学多闻、对于中国文化极为熟稔的朴趾源竟然不知在元延祐六年（1319）秋，韩国古代三大诗人之一的李齐贤就曾陪同高丽忠宣王到江南拜佛，期间就到过苏州，有《姑苏台和权一益用李太白韵》等诗为证[18]，实在令人不由讶异。

李邦翼在苏州的行迹，《书李邦翼事》中记有：

> 自杭州六日至苏州。西有寒山寺，黄瓦四十间也。知县王公设馔款待，使之游赏。舟行十里至姑苏台。又三十里有岳阳楼，以铜为柱，窗户厅版皆用琉璃。为之凿池于厅底，养五色鱼。前望洞庭还。又至虎邱寺，天下第一大寺云，七级浮图，望见无际。[19]

李邦翼在苏州先后游览了寒山寺、姑苏台、岳阳楼、虎丘寺等名胜古迹，其中的岳阳楼令人不由疑惑。众所周知，岳阳楼是在湖南岳阳而非苏州，然而此处也并非是李邦翼的记忆有误，而是与中国文学在朝鲜的影响有关。朴趾源认为李邦翼是误将

苏州太湖中的东洞庭认为即湖南的洞庭湖，而岳阳楼只是苏州城西门楼的名称而已：

> 而其曰岳阳楼者，殆如说梦。盖太湖有东洞庭之名，中有包山，又名洞庭山。以此洞庭之名，遂冒岳州城西门楼之称，则太径庭矣。[20]

其实也不见得就是李邦翼的误认，因为从李邦翼回答正祖提问的奏答自述来看，他的汉文化修养并不算低，故绝无可能不知道真正的洞庭湖、岳阳楼是在湖南而非苏州，且李邦翼当然知道他身处的是苏州，绝不可能以为自己是身在湖南，两地之间相距一千多公里，但还要依然说自己到的是洞庭湖、岳阳楼，一方面是因为苏州确实是有与之重名的地名，另一方面，更重要的是因为受到中国古典文学中有关湖湘地区甚至是荆楚地区的文学意象的影响，让其觉得自己身处的仿佛就是湖南的洞庭湖、岳阳楼。在其明知自己是在苏州的情况下还要坚称，足见其深受中国古典文学中有关湖湘地区甚至是荆楚地区的文学意象的影响之深。在李邦翼《漂海歌》关于其在中国旅程的叙述中甚至出现了之如"潇湘江"、"赤壁江"等实际上并不存在但显然是与湖湘荆楚地区相关的地名，除此之外，还提到了确实存在于湖湘荆楚地区的苍梧山（九嶷山）、巫山十二峰、三国古战场等地点。在《漂海歌》中，李邦翼花了相当多的篇幅描写湖南的风光，关于"潇湘"、"洞庭湖"、"苍梧山"等文学、文化意象，例如二妃的竹上怨泪、"潇湘八景"之一的"烟寺暮钟"都有出现，可见虽然作为武将却汉文化修养不俗的李邦翼对于"潇湘八景"等中国古典文学中有关湖湘地区的文学意象是比较了解的[21]。又如"两岸渔矶红桃花"更是像极了唐人张旭的诗作《桃花溪》：

> 隐隐飞桥隔野烟，石矶西畔问渔船。桃花尽日随流水，洞在清溪何处边。

《漂海歌》中有关中国湖湘地区甚至是荆楚地区的文学意象，很有可能是来自于朝鲜时代流行于全罗道地区的民间说唱艺术——盘索里[22]，而李邦翼正是全罗道济州人氏。除此之外，李邦翼在《漂海歌》中之所以会对中国的湖南地区表现出非同一般的兴趣、花了相当多的篇幅描写湖南的风光，笔者推测应与其是作为湖南（全罗道地区）[23]人氏亦存在一定联系，而这便是其与中国湖南地区的文化联系与因缘所在。

五 朴趾源《书李邦翼事》中的中国史料所见朝鲜时代的民族意识

朴趾源在《书李邦翼事》中补充说明澎湖岛的情况时，对于澎湖岛历史有所介绍：

> 旧属同安县。明季，因地居海中，人民散处，催科所不能及，乃议弃之。后内地苦徭役，往往逃于其中，而同安漳州之民为最多。及红毛入台湾，并其地有之，而郑成功父子复相继据险，恃此为台湾门户。[24]

当提到荷兰殖民台湾时，朴趾源是用"红毛"来称呼荷兰，这是沿袭了中国和日本对于荷兰的称谓。红毛原指红色羽毛，出自唐代崔珏《和友人鸳鸯之什》："翠鬣红毛舞夕晖，水禽情似此禽稀。"用本是用来形容动物甚至是禽兽的"红毛"来称呼荷兰，一方面是因其外貌特征所致，但更多程度上，不难看出，是带有明显文化歧视色彩的蔑称。朴趾源用此来称呼荷兰，体现的是显而易见、一览无遗的朝鲜人所共有的"华夷观"思想与根深蒂固的文化自豪和优越感，而这体现的正是朝鲜人日益高涨的民族意识。不仅朝鲜人，这种思想和心理在同时代同处于汉字文化圈中的中国人、日本人之中同样根深蒂固地存在。在下文对于台湾的补充说明中出现的次数更多：

> 安平镇城在一昆身之上。昆身者，蕃语沙堤也。东抵湾街渡头，西畔沙坡抵大海，南至二昆身，北有海门原，红毛火版船出入之处。按一昆身，周回五里。红毛筑城用大砖、桐油和石灰共捣而成。城基入地丈余，深广亦一二

丈。城墙各垛俱用铁钉钉之，方圆一里，坚固不可坏。东畔设屋宇市肆，听民贸易。城内屈曲如楼台，下上井泉，咸淡不一。另有一井，仅小孔，桶不能入，水从壁上流下。其西南畔一带原系沙墩，红毛载石坚筑，水冲不崩。

赤嵌城亦系红毛所筑，在台湾海边，与安平镇相向，其城方圆不过半里。鸡笼淡水小城也，红毛筑之以防海飘，然利于南风，不利于北风。[25]

在不长的篇幅中，"红毛"共计 6 次，不可谓不多，足以说明朝鲜人所共有的"华夷观"思想与文化自豪和优越感之根深蒂固，以及朝鲜人日益高涨的民族意识之强烈。

朝鲜时代朝鲜人的民族意识主要针对的并不是包括荷兰在内的西洋，也不是在文化上素来持有的是蔑视态度、与之因为壬辰倭乱而结下血海深仇的东邻日本，而是与之无论政治、经济还是文化方面的关系都最为紧密的宗主国——中国，在《书李邦翼事》中亦有明显的体现：

按漳州有新罗县，唐时新罗入贡之地。又云新罗侵吴越，画地而居之，则泉漳之间遗俗之略同于我人，无足怪者。至见衣服而流涕者，可见犹有思汉之心也。[26]

其中的"新罗侵吴越"则明显是受到了崔致远《上大师侍中状》中记载的影响：

高丽百济全盛之时，强兵百万，南侵吴越，北扰幽燕齐鲁，为中国巨蠹。

只不过是把主语由高句丽、百济换成了新罗，由此足见朝鲜时代新罗—高丽—朝鲜的历史脉络思想，即认为朝鲜是继承了高丽的统治正统性，高丽是继承了统一新罗的统治正统性，即认为新罗是朝鲜的文化之源。无论是韩国历史上三国时代的任何一国都绝无可能南侵吴越，这是再清楚不过、毫无悬念的历史常识问题，没有任何争辩的意义可言。

崔致远的说法显然是过于荒谬、不值一驳的无稽之谈，只是其自我毫无根据的臆想，用是对于历史的意淫来形容并不为过，体现的是他高涨的民族意识。崔致远也未必见得就真的如此认为，但却依然要如此记述，只能理解为是为了满足他强烈民族意识的虚荣心，更可见其高涨的民族意识。而相距近九百年的朴趾源却依然深受此说法的影响，并坚信不疑，由此可见他也同样拥有强烈的民族意识。不仅朴趾源，金富轼亦深受此说法的影响才会将其引述到《三国史记·崔致远传》之中，朝鲜时代史书《增补文献备考》亦肯定此说法，该说法的影响直到当代都依然存在[27]，足见其影响之深远与巨大，背后反映的是韩国从新罗时代至今一直都强烈存在的民族意识。近年来，韩国因为过度去中国化而出现了一系列意淫历史的不耻行径，尤其是体现在电影、电视剧、教科书及历史地图之中。可以说，韩国人因为强烈高涨的民族意识、无比膨胀的民族主义而对于历史的意淫行径是有源可溯的，至少是可以追溯到崔致远这里。而所谓的韩国与中国争夺历史文化名人、历史文化遗产所属的诸多媒体报道早已被证实多是别有用心、不怀好意的极端媒体及厌韩网民的故意捏造丑化而已。正是在强烈民族意识的影响和驱使下，朴趾源才会认为"则泉漳之间。遗俗之略同于我人。无足怪者"。泉州漳州或许存在与朝鲜相似的风俗，也极有可能就是与新罗与之历史上的交流往来有关，是两者文化交流的产物和结果，但是毫无疑问显然是与所谓"新罗侵吴越，画地而居之"的历史意淫无关。若论相似性，古代朝鲜半岛和中国存在文化联系或者相似性的地区又何止福建，不止沿海地区的山东、江苏、浙江，包括内陆的四川、重庆、湖北、湖南、陕西、甘肃等地甚至可以说是中国全境的所有省级行政区划单位，都能发现朝鲜半岛与之存在或多或少、或隐或现的文化联系或者相似性的地方，而这些联系、相似性基本上皆是文化交流的产物，而非政治统治的结果。

"至见衣服而流涕者。可见犹有思汉之心也"，是说福建当地人见到李邦翼一行人所着明显带有

"明朝遗制"的衣服时都会悲伤流泪，是因为他们依然怀着思念明朝的故国之心。来自朝鲜的李邦翼一行人身着的是依存中华之制的前朝服色、旧日衣冠，触动了他们深藏于心底的民族历史记忆和黍离之思，这是一种反应，在李邦翼自述中也有体现："或着我人衣服，而相视流涕。"另一种截然不同的反应是"或有抱衣归，示其家人而还曰，爱玩传看云"，明显带有他们见到稀罕物时感到陌生好奇所以要把玩传看的意蕴，体现出这些人对于本来属于汉族的衣冠却已经不太熟悉了，因为时间会磨灭记忆。李邦翼一行人的漂流澎湖之行距离明朝灭亡，已经过去了150余年之久，汉族中国人已经习惯了大清王朝，潜藏的民族情绪虽然还在心灵深处，但生活的习惯和惰性已经使人不太容易唤起原本的历史记忆[28]。对于这部分"爱玩传看"者而言，不是说他们就没有民族情绪，历史记忆也不见得就真的丧失殆尽，只是他们隐藏得比前者更加隐蔽，压抑得更加不易发现，对于历史记忆的唤醒更加不易而已。类似上述清朝人见到身着前朝服色、旧日衣冠的朝鲜人时的反应，大都无外乎是此两类表现，或羡慕惭愧悲伤落泪，或觉得新奇陌生甚至是嘲笑讥讽，在清代的朝鲜燕行录文献中可谓比比皆是、屡见不鲜、数不胜数，体现的无非是朝鲜人强烈高涨的民族意识。有关清朝人见到朝鲜人衣着时的反应的记录在燕行录中出现的次数越多，便越足以说明朝鲜人民族意识之强烈。

明清易代后，朝鲜人对于在其华夷观中向来属于夷狄的清朝统治下的中国文化上带有根深蒂固的蔑视，对于清朝的种族歧视偏见使得他们认为"今天下中华制度，独存于我国"[29]，当仁不让地把自己想象成了中华文明的正宗，自己才是中华，总觉得自己比起清朝来，中华文化的血脉更为纯正[30]，而清朝统治下的中国"四海之内，皆是胡服，百年陆沉，中华文物荡然无余"[31]。其实无非是站在自己的立场上，用自身的文化优势去和清朝的劣势相比，只为满足自己根深蒂固的文化自信与优越感的虚荣心，而这背后包含的自是其强烈高涨的民族意

识。有时还是朝鲜人对于清朝汉人对自己衣着观感的主动询问，如乾隆三十年（1765年），35岁的洪大容（1731—1783）随朝鲜使节团出使清朝，到达北京之后，照例在正月初一盛装去朝拜皇帝。朝拜之后，走出午门，有很多好奇的人围观。这时，"有两官人亦具披肩品帽戴数珠，观良久不去"。洪大容觉得很诧异，便上前询问："老爷熟看我们何意？"这两人笑容可掬地回答："看贵国人物与衣冠。"洪大容追问道："我们衣冠比老爷如何？"两人都笑而不答[32]。不难看出，包含在这追问之后的根深蒂固的文化自信与优越感，实则是强烈高涨的民族意识。朝鲜人不仅喜欢询问清朝汉人对于看见自己衣着的观感，更喜欢询问清朝汉人为何不穿前代衣服，同样比比皆是，如康熙六十年（1721），俞拓基在通州碰到赴京考试的彭氏兄弟，当他问到你们是汉人，知不知道明朝冠服，为什么不穿前代衣服的时候，这两个二十余岁的汉族文人回答是"迫于势"，即无可奈何。经过血雨腥风，正如彭氏兄弟所言，在清朝的高压统治下，谁又能不剃头变服呢？"其势不得不然"[33]。朝鲜人次次询问清朝汉人为何不穿前代衣服的原因时，基本上得到的都是"从俗""遵时"之类的回答，其实表达的无非都只有一个意思，即无可奈何[34]，在权势的威逼下，渐渐只好服从权力，改服剃发，随着时间的流逝，不断消磨曾经深刻的历史记忆，直到生活的习惯和惰性已经使人不太容易唤起原本的历史记忆。朝鲜人次次得到的都是几乎一致的答案，可见他们是在明知道答案的情况下却还是要故意执着地询问，只为满足自己根深蒂固的文化自信与优越感的虚荣心，而这背后包含的自是其强烈高涨的民族意识，也难免会给人以强烈的得理不饶人、心胸狭隘甚至是小人得志之感，揪住清朝汉人的小辫子不放，显得极不礼貌、不近人情，不难察觉其中暗含着数落戏弄、想看清朝汉人出丑尴尬的阴暗心理。而之所以执着询问，除了民族意识的主要原因使然之外，也与朝鲜人要比中国人更加顽固地恪守程朱理学的缘故有关，换言之，朝鲜人比中国人更认死理，他们一旦认准了一个真理，

常常会义无反顾，不像中国人那么容易动摇[35]。通俗地说，便是更一根筋，今天的韩国人亦然。朝鲜人热衷于在明知答案的情况下还要故意询问清朝汉人为何不穿前代衣服的原因，其中包含着对于汉人在清朝权势的威逼下最终选择向威权屈服、改服剃发的数落、嘲讽与戏弄，是对清朝汉人的道德伦理批判，而他们便都成为维护程朱理学的楷模[36]。朝鲜人在明知答案的情况下还要故意询问清朝汉人为何不穿前代衣服的原因与其不厌其烦地询问清朝汉人对于看见自己衣着的观感本质上如出一辙，都是出于强烈民族意识驱使下的故意且明显带有不怀好意意味的提问，无非都是为了满足自己根深蒂固的文化自信与优越感的虚荣心，以及当他们看到清朝汉人表现出或羡慕或惭愧或悲伤落泪抑或是新奇陌生甚至是嘲笑讥讽的反应时，内心都应是感到获得了极大的满足感，自己根深蒂固的文化自信与优越感的虚荣心得到了最大的满足，进一步极大高涨了自己本就强烈的民族意识。

以上便是从清中期城市样貌、中国文学在朝鲜的影响、朝鲜时代的民族意识三个维度对于朴趾源《书李邦翼事》中的中国史料试做的初步探究。朴趾源《书李邦翼事》作为"异域之眼"——"从别国（韩国）看中国"视角的重要文献，其中既有有关作为观察客体的中国的城市史、中韩文学交流史的珍贵史料，亦有作为观察主体的关于朝鲜思想史的重要史料，可与同样是作为"异域之眼"——"从别国（韩国）看中国"视角重要文献的《燕行录》中的相关史料互为有力印证。大陆学界对于包括《书李邦翼事》在内的"异域之眼"视角重要文献的研究多是从其对于中国研究的意义的视角展开研究，而对于其中所体现着的作为主体观察中国的李邦翼、朴趾源的主体性，乃至于其所处朝鲜时代的时代特性，还有韩国异于中国的差异性罕有涉及，本文即从朝鲜时代的民族意识维度对其初做探究。除此之外，《书李邦翼事》中还有关于诸多方面的珍贵史料。总之，朴趾源《书李邦翼事》是朝鲜时代漂海录文献中具有较高学术意义和研究价值的一部重要文献，值得不断探究发现。

注释：

［1］ 王林昌：《外国习俗丛书韩国》，世界知识出版社 2006 年，第 2 页。

［2］ 陈益源：《越南汉籍文献述论》，中华书局 2011 年，第 338 页。

［3］ 主要参见全银花《朝鲜时期中国江南体验文学研究——以崔溥、李邦翼、崔斗灿、鲁认为中心》，南京师范大学硕士学位论文，2016 年；李岩《朴趾源〈书李邦益事〉所涉台、澎、闽游历》，李海英、李翔宇主编：《海洋与东亚文化交流》，中国海洋大学出版社 2014 年，第 82—94 页。

［4］ 摘录自뿌리를 찾아서: 반남박씨（潘南朴氏）。见：www.rootsinfo.co.kr/。

［5］ 韦旭升：《韩国文学史》，北京大学出版社 2008 年，第 378—380 页。

［6］ 衣若芬：《漂流到澎湖：朝鲜人李邦翼的意外之旅及其相关书写》，张伯伟编：《域外汉籍研究集刊》第 4 辑，中华书局 2008 年，第 137—140 页。

［7］ 按照韩国民族文化大百科中的记载李邦翼的本贯是星州李氏，但在韩国最权威的族谱网站——뿌리를 찾아서（www.rootsinfo.co.kr）星州李氏条目之下的主要人物中却未见李邦翼的名字，故暂且存疑。

［8］〔朝鲜〕朴趾源：《燕岩集》，韩国民族文化促进会编：《韩国文集丛刊》第 252 册，韩国民族文化促进会 2000 年，第 102—106 页。

［9］〔朝鲜〕朴趾源：《燕岩集》，韩国民族文化促进会编：《韩国文集丛刊》第 252 册，韩国民族文化促进会 2000 年，第 102—106 页。

［10］ 衣若芬：《漂流到澎湖：朝鲜人李邦翼的意外之旅及其相关书写》，张伯伟编：《域外汉籍研究集刊》第 4 辑，中华书局 2008 年，第 139 页。

［11］〔朝鲜〕朴趾源：《燕岩集》，韩国民族文化促进会编：《韩国文集丛刊》第 252 册，韩国民族文化促进会 2000 年，第 102—106 页。

〔12〕摘录自清代台湾人口统计,见:thcts. ascc. net/themes/rc10. php。

〔13〕摘录自清代台湾人口统计,见:thcts. ascc. net/themes/rc10. php。

〔14〕〔朝鲜〕朴趾源:《燕岩集》,韩国民族文化促进会编:《韩国文集丛刊》第252册,韩国民族文化促进会2000年,第102—106页。

〔15〕〔朝鲜〕朴趾源:《燕岩集》,韩国民族文化促进会编:《韩国文集丛刊》第252册,韩国民族文化促进会2000年,第102—106页。

〔16〕〔朝鲜〕南龙翼编、赵季校注:《箕雅校注》,中华书局2008年,第3—6页。

〔17〕韦旭升:《韩国文学史》,北京大学出版社2008年,第389页。

〔18〕徐健顺:《李齐贤在中国行迹考》,《延边大学学报》2005年第4期。

〔19〕〔朝鲜〕朴趾源:《燕岩集》,韩国民族文化促进会编:《韩国文集丛刊》第252册,韩国民族文化促进会2000年,第102—106页。

〔20〕〔朝鲜〕朴趾源:《燕岩集》,韩国民族文化促进会编:《韩国文集丛刊》第252册,韩国民族文化促进会2000年,第102—106页。

〔21〕关于中国"潇湘八景"诗画之东传韩国及其在高丽、朝鲜时代流行于文人阶层的情形,可参看衣若芬:《高丽文人李仁老、陈澕与中国潇湘八景诗画之东传》,《中国学术》第16辑商务印书馆2004年,第158—176页。衣若芬:《朝鲜安平大君李瑢及"匪懈堂潇湘八景诗卷"析论》,《域外汉籍研究集刊》第1辑,中华书局2005年,第113—139页。

〔22〕见衣若芬:《漂流到澎湖:朝鲜人李邦翼的意外之旅及其相关书写》,《域外汉籍研究集刊》第4辑,中华书局2008年,第146—147页。

〔23〕朝鲜时代的湖南地区即全罗道地区,因位于锦江(又称湖江)之南,因此而得名,即今天韩国的光州广域市、全罗北道、全罗南道、济州特别自治道等地区。

〔24〕〔朝鲜〕朴趾源:《燕岩集》,韩国民族文化促进会编:《韩国文集丛刊》第252册,韩国民族文化促进会2000年,第102—106页。

〔25〕〔朝鲜〕朴趾源:《燕岩集》,韩国民族文化促进会编:《韩国文集丛刊》第252册,韩国民族文化促进会2000年,第102—106页。

〔26〕〔朝鲜〕朴趾源:《燕岩集》,韩国民族文化促进会编:《韩国文集丛刊》第252册,韩国民族文化促进会2000年,第102—106页。

〔27〕苗威:《〈三国史记〉的历史影响探析》,《北京理工大学学报》2009年第1期。

〔28〕葛兆光:《想象异域——读李朝朝鲜汉文燕行文献札记》,中华书局2014年,第140页。

〔29〕吴晗辑:《朝鲜李朝实录中的中国史料》,中华书局1962年,第4397页。

〔30〕葛兆光:《想象异域——读李朝朝鲜汉文燕行文献札记》,中华书局2014年,第133页。

〔31〕成均馆大学校大东文化研究院编:《燕行纪事》,《燕行录选集》下册,成均馆大学校1962年,第644页。

〔32〕葛兆光:《想象异域——读李朝朝鲜汉文燕行文献札记》,中华书局2014年,第143页。

〔33〕葛兆光:《想象异域——读李朝朝鲜汉文燕行文献札记》,中华书局2014年,第162页。

〔34〕葛兆光:《想象异域——读李朝朝鲜汉文燕行文献札记》,中华书局2014年,第161—162页。

〔35〕葛兆光:《想象异域——读李朝朝鲜汉文燕行文献札记》,中华书局2014年,第119页。

〔36〕葛兆光:《想象异域——读李朝朝鲜汉文燕行文献札记》,中华书局2014年,第121页。

明清吴江进士仕宦稽考

陆青松（吴江博物馆）

内容摘要：本文通过比对明清实录、明清档案和苏州等地的地方志，对庞远、顾自植、吕纯如、张鸣钧和丁云锦等五位明清时期的吴江进士的仕宦经历进行了考证，对地方志的记载进行了勘误和补正。

关键词：明清进士　仕宦　勘误　补正

鉴于资料来源、不谙习典章制度、籍贯、重名、改名等多方面的原因，明清地方志对于当地进士的仕宦情况一直存在着讹误和漏录的问题[1]。

近年来，随着各类明清档案、明清实录的整理和出版，为进士仕宦的勘误和补正提供了可靠的文献。笔者从明清实录和明清档案出发，通过比对苏州和吴江等地的地方志记载，对庞远、顾自植、吕纯如、张鸣钧和丁云锦等五位明清时期的吴江进士的仕宦经历进行考证。为行文方便，先抄录五位进士户籍和乡贯所在地的地方志记载，然后对这些记载进行纠正和补漏，进而考证出较为完整的履历。

庞远

《康熙吴江县志》记载："庞远，字剑川，嘉靖癸丑进士，授兵部主事，转礼部。……终光禄卿"[2]。通过比对《礼部志稿》，《康熙吴江县志》未载明其在礼部的任职情况。

《礼部志稿》卷四十二"仪制司"之"郎中"条记载："庞远，惟明，直隶吴江县人，嘉靖癸丑进士，四十三年由祠祭调任，南京光禄少卿。"[3] 卷四十三"精膳司"之"员外郎"条载："庞远，惟明，直隶吴江县人，癸丑进士，升本司郎中。"[4] 卷四十三"祠祭司"之"郎中"条载："庞远，惟明，直隶吴江县人，嘉靖三十二年进士，四十二年由主客司调任，调仪制司，历升南京光禄寺卿。"[5] 卷四十三"主客司"之"郎中"条载："庞远，惟明，直

隶吴江县人，癸丑进士，嘉靖四十三年任，调仪制司，升南光禄少卿。"[6]

在以上记载中，"祠祭司"和"主客司"在时间的记载上存在着不尽一致的地方："祠祭司"部分记载庞远任职主客司郎中的时间不晚于嘉靖四十二年，而"主客司"部分记载庞远任职主客司郎中的时间则为嘉靖四十三年。通过对四条任职信息的梳理，并参照明代官员升迁顺序，颇疑庞远任职主客司郎中的时间应在嘉靖四十二年左右。庞远是在礼部的任职顺序应为：由精膳司员外郎升任该司郎中，调任主客司郎中，后任祠祭司郎中、仪制司郎中。

《明世宗实录》卷五百四十五记载"甲午升礼部郎中庞远为南京光禄寺少卿"[7]，时为嘉靖四十四年四月。又《礼部志稿》卷四十二"南京光禄少卿"和卷四十三"历升南京光禄寺卿"的记载，可证《康熙吴江县志》所载之"光禄寺卿"，实为"南京光禄寺卿"也。

根据相关文献的比勘，可将庞远的仕宦整理为：嘉靖癸丑进士，授兵部主事，升礼部精膳司员外郎，历任精膳司、主客司、祠祭司和仪制司郎中，再升南京光禄寺少卿，官终南京光禄寺卿。

顾自植

在地方志中，以《乾隆吴江县志》卷三十七《别录》对"顾自植"仕宦的记载较为完整和详细："顾自植，万历二十年进士，授封邱知县，历鄱阳。……官至江西兵备道。"[8]

《雍正河南通志》卷三十三《职官四》下"开封府所属知州知县"之"封丘县"条记载："顾自植，江南吴江人，进士，万历二十一年任。王三极，湖广黄安人，举人，万历二十三年任。"[9] 可知，顾自植授封丘知县的时间为万历二十一年，万历二十

三年离任。关于离任的原因，《嘉庆同里志》载：
"初授封邱知县，丁父艰，归，服阙，补鄱阳
知县。"[10]

《同治饶州府志》卷十《县职上》"鄱阳县"条
记载："顾自植，吴江人，进士，万历二十六年任。
潘禹谟，增城人，进士，万历三十二年任。"[11]可知，
顾自植任鄱阳县令的时间为万历二十六年，万历三
十二年离任。

《明神宗实录》卷四百零五记载"大理寺左评事
姜志礼奏：'本月初十日臣同刑部主事陈国是暨提牢
主事顾自植……'"[12]，知万历三十三年，顾自植时
任刑部提牢主事。《礼部志稿》卷四十四"精膳司"
之"主事"条载："顾自植，壬辰进士，由刑部四川
司调任。"[13]"精膳司"之"郎中"条载"见员外郎
下"[14]；"员外郎"条载"见主事下"[15]。卷四十三
"祠祭司"之"郎中"条载："顾自植，公立，直隶
吴江县人，壬辰进士。万历三十七年由精膳司郎中
调任。"[16]通过梳理可知，顾自植任职礼部之前，曾
任刑部提牢主事、四川司主事。任职礼部之后，先
后任精膳司主事、员外郎、郎中，万历三十七年转
任祠祭司郎中。

《明神宗实录》卷四百六十四记载："礼部主事
顾自植为江西湖西道副使。"[17]时为万历三十七年，
与《礼部志稿》顾自植之任职记载不符。《礼部志
稿》为明代泰昌元年编纂的官修政书，由孙如游、
张光房等六人纂修，六人或在礼部任过职，或任现
职。除个别人外，其余各人的迁转顺序和任职时间
均有详细记录，可证其书当来自于官方档案，具有
较高的可信度。又《礼部志稿》成书在前，《明神宗
实录》成书在后，故笔者从《礼部志稿》之记载。
《明神宗实录》之"礼部主事"，当为"礼部郎中"
之误也。

顾自植的最终任职，《万历二十七年壬辰科进士
履历便览》小载"仕至江西副使"[18]。可知，顾自
植的最终任职为江西副使分巡湖西道。《万历大明会
典》卷一百二十八《镇戍三》记载："袁州兵备一
员，驻扎吉安，分巡湖西道兼管辖湖广茶攸郴桂浏

阳等处。"[19]由此可知，江西按察司分巡湖西道兼管
袁州兵备道，故《乾隆吴江县志》所记载之"江西
兵备道"，实为江西"袁州兵备道"也。

顾自植的任职履历为：授河南封丘知县，丁父
艰，服阙，补江西鄱阳知县，累任刑部提牢厅主事、
四川司主事，转礼部，历任精膳司主事、员外郎、
郎中，调祠祭司郎中，官至江西按察副使分巡湖西
道兼袁州兵备道。

吕纯如

吕纯如在吴江地方志无任何记载，仅见于《同
治苏州府志》卷六十《进士二》"万历二十九年辛
丑科"条："吴江吕纯如，孟谐，兵部尚书。"[20]未
见其他履历。

《乾隆龙溪县志》卷十二《职官》"明·知县"
条载："吕纯如，吴江人，进士，二十九年任。袁业
泗，宜春人，进士，三十二年任。"[21]可知，吕纯如
于万历二十九年初官福建布政使司漳州府龙溪县知
县，万历三十二年离任。

《乾隆偃师县志》卷十《职官表》"明"之"知
县"列载："吕纯如，吴江进士。"[22]可知，吕纯如
曾任河南布政司河南府偃师知县，但未列任职时间。
根据现立于偃师市山化乡颜鲁公的墓前的《唐太师
颜鲁公真卿墓碑记》，1993 年发现于泥土中。碑文后
有署名"万历三十三年三月赐进士第文林郎知偃师
县事吴江吕纯如撰并立石"，知吕纯如任偃师知县的
时间应在万历三十三年三月之前。按，吕纯如万历
三十二年离任龙溪知县。据此可断，吕纯如任职偃
师知县的时间应为万历三十二年。

《乾隆洛阳县志》卷九《职官》"令"之"洛
阳"条记载："吕纯如，吴江人，进士，（万历）三
十九年任，由偃师调。"[23]可知：吕纯如任职河南布
政司河南府洛阳县知县的时间为万历三十九年。

《光绪漳州府志》卷十一《秩官三》"吕纯阳"
条载："……升本省按察司佥事。"[24]翻检周起元
《参税珰高寀疏》[25]一文，知吕纯如当时的任职为
"福建按察使佥事"，时为万历四十二年。《明神宗
实录》卷五百三十三："升福建按察使萧近高为右布政

使，副使毕懋良为参政，参议吕纯如为副使，照旧管事。"[26] 卷五百三十四载："准福建参议吕纯如暂致仕，遇缺以新升副使起用。"[27] 万历四十三年六月之前，吕纯如已由福建按察使佥事升任福建布政司参议，后被任用为福建按察使副使，四十三年七月旋即致仕。

福建多部地方志记载吕纯如曾任"兵备道"，如《乾隆福清县志》卷三《建置志》："（万历）四十三年，知县汪泗论奉兵道吕纯如檄，增高东北一带，添设敌台一、警铺四，吕汪各捐俸，鸠缘成之。"[28]《民国连江县志》也有吕纯如任"兵备道"[29] 的记载。根据明代典制，兵备道为按察司副使的兼职。所以，吕纯如所任兵备道，应为吕任福建副使之后的兼职。福清和连江两县，明代属于福州府管辖。因此，吕所任兵备道应为福州兵备道。

据《明神宗实录》卷五百四十三记载："癸酉升贵州按察使庄茂华、福建按察使黄琮、山西按察使何如申为右布政。茂华江西，琮福建，如申浙江。起原任江西参政葛寅亮、原任福建副使吕纯如为提学副使。寅亮湖广，纯如山西。升云南副使郭庆年为贵州参政。"[30] 知吕纯如被任用为山西按察使副使提督学政，时为万历四十四年三月。《明神宗实录》卷五百七十六载"提学吕纯如致仕"[31]，吕纯如于万历四十六年再次致仕。

《明光宗实录》卷二记载："起升原任山西副使吕纯如为光禄寺少卿，原任山东右参议王绍徽为通政司右参议。"[32] 知吕纯如于万历四十八年再次起用，由原任山西按察司副使升任光禄寺少卿。

《明熹宗实录》卷三十七记载："起光禄寺少卿吕纯如为顺天府府丞。"[33] 知天启三年八月，吕纯如由光禄寺少卿调任顺天府府丞。卷五十八："升福建巡抚南居益为工部右侍郎总理河道，顺天府府丞吕纯如为巡抚山东右佥都御史。"[34] 知天启五年四月，吕纯如任都察院右佥都御史巡抚山东等处军事。卷七十三："又以添设右侍郎袁可立为本部右侍郎升山东巡抚吕纯如为添设右侍郎。"[35] 吕纯如为兵部添设右侍郎，时为天启六年闰六月。卷七十九："（癸卯）

升兵部右侍郎郭巩、霍维华俱为本部添设左侍郎，巡抚山东都察院右佥都御史吕纯如为兵部右侍郎，都察院右副都御史管左、佥都事冯三元为左副都御史。"[36] 吕纯如为兵部右侍郎，时为天启六年十二月。卷八十七："（己亥）以兵部侍郎吕纯如为本部添设左侍郎，仍加服俸一级。"[37] 吕纯如为兵部添设左侍郎，时为天启七年八月。是月己巳日，加兵部尚书衔，照旧兼事，寻署理戎政[38]。

崇祯元年九月，"癸酉协理戎政兵部尚书吕纯如罢"[39]。吕纯如因在天启年间附逆阉党，被吏科都给事中沈惟炳等人弹劾而罢官[40]。

通过梳理，吕纯如的仕宦情况应为：初官福建龙溪知县，后任河南偃师知县，调洛阳知县，累任为福建按察使佥事、布政司参议、按察使副使兼福州兵备道，旋致仕，后再起用为山西按察副使提督学政，再次致仕。后被起用，累任光禄寺少卿、顺天府丞、都察院右佥都御史巡抚山东、兵部添设右侍郎、兵部右侍郎、兵部左侍郎，后加尚书衔，署理戎政。崇祯元年罢官。

张鸣钧

张鸣钧民籍为湖州，乡籍为吴江县。张鸣钧在苏州地方志中的记载，仅见《同治苏州府志》卷六十三："张鸣钧，双南，顺天府尹"[41]。《同治湖州府志》对张鸣钧的仕宦记载较详："张鸣钧，康熙五十四年进士，由庶吉士授编修，出为山东巡按，历江南泰东道、江宁驿盐道、河南按察使、直隶布政使，内调通政使、顺天府尹。"[42] 然其记载仍存在着诸多的讹误。

《清世宗实录》卷三十一："满汉庶吉士张鸣钧、邵基、陶正中、何玉梁、邹光涛、张江、徐以升、沈淑、张廷璙、胡香山、牧可登、马金门、严民法、尹继善、帅念祖、许焞、缪曰芑、吴钊、焦祈年、周学健、戴永椿、倪师孟、薄履青、昌龄、松寿，俱著授翰林院编修。"[43] 时为雍正三年。《清世宗实录》卷四十八亦记载"礼科给事中臣张鸣钧尚方玉食传香粳"[44]，职务为"礼科给事中"，时为雍正四年九月。

巡按制度于顺治十八年五月废除，《清代官员履历档案全编》载："张鸣钧，浙江湖州府乌程县人，年五十四岁，由进士补授编修，五年二月放工科掌印给事中，奉命巡察山东，差满革职，在八旗助教内行走。张廷玉保举仓差监督，于十一年正月初十日补授江南太通道。"[45]"山东巡按"，实为"山东巡察"之误也。张此时担任的是"工科掌印给事中"，"奉命巡察山东"。"江南太通道"，全称"江南分巡太通兵备道"，雍正八年添设，辖太仓、通州二属，驻崇明，弹压兵民[46]。《乾隆江南通志》所记载张鸣钧任"江南太通道"的时间与《清代官员履历档案全编》吻合。

有清一代，各省从未设立过"泰东道"。道的设置仅在府和直隶州一级的地方机构中或者因专管行省某项事务而设立。江南（康熙六年，江南省分为安徽和江苏两省，后世仍称两省为江南省）与"泰"字相关的地方机构只有泰州，为扬州府的属州（后降为散州）。"泰东道"和"太通道"音近，"泰东道"当为"太通道"之误也。

查清代典制，"江宁驿盐道"为"驿传盐务兼分巡江宁道"的简称，"按察使副使"衔。《乾隆江南通志》卷一百〇五《职官志》记载了雍正五年至雍正十二年任江宁驿盐道的官员：张曝枢（雍正四年任）、陈宏谋（雍正九年任）、包括（雍正十一年任）、王恕（雍正十二年署任）、孔传焕（雍正十二年任），未有张鸣钧任职"江宁驿盐道"的记录[47]。

《清世宗实录》卷一百三十八记载："江南太通道张鸣钧为河南按察使司按察使。"[48]《清世祖实录》卷百五十四记载"升河南按察使张鸣钧为直隶布政使司布政使"[49]，时为雍正十三年夏四月。《清高宗实录》卷一百二十一记载"原任直隶布政使张鸣钧为右通政"[50]，时为乾隆五年闰六月。卷一百二十三记载"（丙申）以右通政张鸣钧为顺天府府尹"[51]，时为乾隆五年七月。

通过各类文献比勘，张鸣钧的完整履历为：庶吉士，散馆后授翰林院编修，再任礼科给事中，雍正五年二月放工科掌印给事中，奉命巡察山东，差

满革职后任八旗助教内行走，经保举任仓差监督，后任江南分巡太通兵备道、河南按察使、直隶布政使，通政司右通政、顺天府府尹。

丁云锦

《光绪吴江县续志》卷十七《治绩》："丁云锦，乾隆三十四年进士，工部主事，累迁至礼科给事中，五十八年授湖南永州府知府，忧归，起，补施南，调武昌。"[52]

《清秘述闻》卷十六《同考官类四》"乾隆四十五年庚子科顺天乡试"记载："工部郎中丁云锦字琴泉，江南吴江人，己丑进士。"[53]本卷"乾隆五十一年丙午科顺天乡试"又记载："御史丁云锦，字琴泉，江南吴江人，己丑进士。"[54]《国朝御史题名》之"乾隆四十六年"记载："丁云锦，字组裳，号琴泉，江苏吴江县人。乾隆丁丑进士，由工部郎中考选山西道御史，湖北武昌府知府。"[55]因此可知，丁于乾隆四十六任山西道监察御史。

《清秘述闻》卷十六"乾隆五十三年戊申预行正科乡试"又载："御史丁云锦，字琴泉，江南吴江人，己丑进士。"[56]《中枢备览·清乾隆五十三年春》"京师"之"吏科"条记载："给事中加三级丁云锦，冥泉，江苏吴江县人。"[57]"吏"和"礼"读音相同，《光绪吴江县续志》中的"礼"为"吏"之误。

《清秘述闻》卷十六"乾隆五十七年壬子科顺天乡试"记载："兵部郎中丁云锦，字琴泉，江南吴江人，己丑进士。"[58]知丁云锦在乾隆五十七年时的职务为兵部郎中。《赐绮堂集》卷二十三《湖北武乡试录后序》记载"丁云锦以道衔知武昌府充提调官"[59]，时为嘉庆九年。

综合各类文献及时间，丁的履历应为：工部主事，累至郎中，乾隆四十六年任山西道监察御史，后任吏科给事中、兵部郎中。乾隆五十八年授湖南永州府知府，丁忧归里，服阕补湖北施南府知府，改以道员衔知武昌府，嘉庆九年任湖北武乡试提调官。

注释：

[1] 参见拙著：《苏州地方志记载明清进士资料讹误例说》，《安徽广播电视大学学报》2018 年第 1 期；陆晓芳：《苏州地方志记载明清进士履历漏录例说》，《苏州文博论丛》2017 年总第 8 辑，文物出版社 2018 年。

[2] 〔清〕郭琇修、叶燮等撰：《康熙吴江县志》卷三十二《名臣下》，清康熙二十三年刻本，第 27 页。

[3] 〔明〕林尧俞：《礼部志稿》，文渊阁四库全书景印本第 597 册，台北商务图书馆，1975 年，第 774 页。

[4] 〔明〕林尧俞：《礼部志稿》，第 832 页。

[5] 〔明〕林尧俞：《礼部志稿》，第 794 页。

[6] 〔明〕林尧俞：《礼部志稿》，第 810 页。

[7] 《明世宗实录》卷五百四十五"嘉靖四十四年四月甲午"，中研院史语所 1962 年，第 8807 页。

[8] 〔清〕陈荩缵等：《乾隆吴江县志》卷三十七《别录》，《中国地方志集成·江苏府县志辑》第 20 册，江苏古籍出版社 1991 年，第 166 页。

[9] 〔清〕田文镜、王士俊等监修，孙灏、顾栋高等纂修：《雍正河南通志》卷二十三《职官四》，文渊阁四库全书景印本第 536 册，台北商务印书馆 1975 年，第 223 页。

[10] 〔清〕阎登云修：《嘉庆同里志》卷十一《仕宦》，嘉庆十七年刻本，第 7 页。

[11] 〔清〕锡德修、石景芬撰：《同治饶州府志》卷十《县职上》，《中国方志丛书·华中地方》第 255 号，成文出版社有限公司 1975 年，第 995 页。

[12] 《明神宗实录》卷四百零五"万历三十三年正月丙戌"，第 7558 页。

[13] 〔明〕林尧俞：《礼部志稿》，第 837 页。

[14] 〔明〕林尧俞：《礼部志稿》，第 829 页。

[15] 〔明〕林尧俞：《礼部志稿》，第 833 页。

[16] 〔明〕林尧俞：《礼部志稿》，第 796 页。

[17] 《明神宗实录》卷四百六十四"万历三十七年十一月丁酉"，中研院史语所 1962 年，第 8762 页。

[18] 屈万里辑：《明代登科录汇编》第 21 册，台北学生书局 1969 年，第 11548 页。

[19] 〔明〕申时行等修：《大明会典》卷一百二十八《镇戍三》，《续修四库全书》第 791 册，上海古籍出版社 2002 年，第 302 页。

[20] 〔清〕李铭皖：《同治苏州府志》卷六十"万历二十九年辛丑科"，《中国地方志集成·江苏府县志辑》第 7 册，江苏古籍出版社 1991 年，第 619 页。

[21] 〔清〕吴宜燮：《乾隆龙溪县志》卷十二《职官》，《中国方志丛书》第 90 号，成文出版社 1967 年，第 135 页。

[22] 〔清〕汤毓倬修、孙星衍纂：《乾隆偃师县志》卷十《职官表》，《中国方志丛书·华北地方》第 442 号，成文出版社有限公司，1976 年，第 439 页。

[23] 〔清〕龚崧林：《乾隆洛阳县志》卷九《职官》，《中国方志丛书·华北地方》第 476 号，成文出版社有限公司，1976 年，第 699 页。

[24] 〔清〕李维钰：《光绪漳州府志》卷十一《秩官三》，《中国地方志集成·福建府县志辑》第 29 册，上海书店出版社 2000 年，第 187 页。

[25] 〔清〕郝玉麟等：《乾隆福建通志》卷六十九《艺文二》，文渊阁四库全书景印本第 530 册，台北商务图书馆 1975 年，第 467 页。

[26] 《明神宗实录》卷五百三十三"万历四十三年六月戊戌"，第 10093 页。

[27] 《明神宗实录》卷五百三十四"万历四十三年七月丁卯"，第 10122 页。

[28] 〔清〕饶安鼎：《乾隆福清县志》卷三《建置志》，《中国地方志集成·福建府县志辑》第 20 册，上海书店出版社 2000 年，第 90 页。

[29] 曹刚：《民国连江县志》卷三十一《列女传》，《中国方志丛书》第 76 号，成文出版社 1967 年，第 241 页。

[30] 《明神宗实录》卷五百四十三"万历四十四年三月癸酉"，第 10311 页。

[31] 《明神宗实录》卷五百七十六"万历四十六年十一月己酉"，第 10908 页。

［32］《明光宗实录》卷二"万历四十八年七月己亥"，中研院史语所 1962 年，第 34 页。

［33］《明熹宗实录》卷三十七"天启三年八月乙亥"中研院史语所 1962 年，第 1904 页。

［34］《明熹宗实录》卷五十八"天启五年四月癸巳"，第 2695 页。

［35］《明熹宗实录》卷七十三"天启六年闰六月己酉"，第 3540 页。

［36］《明熹宗实录》卷七十九"天启六年十二月癸卯"，第 3807 页。

［37］《明熹宗实录》卷八十七"天启七年八月己亥"，第 4206 页。

［38］张德信：《明代职官年表》，黄山书社 2009 年，第 956 页。

［39］《崇祯实录》卷一，中研院史语所 1962 年，第 36 页。

［40］吏科都给事中沈惟炳等人的弹劾奏章，参见《崇祯长编》卷十八，中研院史语所 1962 年，第 1072 页。

［41］〔清〕李铭皖：《同治苏州府志》卷六十三"康熙五十四年乙未科"，第 678 页。

［42］〔清〕宗翰等：《同治湖州府志》卷七十三，《中国方志丛书·华中地方》第 54 号，成文出版社有限公司 1970 年，第 1390 页。

［43］《清世宗实录》卷三十一"雍正三年四月丁丑"，《清实录》第 7 册，中华书局 1985 年，第 469 页。

［44］《清世宗实录》卷四十八"雍正四年九月戊戌"，《清实录》第 7 册，第 724 页。

［45］秦国经：《清代官员履历档案全编》第 1 册，广东师范大学出版社 1997 年，第 225 页。

［46］〔清〕赵宏恩监修：《乾隆江南通志》卷一百〇五，文渊阁四库全书景印本第 510 册，台北商务图书馆 1975 年，第 152 页。

［47］〔清〕赵宏恩监修：《乾隆江南通志》卷一百〇五，第 149 页。

［48］《清世宗实录》卷一百三十八"雍正十一年十二月己未"，《清实录》第 8 册，中华书局，1985 年，第 757 页。

［49］《清世祖实录》卷一百五十四"雍正十三年夏四月丙午"，《清实录》第 8 册，第 888 页。

［50］《清高宗实录》卷一百二十一"乾隆五年闰六月甲子"，《清实录》第 10 册，中华书局，1985 年，第 783 页。

［51］《清高宗实录》卷一百二十三"乾隆五年七月丙申"，《清实录》第 10 册，第 812 页。

［52］〔清〕金福曾：《光绪吴江县续志》卷十七《治绩》，《中国地方志集成·江苏府县志辑》第 20 册，江苏古籍出版社 1991 年，第 420 页。

［53］〔清〕法式善等撰：《清秘述闻三种》，中华书局 1982 年，第 499 页。

［54］〔清〕法式善等撰：《清秘述闻三种》，第 504 页。

［55］〔清〕黄玉圃：《国朝御史题名》，《续修四库全书》第 751 页，第 342 页。

［56］〔清〕法式善等撰：《清秘述闻三种》，第 507 页。

［57］清华大学图书馆科技史暨古文献研究所：《大清缙绅录集成》第 3 册，大象出版社 2008 年，第 282 页。

［58］〔清〕法式善等撰：《清秘述闻三种》，第 512 页。

［59］〔清〕詹应甲：《赐绮堂集》卷二十三，道光止圆刻本，第 9 页。

甪直保圣寺《明贤诗翰真迹》碑刻

高　超（苏州市吴中区博物馆）

内容摘要：文徵明作为苏州的文化名人，书法和绘画造诣极高，由于年代久远，目前其作品真迹流传较少，大部分收藏于大博物馆内。苏州甪直保圣寺碑廊保存的文徵明《明贤诗翰真迹》碑刻是文徵明书法和文学相结合的作品，无论是在书法还是文学上都具有珍贵价值。此碑刻不仅是珍贵的文物，更可以和《莆田集》作对比，勘正讹误，拾遗补阙，具有一定的史料价值。碑刻本身的流传和保存也具有一定的传奇色彩，对以后文物的保护也具有重要的启示作用。

关键词：苏州　保圣寺　文徵明　王同愈　《明贤诗翰真迹》碑

苏州市吴中区甪直镇保圣寺内藏有《明贤诗翰真迹》碑，碑额、碑身现存七块，此套碑刻在每块右下角都有数字标识，推测应该有八块，其中第二块遗失。第六块中间断裂，第七块中间断裂及尾残缺，其余保存较完整，碑石均为青石质，楷书，字迹清晰，每块长约61、宽约26厘米，文字保存较完整，略有残损。石碑刻于戊辰年（1928），碑文内容为明代文徵明所作的十四首诗，额和跋为晚清民国年间的王同愈撰写。全部碑刻现镶嵌于保圣寺碑廊右侧内，集中展示。

一　碑文内容

第一块碑刻"明贤诗翰真迹"，"戊辰冬日元和王同愈题"。印两方：1."元和王同愈"2."胜之一字栩缘"。

碑文有所残失，《金陵客怀》和《雨夜有怀王钦佩题赠许彦明》根据文徵明流传诗作补。

金陵客怀（二首）

其一

当户寒蛩泣露莎，盆池疏雨战衰荷。

飘零魂梦惊初定，羁旅秋光得最多。

江上时情传警报，樽前壮志说登科。

帝京烂漫江山在，满目西风抚剑歌。

其二

青山潦倒发垂肩，一举明经二十年。

老大未忘余业在，追随刚为后生怜。

槐花十日金陵雨，桂子三秋玉露天。

壮志乡心两无着，也呼儿子话灯前。

雨夜有怀王钦佩题赠许彦明

八月驱车入旧京，戍尘千里暗江云。

承平日久方多事，交旧星稀苦忆君。

洛下秋风应已至，□（江）东暮雨不堪闻。

一时幽□（意）何人会，灯火微吟对许浑。

八月六□□（日书）事（二首）

其一

万甲仓皇起一呼，如闻黯虏债洪都。

本忧江左非勍□（敌），岂谓淮南是良图。

翠辇□（南）巡方授钺，捷书西上已成俘。

可怜刘濞区区业，赢得功名属亚夫。

其二

十载□（招）怀自作奸，一时号召等童屠。

冥鸿已在虞罗外，残鲔方游鼎釜间。

三计果看从下蔡，一丸那办守函关。

笑他李白成何事，便拟金陵作小山。

登观音阁

绀殿彤楼凌紫烟，危栏飞蹬俯苍渊。

阴崖直下千寻铁，秋水平吞万里天。

险绝曾将舟楫试，江山今落酒樽前。

裴徊不尽登临与，欲就山僧结胜缘。

天界寺

城南宝刹旧称雄，晋代庄严在眼中。
绝壁星辰连阁道，上方龙象涌珠宫。
翠围峦岫层层雨，凉入松杉院院风。
身世茫茫尘土满，欲依莲社住江东。

与林志道宿碧峰寺

帝京何处少风埃，古寺幽深背郭开。
有约敲门看修竹，还怜系马破苍台。
清斋我自便僧供，云卧君能袭被来。
最是多情双白鹤，夜凉飞下勘经台。

留别许彦明（二首）

其一

常爱金陵古帝州，每怀玄度晋风流。
十年踪迹三回别，一榻风烟两月留。
别院凉声荷叶雨，疏帘明月桂枝秋。
为题贻谷堂中意，付与他时说旧游。

其二

红尘来往十年交，三宿高斋不惮劳。
脱略时情真长者，延禄世讲到儿曹。
重闻夜雨惊陈事，相对秋风惜鬓毛。
难会不堪容易别，归心已逐暮江涛。

阻风江上同蔡久远登静海寺阁

尘土萧条行路难，秋风高阁一凭阑。
云移白鹭烟波远，水绕卢龙木叶寒。
老阅江山犹自壮，行歌天地本来宽。
平生零落余长剑，得兴同游倚醉看。

卢龙观

卢龙高瞰压江城，眺望遥关纳远情。
愁外钟山双眼碧，胸中扬子一帆轻。
秋云在野看逾静，晚日当轩落更明。
安得仙人携绿绮，石坛来写万松声。

三宿岩一名达磨洞

积石谁名达磨岩，花间古洞锁苍烟。
何能桑下淹三宿，却探仇池自一天。
古树腾蛟根束铁，春苔蚀雨翠连钱。
只应曾见台城事，回首梁王又几年。

渡江

天上仙人七宝幢，玉堂云雾隔晴窗。
小山桂树空招隐，秋水芙蓉又渡江。
李广不逢真有数，黄香何用号无双。
石头城下西风急，笑对青萍倒玉缸。

右金陵近诗十四首录上乞批教
门生文徵明顿首稿

右文衡山先生手书诗卷真迹为同邑殷君伯坚所藏，先生行草深入二王之室，松雪后一人而已。而已去今四百年，墨迹流传尚夥，然真赝杂出，在当时已十伪六七，况今日乎。是卷未署岁月，仅云金陵近诗十四首，为正德己卯秋试时所作（时先生年已五十，巡抚李公充嗣露章举荐先生，正己卯之后疑即书，以呈举主者）。先生秋试辄主许彦明家，留别诗有十年三宿一榻两月之语可证。按甫田集卷八《金陵客怀》至《渡江诗》止十二首，留别二首集中所无，则是卷之可贵，岂第藉以别真赝哉？又集中王钦佩凡五见，目录中又凡四件，四之中有二作玉钦佩，初疑玉为王之误，今睹是卷中第三首题曰雨中有怀王钦佩（与集中题稍异第五、六首诗句亦有异同，乃知集系先生编订时所改定者）乃知作王之非，及细审墨迹玉旁一点，作章草书起笔，在中画之上是为王字，玉篇唐韵有玉（音肃）姓无玉姓，乃知作玉之亦非，楚则失矣，齐亦未为得也。东汉有大司徒王况，是为者姓之始，不图再见于此，苟无是卷谁辨王姓者否，且重诬古人乎！然则是卷之可贵又岂第多诗二首为足尽之哉？钦佩名书，官太仆，学行为世所重，与鲁南侍讲沂顾东桥尚书璘称

金陵三俊，伯坚勒石家庙传之永，其有功，古
人诚非细，故而余以炳烛之年得于古人书翰中，
采获珍闻亦非寻常眼福云尔，所可比拟也，书
此志兮。

　　□□□□（戊辰）四月元和后学王同愈□□

印二方：1."文徵明印" 2."衡山"。

（□为碑刻识别不清的文字，（　）内为作者和
苏州大学朱土根老师根据文意和资料所补充的脱落
文字，标点为笔者所加）

二　碑文考证

文徵明（1470—1559），原名壁，字徵明，长州
（今江苏苏州）人。四十二岁起以字行，更字徵仲。
因先世衡山人，故号衡山居士，世称"文衡山"，明
代著名画家、书法家、文学家，曾官至翰林待诏。
诗宗白居易、苏轼，文受业于吴宽，学书于李应祯，
学画于沈周。在诗文上，与祝允明、唐寅、徐真卿
并称"吴中四才子"。在画史上与沈周、唐寅、仇英
合称"吴门四家"。传世作品有《绝壑鸣琴图》轴，
现藏美国克里夫兰美术院。《真赏图》卷，藏于中国
国家博物馆；《二湘图》轴，藏于故宫博物院。

王同愈（1856—1941），字文若，号胜之，又号
栩缘，江苏元和人，晚清民国年间著名学者、藏书
家、书画家、文博鉴赏家。光绪十五年（1889）进
士，后为江西学政、顺天乡试考官、湖北学政。曾
与张謇等主持江苏省铁路事宜。辛亥革命时，隐居
上海。晚年定居嘉定。长于算术，书画篆刻俱佳。
著有《栩缘随笔》等。

石碑刻于戊辰冬日。王同愈生于 1856 年，去世
在 1941 年，这期间戊辰年有 1868 年和 1928 年，
1868 年王同愈仅 12 岁，因此 1928 年更为合理，所
以刻碑时间应该是 1928 年的冬天。元和即元和县，
清代雍正二年（1724），析长洲县地置元和县；民国
元年（1912）一月，将清代苏州府的吴县、长洲县、
元和县合并为吴县，境内置角直乡，隶属于吴县，
故元和也就是今天的角直镇。

《明贤诗翰真迹》碑刻中的诗文为明代文徵明在

正德己卯年（1519）秋试时所书的金陵近诗十四首，
角直殷伯贤所收藏，后由于年代久远，纸制品有所
损坏，为了更好地保存真迹，故刻成石碑。碑刻的
可贵之处从第三块遗缺的字中可以看出纸制品损坏
（可能是水渍抑或是虫蛀）所留下的痕迹，这种痕迹
在碑刻上都原封不动地保留了下来，可见当时刻碑
的用心。

对于碑文的真伪，王同愈曾做过考证，他所写
的志中有详细记录。通过王同愈所书的志可以知道，
碑文为文徵明的金陵近诗十四首，故首诗应该为文
徵明所作的《金陵客怀》一诗。第三块碑刻首句为
"已至，□（江）东暮雨不堪闻。一时幽□（意）
何人会，灯火微吟对许浑。"为乾隆时期编修《钦定
四库全书》中《甫田集·卷八》明文徵明撰写的
"诗四十四首"中的《雨夜有怀王钦佩题赠许彦明》
一诗最后两句。全诗为："八月驱车入旧京，戎尘千
里暗江云。承平日久方多事，交旧星稀苦忆君。洛
下秋风应已至，江东暮雨不堪闻。一时幽意何人会，
灯火微吟对许浑。"

关于诗作中的"王"到底是不是王字误写，王
同愈在碑刻志中做了专门的考证。《钦定四库全书》
中的《甫田集》出现王钦佩五次，目录中四次，目
录四次中有两次写成玉钦佩，一直以来大家都以为
是王的误写。直到王同愈在看到殷伯坚收藏的诗卷
中第三首《雨夜有怀王钦佩题赠许彦明》，其中作者
王钦佩，仔细看才发现在王字右上点了一点，才确
定是王字而不是王字，是章草书（注：草书的一种）
的王字，那一点在中间一横的上面叫王。王字音
"sù"，康熙字典中解释："点在下画之旁者，宝玉字
也。点在中画之旁者，须王，许救，息六三切，王
工也，朽王也；又国名；又人姓。"俗书王玉不辨。
这几块碑刻让我们知道了现在《甫田集》中将王字
误写作王或者玉。历史上也确实存在王姓，东汉有
个大司徒叫王况，是这个姓的始祖。王同愈在志中
说到他通过《唐韵》发现有王姓，但却没有姓玉的，
才知道写成玉也是不对的。现在这个姓氏基本消失
不见了，但是要是没有这个文徵明的诗卷，现在我

们要认识王这个姓，估计只有去求教学习古文字方面的专家学者了。

三　发现与保护

文徵明亲笔写的诗卷真迹被同乡殷伯坚收藏。角直古称甫里，角直吉家浜殷氏，郡名汝南，系出中州，五代时避乱南迁至徽州歙县，之后，分支逐渐东移。清乾隆年间，殷尚质携家迁角直定居，传至嘉庆年间第六代殷茵如，富才智，善经营，家产日丰，人丁兴旺，房屋成片，成为角直当地的名门望族[1]。

殷家祠堂，又称殷氏义庄，位于角直古镇南市下街62号，建于清朝同治年间[2]。1997年角直人民政府为了发展扩大古镇旅游业，镇政府决定将殷家祠堂改建为"万盛米行"景点。在改建拆墙时，在室内一游廊的壁间中发现镶嵌的明代书法家文徵明真迹的石刻碑一套[3]。推测是在"文化大革命"时期"破四旧"活动中，殷家人为了保护碑刻，将其镶嵌在墙壁中，外涂以石灰覆盖。相关工作人员将整套碑刻取下，保存于镇旅游公司原办公楼底层室内。后镇旅游公司修建新的游客服务中心，需要拆除原来的办公楼，就将碑刻移入沈宅（沈柏寒旧居）。2015年，苏州市吴中文物保护管理部门对保圣寺碑廊进行重新维修，同时在其北侧新建东西走向的碑廊，准备将"明贤诗翰真迹"碑刻移入保圣寺碑廊中集中保护展示，遗憾的是发现碑刻只剩下七块，遗失一整块，丢失的一块不知是在拆下移入镇旅游公司办公室仓库途中丢失，还是第二次搬迁至沈宅途中遗失，现在都已经不得而知了。

文物是人类宝贵的历史文化遗产，作为一项不可再生的资源，损坏了就永远消失了。角直保圣寺内保存的七块《明贤诗翰真迹》碑刻，虽然内容不完整，但通过对碑刻内容的解读，我们能够补全丢失的内容，也算是不幸中的万幸。现在这七块碑刻安放于国宝单位保圣寺内，得到了很好的保护。

本文在碑文识读过程中得到了苏州大学朱土根老师的帮助，表示衷心感谢。

注释：

[1] 文徵明：《甫田集》卷八，收入《钦定四库全书》。

[2]《角直镇志》，文汇出版社2013年。

[3]《角直镇志》，文汇出版社2013年。

唐代防御使团练使设立考[*]

任欢欢（东北大学秦皇岛分校）

内容摘要：防御使、团练使在唐代因军事防御而设。藩镇体系继续发展，防御使、团练使同节度使等一同成为使职系统的核心。防御使、团练使既是独立的，有自己的职权范围、治所、幕僚，又与其他长官互相兼任，如观察使、刺史等。防御使、团练使若能服从中央，则为中央和地方联系的重要桥梁；若与中央对抗，则势必会与中央争夺对地方的治理权。

关键词：唐代 防御使 团练使 藩镇 使职

一 唐代防御使的设立

防御使在历史上最早出现于唐圣历元年（698），《事物纪原》载："武后圣历元年，以夏州领防御使，禄山犯顺，当冲诸郡皆置之，则是防御使自则天始也。"[1]《文献通考》中"防御使"条也采用同样说法："唐武后圣历元年，以夏州镇领防御使，防御使之名自此始。开元二年（714），薛讷任职陇右防御使。天宝中，安禄山犯顺，大郡要地当贼冲者，置防御守捉使。"[2]"以夏州领"及"以夏州镇"实则"以夏州都督领盐州防御使"[3]。武则天统治时期，中原与周边民族关系，是比较紧张的。比如与吐蕃，永昌元年（689），武则天派兵征讨西域，争夺被吐蕃于咸亨元年（670）占领的四镇，但以失败告终。直至长寿元年（692），才夺回四镇。后又于万岁通天元年（696），与吐蕃征战素罗汗山。与突厥，在东突厥汗国重建后，武则天于永昌元年（689）、长寿三年（694）两次派兵攻打东突厥，后东突厥也于圣历元年侵犯唐朝。与契丹，契丹一些部落，曾不忍奴役，发动叛乱。万岁通天元年（696）、神功元年（697），唐朝两次对契丹发动进攻，但都以失败

告终。在这样的背景之下，唐朝置武骑团以备边[4]，并在盐州设立防御使一职，后推广于全国。防御使最早以州级官职出现，而后来逐渐发展成为总领数州或藩道一级的军政长官。开元二年（714），"薛讷摄左羽林将军、陇右防御使"[5]。同年，"以益州长史领剑南道支度营田、松当姚巂州防御处置兵马经略使"[6]。由此看来，防御使在设立之初，可与地方长官兼任，并可兼有营田、度支、兵马等使职之责，对于统领一道或数州的政治、经济、军事都有较大的权力，与节度使的发展情形相类。开元十年（722），唐玄宗于边地设置十兵镇，包括九个节度使及一个经略使。此每以数州为一镇的节度使不仅管理军事，还兼领按察使、安抚使等使职而拥有辖区内行政、财政、军事等大权，并且令原地方长官的州刺史变为其部属。《新唐书》言："既有其土地，又有其人民，又有其甲兵，又有其财赋。"[7]唐朝外重内轻的军事局面，渐渐形成。天宝十四年（754），玄宗知晓安禄山必定谋反的意图，即召宰相共同商议。"置河南节度使，领陈留等十三郡，以卫尉卿猗氏张介然为之。以程千里为潞州长史。诸郡当贼冲者，始置防御使"[8]。可见，各诸郡遍设防御使，与当时政治军事形势有着密切关系。

安史之乱后，防御使的任命更加频繁，"李随至睢阳，有众数万。丙辰，以随为河南节度使，以前高要尉许远为睢阳太守兼防御使"[9]；"昃表薛愿为颍川太守兼防御使，庞坚为副使"[10]；"以（来）瑱为颍川太守。贼屡攻之，（来）瑱前后破贼其众，加本郡防御使"[11]；"以陇西公瑀为汉中王、梁州都

* 本文为教育部人文社会科学研究青年项目"治国理念的地方化：武臣知州与北宋边疆治理研究"（17YJC770023）研究成果。

督、山南西道采访防御使"[12]。《旧唐书》对此番人事任命，总结道："至德后，中原置节度使。又大郡要害之地，置防御使，以治军事，刺史兼之，不赐旌节。"[13]因安禄山叛乱，为应对复杂的政治军事形势而广泛而设的防御使，但也并非一劳永逸，"潼关既败，于是河东、华阴、冯翊、上洛防御使皆弃郡走，所在守兵皆散"[14]。

州级防御使往往是刺史兼任，如"前陇右节度副使、陇州刺史马燧为商州刺史，充本州防御使"[15]；"太常卿杜确为同州刺史、本州防御、长春宫使"[16]；"以（裴）茂代（来）瑱为襄州刺史，充防御使"[17]等。防御使最初的主要职能是军事防御，"至德之后，中原用兵，刺史皆治军戎，遂有防御、团练、制置之名"[18]。防御使既有军事防御职能，便可掌本州兵马，"中书舍人崔咸为陕州防御使。诏陕州旧有都防御观察使额宜停，兵马属本州防御使"[19]。防御使通过与刺史的兼任，已慢慢掌握了一州的地方军政权力，也有个别州防御使无须兼任刺史，也具有了行政权力，"汝州防御使令狐绪有善政，郡人诣阙请立德政碑颂"[20]。防御使既有一州的军政之权，也拥有辟僚属的权力，乾元二年（759）九月敕："比来刺史之任，皆先奏州县官属。今后除带使次判官外，一切不得奏改。官吏到任之后，察有罪累及不称职者，任具状奏请，然今所由与替其刺史非兼节度，但有防御使者，副使判官，委于本州官中权择，亦不得别奏人。"[21]防御使辟僚属只能在本州任官中选择。长庆二年（821）诏："团练防御州置判官一员，其副使推巡并停。"[22]州级防御使有一定的任职资格，但也有个别原为州级属官的牙将因功而破格授予防御使一职。"许州牙将秦宗权奏破贼于汝州，乃授宗权蔡州防御使"[23]。防御使州格也有升降的情况，"敕徐州罢防御使，为支郡，隶兖州"[24]。

总体而言，唐代防御使既有仅辖一州的州防御使，也有辖数州或藩道的防御使或都防御使，如"田承嗣为魏、博、德、沧、瀛五州都防御使"[25]。具体到"道"级的都防御使，一般还要兼任观察

使。"晋慈隰观察使崔汉衡加都防御使名"[26]；"武俊恒冀观察都防御使"[27]；"（邢）君牙代为凤翔尹、凤翔陇州都防御观察使"[28]。乾元元年（758），采访处置使改成观察处置使。为平定安史之乱，节度使兼领观察使，而无节度使的藩道则兼防御使，于此形成了新的军政合一的"道"，即"节镇"。后来，节镇逐渐发展成凌驾于州县之上的地方行政，"朝廷故事，制敕不下支郡，牧守不专奏陈"[29]。随着政治军事形势的发展，防御使的职能在原来的基础上，又进行了附加、延伸和变更。藩道防御使也存在升格成为节度使的情况，"升河中防御使为节度，领蒲、绛等七州"[30]。《通典》中记载："自至德以来，天下多难，诸道皆聚兵，增节度使为二十余道。其非节度使者，谓之防御使，以采访使并领之。采访理州县，防御理军事。……后又改防御使为都团练守捉使，皆主兵事而无旌节，僚属亦减。有副使一人掌贰使事，判官二人分判军事。"安史之乱后，在没有设置节度使的地方，则设置防御使，以采访使兼领，共同负责"理军事"和"理州县"事务，因为同一人兼领，所以军政大权也集中一处。从材料中可看出，藩道一级的防御使也有僚属，因不授节钺，所以僚属较少。《新唐书》具体记载了防御使僚属情况，"防御使、副使、判官、推官、巡官，各一人"[31]。都防御使除了文职僚佐外，还有一些武职僚属，如："（大和四年）敕西都两京兆，惟管一郡。分置兼属，本因艰难。若四方少事，则旧制为便。其都防御观察使额宜停，所管兵马使，属本州防御使。"[32]可知，都防御使原本还有兵马使等武职僚佐。《唐六典》记载，军镇级的防御使也有僚人，"凡诸军、镇大使，副使已上，皆有僚人、别奏以为之使。大使三品已上，僚二十五人，别奏十人。副使三品已上，僚二十人，别奏八人；……若讨击、防御、游奕使、副使，僚准品各减三人，别奏各减一人。"[33]。

二　唐代团练使的设立

有关于团练使初设时间的问题，史料记载比较含混，且学术界对于团练使是否源于团结兵问题有

着不同争论。学界对于团练使源于团结兵的根据，一般征引胡三省对于《资治通鉴》卷二一四的注文。《通鉴》原文："剑南节度使张宥，文吏不习军旅，悉以军政委团练副使章仇兼琼。"注文如下："据旧志，上元后置团练使。余考唐制，凡有团结兵之地，则置团练使。此时蜀有黎、雅、邛、翼、茂五州镇防团结兵，故置团练副使；安、史乱后，诸州皆置团练使矣。"[34]学界对于此则材料，看法各异。同意团练使为团结兵长官的说法，以张国刚先生为代表[35]。张国刚《唐代团结兵问题辨析》一文中写道："我推测，唐前期的团练使与此（健儿使、彍骑使）有相同的性质，即凡有团结兵之地，必置团练使，他不是最高军事长官，但是带有此号便拥有主持团结兵的组建、训练工作的权力。"[36]方积六先生在认为"团练使与团结兵有一定的关系"的基础上提出："并非团练使专门是团结兵的长官，有团结兵就有团练使。"[37]毋庸置疑，团练使在安史之乱前，已经广泛出现，但与团结兵相关的团练使还并没有发展成为领一州或一道的军事防御的成熟使职，而仅仅为"主持团结兵的组建、训练工作的权力"。

胡三省的注文中提到："据旧志，上元后置团练使。"此依据《旧唐书·职官志》中记载："至德后，中原置节度使。又大郡要害之地，置防御使，以治军事，刺史兼之，不赐旌节。上元后，改防御使为团练守捉使，又与团练兼置防御使，名前使，各有副使、判官，皆天宝后置，未见品秩。"[38]上元以后，改防御使为团练守捉使。据此，张国刚先生指出："唐代有两个上元年号，一是高宗咸亨五年（674）八月改元上元元年，一是肃宗乾元三年（760）闰四月改元上元元年。胡三省之意似乎高宗上元元年置团练使，但旧志（即《旧唐书》卷四十四《职官三》）称上元后改防御使为团练守捉使是肃宗时的事情。"[39]张先生认为，此时的"上元"应指肃宗时期的"上元"。《通典》中亦记载："自至德以来，天下多难，诸道皆聚兵，增节度使为二十余道。其非节度使者，谓之防御使，以采访使并领之。采访理州县，防御理军事。初节度与采访各置一人，

天宝中始一人兼领之。……上元末，省都统，后又改防御使为都团练守捉使，皆主兵事，而无旌节，僚属亦减。"[40]综合《旧唐书·职官志》和《通典》中的记载，均可看出，在广泛设置节度使的同时，于无节度使之地而设防御使，后将防御使改为团练使。既然与节度使同级，可知此处的团练使为"道"级。

但《文献通考》中载："唐肃宗乾元初，置团练使、守捉使，大领十州，小者三、五州。代宗时，元载当国，令刺史悉带团练。大率团练皆隶所治州，岁以八月考其治否，以安民为上考，惩奸为中考，得情为下考。"[41]《事物纪原》亦载："肃宗乾元元元年置防御团练使，冯鉴曰：至德中，观风使并领都团练，其后上州亦有其号。唐百官志曰：元载秉政，恩结人心，刺史皆得兼团练使。元载传曰：载用事授刺史者，悉带团练使，以悦人心。"[42]《文献通考》与《事物纪原》均采用肃宗乾元元年（758）置团练使的说法，且认为团练使并不是因防御使改之[43]。且两则资料均提及元载当政，州级团练使的设置。与州防御使相类，州团练使也多由州刺史兼领，如"段秀实为泾州刺史、兼御史大夫，充本州团练使"[44]。又，"（张）愔起复右骁卫将军同正，兼徐州刺史、御史中丞，充本州团练使"[45]。唐代藩道一级的团练使一般被称为"都团练使"，据赖青寿考证，都团练使最早出现于乾元元年（758），韶连郴都团练使[46]。且"都团练使"一般兼领该道观察使，并以此道首州刺史充。如"李琦为福州刺史、福建都团练观察使"[47]；"刑部侍郎魏少游为洪州刺史、兼御史大夫、江西观察团练等使"[48]；"萧复为潭州刺史、湖南团练观察使"[49]；"以检校太子宾客王武俊检校秘书监、恒州刺史、恒冀都团练观察使，康日知为赵州刺史、深赵都团练观察使"[50]等[51]。从地理区域上看，都团练使一般分布于东南诸道。唐代安史之乱以后，已有经济重心南移的趋势[52]。唐代东南诸道经济有了较大发展，粮食、布帛等已开始成为朝廷军国之用的重要依赖，"今方用兵，财赋为急，财赋所产，江、淮居多"[53]。张国刚先生将

唐代藩镇分为四种类型，其中东南地区的藩镇定义为东南财源型。那么，"如何控制东南藩镇，是唐朝后期政治生活中的一个重大课题。限制东南诸道的兵力，始终是唐朝的一个基本方针"[54]。安史之乱后，东南诸道大多改节度为观察。为保障中央财源，东南诸道兵力又有限制的情况下，藩道的"都团练使"也应运而生。"诸道都团练使，足修武备以靖一方"[55]。团练使这一使职的确立意图也是以军事职能为主，"以安民为上考，惩奸为中考，得情为下考"[56]。如《资治通鉴》载徐州团练使，"徐州土风雄劲，甲士精强，比因罢节，颇多逃匿，宜令徐泗团练使选募军士三千人赴邕州防戍，待岭外事宁，即与代归"[57]。团练使也逐渐掌地方军政之权，严震母丧解，"起为兴、凤两州团练使，好兴利除害"[58]。与防御使相类，团练使也设有僚属，"团练使、副使、判官、推官、巡官、衙推，各一人"[59]。

据上文《旧唐书·职官志》和《通典》记载，"上元后，改防御使为团练守捉使"，虽以此推断团练使首次设立的时间，与事实不符。但为何两史籍都对此记载呢？又《旧唐书·代宗本纪》与《文献通考》记载："代宗即位，诸州防御使并停。"[60]《新唐书·百官四下》记载："代宗即位，废防御使，唯山南西道如故。元载秉政，思结人心，刺史皆得兼团练守捉使。"[61]从以上史料可见，无论是改防御使为团练守捉使，还是诸州防御使并停，都说明唐代宗想要废除防御使，而且事实上代宗也想改变刺史兼军事使职的局面，要逐步减少地方的军权。然而，元载为一己私欲，为拉拢人心，在执行了罢免防御使的诏令后，又重设了团练使守捉使，维持现状。在这一"废"、一"改"之间，又有何特殊的政治内涵呢？陈志坚先生分析："肃宗时期的防御使及其军队是一种战时体制，而代宗时期的团练使及其军队则代表了和平时期的政治体制。所以，'改防御使为团练守捉使'这一改革的意义就在于，这个转变使得整个国家从全国范围的战争状态转入基本和平时期。"[62]而事实上州防御使也没有全面废除，尤其是"废防御使，唯山南西道如故。"而且，有个别

州因具体情况也恢复了防御使一职，"建中二年正月二十五日，潭、开宜依旧置防御使"[63]。然而此次诸州防御使并停，并没有涉及藩道防御使，尤其是南方地区，在少数民族入侵，地方政局动乱的情况下，为维护统治，藩道一级的防御使有着存在的必要。

大历十二年（777），团练使面临与防御使相同的情况。《唐会要》载："大历十二年五月十日，中书门下状奏，诸州团练守捉使，请一切并停，其刺史自有持节诸军旅，司马即同副使之任，其判司既带参军事，望令司兵判兵马按，司仓判军粮按，司事判甲仗按具，兵士量险隘召募，谓之健儿，给春冬衣，并家口粮，当上百姓，名曰团练，春秋归，冬夏追集，日给一身粮及酱菜。……十三日，诸道观察都团练使判官各置一人，支使一人，推官一人，余并停。"[64]代宗时期正是藩镇体制巩固的关键时期，而恰恰中央当时面临最大的难题，就是要加强中央集权，削弱地方武力。因此，在大历十二年元载倒台，杨绾为相，中央即实行了政治改革，"杨绾为相，罢团练守捉使，唯澧、朗、峡、兴、凤如故"[65]。由上述材料可知，对于罢州团练使的军事意义似乎并不凸显，而仅去除了刺史的军事使职的名号，并减少了州级使职僚佐。但是，代宗罢州团练使之时，并未一同罢停藩道的都团练使。《资治通鉴》载："诏自都团练使外，悉罢诸州团练守捉使。又令诸使非军事要急，无得擅召刺史及停其职务，差人权摄。又定诸州兵，皆有常数，其召募给家粮、春冬衣者，谓之'官健'；差点土人，春夏归农、秋冬追集、给身粮酱菜者，谓之'团结'。"[66]那么，对于保留藩道团练使的原因，张玲解释为：首先，藩道团练使的重要职责以及所辖军队的性质，这对保障中央获取财政税收具有积极意义。其次，罢去州团练使可以使地方军权得以隶属刺史的领导系统。在不动摇州级行政存在的前提下，恢复原有地方行政机构的管理秩序。而藩道体系是监察、行政权和军事权的合一，道级团练使是其有机组成部分。因此，不存在这样的问题[67]。州团练使罢停的诏令，得到较好贯彻，直至唐亡任命州团练使的情况不多。

三　结语

防御使与团练使均为军事使职，职掌相类，而且一般有节度使设置的藩道就不再兼设都防御使或都团练使，反之亦然。那么两者有何区别呢？其主要区别在于两者迁转的先后、地位的高低、俸钱的多少以及是否授予旌节等。对于地位的高低，《文献通考》记载："唐防御使在团练使之下，宋朝升之于上。"[68] 《唐会要》载文武百官朝谒班序："贞元二年（786）六月，御史中丞窦参奏，起今以后。班七人以上，同日不到者。请具名闻奏，从之。其年九月五日敕，应文武百官朝谒班序：中书门下、供奉官……留守、副元帅、都统、节度使、观察使、都团练、都防御使、并大都督、大都护、持节兼者，即入。班在正官之次，余官兼者，各从本官班序。"[69] 依次两则资料，可知唐代防御使地位在团练使之下。《资治通鉴》载："中国之法必自刺史、团练、防御序迁乃至节度使，请遣威至此，渐加进用。"[70] 虽然，此则材料是五代后晋高祖所言，但其中所言"中国之法"，当指大一统的唐朝。团练使、防御使自唐朝始设，源流下来。又，《新唐书》记载："会昌四年（844），升大同都团练使为大同都防御使。"[71] 由此可知，若按唐叙迁之制，防御使在团练使之上。《新唐书·食货志》记载了唐百官俸钱额："唐世百官俸钱，会昌后不复增减，今著其数：太师、太傅、太保，钱二百万……节度使，三十万。都防御使、副使，监军，十五万。……都团练使、副使，上州刺史，八万。"[72] 此俸钱也是会昌年间以后的记录，显然都防御使高于都团练使。那么，对于防御使与团练使的地位高低，就出现了矛盾的说法。那么，我们可不可以认为，在至少会昌年间以后，团练使位于防御使之下[73]。对于防御使和团练使的区别，陈志坚先生认为根源在于两者率领军队的性质不同。防御使的军队是适应战争的临时产物，属于招募性质的"官健"，数量庞杂，消耗了大量的地方财政。团练兵是预备兵性质的军队，平时务农，战时应战。这与和平时期的武装相像，可以防止地方军事力量膨胀，并大大减轻了财政负担[74]。防御使、团练使若能服从中央，则为中央和地方联系的重要桥梁；若与中央对抗，则势必会与中央争夺对地方的治理权。

注释：

[1]〔宋〕高承：《事物纪原》卷六《节钺帅漕部·防御》，中华书局 1989 年，第 307 页。

[2]〔元〕马端临：《文献通考》卷五九《防御使》，中华书局 2011 年，第 1776 页。

[3]〔宋〕欧阳修：《新唐书》卷四九《百官四下》，中华书局 1975 年，第 1316 页。

[4]〔宋〕司马光：《资治通鉴》卷二百六，圣历二年腊月辛亥，中华书局 1956 年，第 6539 页。

[5]〔后晋〕刘昫：《旧唐书》卷八《玄宗上》，中华书局 1975 年，第 173 页。

[6]〔宋〕欧阳修：《新唐书》卷六七《方镇四》，第 1862—1863 页。

[7]〔宋〕欧阳修：《新唐书》卷五十《兵》，第 1328 页。

[8]〔宋〕司马光：《资治通鉴》卷二一七，天宝十四年冬十月丙子，第 6937 页。

[9]〔宋〕司马光：《资治通鉴》卷二一七，至德元年春正月乙卯，第 6951 页。

[10]〔宋〕司马光：《资治通鉴》卷二一七，至德元年春正月甲子，第 6953 页。

[11]〔宋〕司马光：《资治通鉴》卷二一七，至德元年三月壬午，第 6960 页。

[12]〔宋〕司马光：《资治通鉴》卷二一八，至德元年五月壬寅，第 6978 页。

[13]〔后晋〕刘昫：《旧唐书》卷四四《职官三》，第 1923 页。

[14]〔宋〕司马光：《资治通鉴》卷二一八，至德元年五月己丑，第 6969—6970 页。

［15］〔后晋〕刘昫：《旧唐书》卷一一一《本纪第十一》，第 307 页。

［16］〔后晋〕刘昫：《旧唐书》卷一一三《本纪第十三》，第 388—389 页。

［17］〔后晋〕刘昫：《旧唐书》卷一一四《裴茂传》，第 3364 页。

［18］〔后晋〕刘昫：《旧唐书》卷三八《地理一》，第 1389 页。

［19］〔后晋〕刘昫：《旧唐书》卷一七下《本纪第十七下》，第 543 页。

［20］〔后晋〕刘昫：《旧唐书》卷一八下《本纪第十八下》，第 639 页。

［21］〔宋〕王溥：《唐会要》卷六八《刺史上》，中华书局 1955 年，第 1201 页。

［22］〔后晋〕刘昫：《旧唐书》卷一六《本纪第十六》，第 499 页。

［23］〔后晋〕刘昫：《旧唐书》卷一九下《本纪第十九下》，第 711 页。

［24］〔后晋〕刘昫：《旧唐书》卷一九上《本纪第十九上》，第 654 页。

［25］〔宋〕司马光：《资治通鉴》卷二二二，广德元年春正月癸亥，第 7141 页。

［26］〔后晋〕刘昫：《旧唐书》卷一三《本纪第十三》，第 366 页。

［27］〔后晋〕刘昫：《旧唐书》卷一三四《马燧传》，第 3694 页。

［28］〔后晋〕刘昫：《旧唐书》卷一四四《邢君牙传》，第 3926 页。

［29］〔宋〕司马光：《资治通鉴》卷二七三，同光二年冬十月辛未，第 8925 页。

［30］〔宋〕司马光：《资治通鉴》卷二二〇，至德二年十一月戊午，第 7051 页。

［31］〔宋〕欧阳修：《新唐书》卷四九下《百官志四下》，第 1310 页。

［32］〔宋〕王溥：《唐会要》卷七九《诸使下·诸使杂录下》，第 1446 页。

［33］（唐）张九龄：《唐六典》卷五《尚书兵部》，中华书局 1992 年，第 159 页。

［34］〔宋〕司马光：《资治通鉴》卷二一四，玄宗开元二十七年冬十月甲辰，第 6840 页。

［35］其中，还包括日野开三郎、谷霁光等学者，都认为团练使是团结兵的长官。

［36］张国刚：《唐代团结兵问题辨析》，《历史研究》1996 年第 4 期，第 43 页。

［37］方积六：《关于唐代团结兵的探讨》，《文史》第 25 辑，中华书局 1985 年，第 102 页。

［38］〔后晋〕刘昫：《旧唐书》卷四四《职官三》，第 1923 页。

［39］张国刚：《唐代团结兵问题辨析》，《历史研究》1996 年第 4 期，第 43 页。

［40］（唐）杜佑：《通典》卷三二《职官十四》，中华书局 1988 年，第 895 页。

［41］〔元〕马端临：《文献通考》卷五九《团练使》，第 1776 页。

［42］〔宋〕高承：《事物纪原》卷六《节钺帅漕部·团练》，第 308 页。

［43］龚延明先生认可团练使产生于乾元元年的说法，见《宋代官制辞典》"团练使条"，中华书局 1996 年，第 581 页。

［44］〔后晋〕刘昫：《旧唐书》卷一一一《本纪第十一》，第 310 页。

［45］〔后晋〕刘昫：《旧唐书》卷一四〇《张建封传》，第 3833 页。

［46］赖青寿：《唐后期方镇建置沿革研究》，复旦大学博士学位论文，1999 年，第 12 页。

［47］〔后晋〕刘昫：《旧唐书》卷一一一《本纪第十一》，第 301 页。

［48］〔后晋〕刘昫：《旧唐书》卷一一一《本纪第十一》，第 286 页。

［49］〔后晋〕刘昫：《旧唐书》卷一一二《本纪第十二》，第 320 页。

［50］〔后晋〕刘昫：《旧唐书》卷一一二《本纪第十二》，第 332 页。

［51］但据罗凯考证，大历初期许多方镇是不带观察使职的。见罗凯：《隋唐政治地理格局研究》，复旦大学博士学位论文，2012 年，第 158 页。

［52］对于经济重心南移时间问题，史家颇有争论。但唐代南方经济发展，各方家一致认为是不争的事实。一些学者同时认为经济重心南移完成于唐代，有代表性的如：唐长孺《魏晋南北朝隋唐史三论》指出，安史之乱后，经济重心加速向南方倾斜，终南移到长江流域；宁可：《隋唐五代经济卷》指出，大体上自安史之乱以后，南方经济发展水平超过北方，全国经济重心转移到南方；曹尔琴《唐代经济重心的转移》提出，唐代后期的经济重心从中国北方转向南方；翁俊雄《唐代区域经济研究》认为唐后期的经济总体水平大大超

过唐前期，尤其是长江流域。

［53］《资治通鉴》卷二一八，至德元年五月癸未，第 6992 页。

［54］张国刚：《唐代藩镇研究》（增订版），第四章唐代藩镇的类型分析，中国人民大学出版社 2009 年，第 57 页。

［55］〔后晋〕刘昫：《旧唐书》卷一四《本纪第十四》，第 437 页。

［56］〔元〕马端临：《文献通考》卷五九《团练使》，第 1776 页。

［57］〔宋〕司马光：《资治通鉴》卷二五□，咸通五年五月敕，第 8109 页。

［58］〔宋〕欧阳修：《新唐书》卷一五八《严震传》，第 4942 页。

［59］〔宋〕欧阳修：《新唐书》卷四九下《百官四下》，第 1310 页。

［60］〔元〕马端临：《文献通考》卷五九《防御使》，第 1776 页；〔后晋〕刘昫：《旧唐书》卷一一《本纪第十一》，第 269 页。

［61］〔宋〕欧阳修：《新唐书》卷四九下《百官四下》，第 1316 页。

［62］陈志坚：《唐代州郡制度研究》，上海古籍出版社 2005 年，第 16 页。

［63］〔宋〕王溥：《唐会要》卷七八《诸使杂录上》，第 1440 页。

［64］〔宋〕王溥：《唐会要》卷七八《诸使杂录上》，第 1439 页。

［65］〔宋〕欧阳修：《新唐书》卷四九下《百官四下》，第 1316 页。

［66］〔宋〕司马光：《资治通鉴》卷二二五，大历十二年五月辛亥，第 7245 页。

［67］张玲：《论唐代宗大历十二年藩道团练使置而不罢》，《天水师范学院学报》2011 年第 1 期。

［68］〔元〕马端临：《文献通考》卷五九《防御使》，第 1776 页。

［69］〔宋〕王溥：《唐会要》卷二五《文武百官朝谒班序》，第 480 页。

［70］〔宋〕司马光：《资治通鉴》卷二八二，后晋天福四年秋七月丙辰，第 9204 页。

［71］〔宋〕欧阳修：《新唐书》卷六五《方镇表二》，第 1819 页。

［72］〔宋〕欧阳修：《新唐书》卷五五《食货五》，第 1403 页。

［73］因笔者未找到其他材料支撑，尚且存疑。

［74］陈志坚：《唐代州郡制度研究》，上海古籍出版社 2005 年，第 16—21 页。

两晋南北朝高僧的群体特征及其社会网络

邵婉容（苏州科技大学）

内容摘要：僧团乃佛教"三宝"之一，而在僧团中最具有代表性的便是高僧这一群体，两晋南北朝时期，高僧群体在社会上起到了十分重要的作用，是具有鲜明特征的宗教文化群体。他们通过自身的社会地位，上系皇室高门，下通寒门百姓，由于各种关系的牵连，逐步构建起了自身的社会网络，他们看似处于社会之外，却勾连着社会的各个阶级，使得佛教在两晋南北朝时期的成长环境十分优渥，从而促进了佛教的进一步传播，于这一时期扎根于汉地。尽管之后佛教也遭历劫难，几经浮沉，但是因为众多高僧们的努力，使得它能够在中国历经千年传播，生生不息。

关键词：两晋南北朝　高僧群体　群体特征　社会网络

佛教自汉末传入，到三国时期其流布地域已经到达江南地带。佛教信仰传播扩散速度如此之快，不单和当时朝野动荡所带来的民生疾苦以及大规模社会流动有关，不管是西域高僧还是汉地高僧，他们作为这个时期游走于社会的一个特殊团体，在时代的奔波洪流中也发挥了举足轻重的作用。正如梁启超所言，"两晋南北朝为佛学输入期，此输入时期实则渐图建设"[1]，而高僧群体则无疑是这一时期输入和建设佛教的中坚力量。

据此，笔者试图以两晋南北朝的高僧作为研究对象，探究其群体特征，并且围绕这个群体所构建的社会网络加以讨论。首先，本文分析南北高僧群体之间存在差异的原因。其次，在此基础上，概括南北高僧的群体特征。最后，以高门士族、皇室、寒门、百姓为出发点，以高僧群体为中心，试着从不同的角度剖析高僧和上层社会和下层社会所构建起来的的社会关系网络。

一　从南北高僧的比较研究看高僧的群体特征

要讨论高僧的群体特征，就必须厘清南北高僧群体之间存在差异的必然性。因此，下文首先阐述二者存在差异的根本原因；其次阐明南北高僧群体的特征。

（一）南北高僧群体的差异

南北高僧群体存在差异的根本原因在于佛教在本土化过程中带有很强的区域性差异，南北两地风情各异，由一方水土"蕴育"而来的一方高僧也就体现出很强的差异。

1. 佛教本土化带有区域性差异

佛教是适应性很强的宗教，进入任何一个国家，它都会经历本土化的过程，这是其自身教义所赋予的弹性。佛教讲究法门，《华严经·方便品》中谓佛"以种种法门，宣示佛道"[2]。唐代黄檗在《传心要法》中也说，佛用"八万四千法门对八万四千烦恼"[3]。从对"法门"的阐释来看，尽管众生的根机有所不同，但都可从适合自身的法门而入，从而除却万千烦恼。譬如之后分衍出来的各大宗派，其实皆是种种法门。《入楞枷经》中也有这么一句话："诸法无自体，智慧者能觉。"[4]所以，从佛教教义上看，只要虔诚信仰此教，法门是千变万化的，众生可以根据自身的需要选择恰当的法门通往净土。

正因如此，佛教在沿途传播的地区入乡随俗，迎合着当地的信仰和传统。就汉地而言，佛教找到的契合点是道教。汉代道教得到发展，东汉时谶纬盛行，佛教徒迎合当时民间方术之士、道士的传教之法，通过占验等方术和百姓接触[5]。就算有一时难以契合的地方，佛教也在不断适应，如袈裟披法的汉化就是为了符合汉人的审美。这体现的都是佛教在本土化过程中的灵活变通性[6]。

具有这样强的适应性，佛教才有"漂流之莲"之称。迈克尔·乔丹（Michael Jordan）对此有恰如其分的比喻，自佛教"在印度北部的腹地和发祥地，像鹅卵石在池塘中激起的波纹一样层层扩散，结果，正由于它那顺应其他民族信仰的意愿，它在所到之处无不蓬勃发展，并带有鲜明的'民族'特色"[7]。这样的"民族"特色还可以在各地百态的佛像中得到充分印证：韩国的佛像整体人物色调偏白，中国则偏暗黄。

同理，莫说是不同的国家，就算是在同一国家内，因为地域的不同，所展现的佛教艺术也会存在差异，这由人文地理因素所导致，也由传统的历史沉淀所促成。所以江南一带的佛教遗迹带有山水之风，诗韵之气，而西藏地区留存下来的佛像更多体现出一种豪迈旷远和厚重之感。这便是因为佛教在本土化过程中带有很强的区域差异。

2. 高僧群体带有区域性差异

由上述可知，佛教中国化带有明显的区域性差异，体现在艺术上是各地佛像的风情各异，当然，这也促进了佛教文化朝着多元化方向发展。这样的区域性差异反映到僧团之上，则表现为南北高僧群体的差异。

汤用彤先生指出，三国时期佛教重镇，在北乃是洛阳，南则是建康[8]。不同的佛教重镇自然就会演化出不同的高僧群体。两晋南北朝时期，高僧在北基本上以洛阳和长安一带为主要的聚集中心，在南则以建康为中心。由于高僧群体的迥然有别，北方和南方的佛学发展才会不尽相同，正如梁启超所言："佛教发达，南北骈进，而其性质有大不同者。南方尚理解，北方重迷信。南方为社会思潮，北方为帝王势力。故其结果也，南方自由研究，北方专制盲从"[9]，作为佛教研经译典的主体，南北高僧群体的差异显而易见。

所以，因为地域不同，南北高僧群体呈现出不同的特征。下文则具体讨论南北高僧群体的特征，笔者将分为北方高僧群体和南方高僧群体两个部分来进行阐述。

（二）北方高僧群体的特征

1. 主译经，受制于皇权

北方高僧多来自西域，知晓佛典，加上通习华言，所以他们译经颇多。当然，他们大多从事译经，也是因为当时汉地的经书并不多，佛经教法也不完备。汉地僧人则常起辅助梵僧的作用，帮助梵僧翻译佛典，矫正音译。如竺佛念乃凉州人，当时赵正请僧伽跋澄、昙摩难提入长安译诸经为梵语，竺佛念再译成汉文，使得"质断疑义，音字方明"[10]。得益于梵僧的付出和贡献，汉地译出了众多佛教经典，从而为后来佛经义解的发展奠定了基础。

但是，北方高僧往往受制于皇权，不得自由。北方儒释之间碰撞冲突十分激烈，胡僧受原始佛教影响较深，所遵守的戒律更严谨，保存的佛教原始性的特点也较多，所以在北方历经本土化的过程也较为曲折。他们迫于北方帝王的势力，常常身不由己。如在当时的背景下，姚兴逼迫鸠摩罗什娶妻便是一例，这是佛教本土化过程中梵僧不得不做出的妥协，而这显然是带有浓厚强迫性的本土化，也是高僧向皇权屈服的表现。

北方教权与皇权相结合，教权只是归属于皇权的一个部分，教权与皇权集中于帝王一身。塚本善隆认为，在北魏建国之初，佛教便与皇权结合，而皇帝任命的官吏道人统就是以帝之臣僚为首席的北魏佛教教团。这样一种"现在皇帝即是现在如来"的思想，长久以来为北朝的佛教界和政治界所承续，渐渐强化了北朝佛教的国家性格[11]。譬如将佛像雕琢得如帝王身躯一般，就是在彰显"佛即是帝""帝即是佛"的观念。这种教权与皇权统归于帝王一身的制度，实际贯穿于北魏时期的诸多朝代中[12]。北方发生的二次灭佛事件，便是因为帝王好恶，是帝王在宣示自己的绝对权威。帝王实际掌控和把握着佛教在北方的生存与否，同样也掐着北方高僧群体信仰的咽喉。

2. 擅长阴阳术数之学

西域僧人多阴阳术数之能，统治者也十分看重他们这方面的才能，希冀他们能够为己所用。如鸠摩罗什就善闲阴阳，在吕光西征之前，苻坚言："闻彼有鸠摩罗什，深解法相，善闲阴阳，为后学之宗，朕甚思之。若克龟兹，即驰驿送什。"[13] 在苻坚之后，后凉吕光及其后继者没有厚待鸠摩罗什，因为他们本身并不那么尊奉佛教，所以就只把鸠摩罗什当作是能够预言祸福、占凶卜吉的方士而已。佛图澄也是依靠占卜数才能在后赵被奉为国师，可见，拥有这样的技能，使得高僧在纷乱的朝代更迭中得以喘息和生存，甚至得到赏识，获得较高的地位。

就算是到了唐代，这样的侧重点还是没有改变。唐代修撰《晋书》，其中《艺术传》收录了五名僧人，其中便有鸠摩罗什和佛图澄二人。但在古代，"艺术"多用来指占卜数等一些专业技能，这说明唐朝仍然注重的是他卓越的占卜之术，并且大力渲染他的术数之能[14]，可见，北方高僧的阴阳术数之能的确很受统治者器重，这也是他们在传教过程中依托汉地道教和统治者需要所做出的必然选择。

（三）南方高僧群体的特征

1. 尚义解，致力于革新

佛教的传入是一个长期的过程，佛经翻译历经了漫长的岁月才为汉地所通，所以在这个吸收的过程中就会产生各种可能性，高僧就会对教义产生不太一样的理解，尤其是汉僧居多的南方就更是如此。上文已经谈到北方佛教发展和高僧群体受制于皇权，相对来说，南方皇权对佛教和高僧群体发展的阻碍性不强。

南方没有出现像北方那样大规模的灭佛，对佛教的发展没有什么大的冲击和限制，佛教的发展环境较北方是相对宽松的，不会完全为帝王的个人喜好左右，所以南方高僧的施展空间更为广阔，思想的碰撞和迸发也更多样，佛教本土化就更容易取得突破。可以说，在南方自由的环境下，佛教思想和汉地传统才能在冲突中趋于融合。佛教真正意义上的革命就是在南方应运而生的。南方俨然作为佛教迈向另一个历史阶段的出口，成为佛教发展的新天地，而这个新天地正是高僧们所开辟出来的。

第一，南方高僧尚义解。北方高僧群体重译经，他们往往通晓华言，将经书译梵为汉几乎为他们一生的事业。东晋以后，佛教翻译有了一定的数量，基本完成了介绍的使命[15]，为南方高僧的思想创造搭建了台阶。所以南方高僧群体更重义解，他们力求在经文中取得突破，这是南方高僧群体自由思想的体现。

此外，东晋南朝之时发生的业报轮回和形神之争也是南方自由研究的例证。范缜作《神灭论》，他反对因果报应，佛教一方则组成了庞大的护教阵线，上至皇帝，下至名僧、名士、名臣等[16]，论战涉及人数甚多。而在北方，涉及面如此之广的论战是不曾见到的。就算是"在西方宗教史上，也没有发生像中国六朝那样的关于因果报应和神不灭的大论战"[17]。这种大论战至少从另一个侧面说明佛教思想引起了很多人的思考和辩论。范缜大谈无佛，说明当时有人对佛教有抵触的情绪，萧子良、王琰等人都劝说或反诘过范缜的言论，可见社会上虽然出现了反对声音，同样也增加了对佛教的讨论度，大争论在社会上激荡起层层波浪，实际上反向促进了佛教的发展。

第二，南方高僧致力于革新。南方高僧比北方高僧突出的地方在于：他们大多是本土人，更善于和中国传统思想相糅合，注重变化革新。在革新意识上具有代表性的是竺道生，他首先提出了"顿悟"之说，认为信佛不需要念经，也不要坐禅，更不要持斋拜佛，这一切烦琐的事宜其实都是虚妄，只要你有决心，便可以突然觉悟，生公所言可称为是禅宗革命的先声。胡适先生便对生公极尽赞美之词，称其："这与欧洲宗教的重大改革，由间接地与上帝接触，变为直接地回到个人的良知良心，用不着当中的媒介物一样。"[18] 他将生公的革新比喻为欧洲的宗教改革，可见生公革新意义之大。

2. 兼综玄、儒、释之学

与北方重禅定有别，南朝佛教是玄学化的[19]，南方高僧除了具有佛学义理外，还颇懂玄儒等外学。除此之外，南方高僧多为汉僧，本就受儒学熏染，有的虽是西域高僧弟子，但中原文化影响深厚，以至于难以摆脱儒、道思想，完全依据佛教的方式修习教义，所以南方高僧往往三者兼通，即带有玄、儒、释兼综的特点。尤其是晋宋之际，这样的现象很突出。对此，唐长孺先生指出："东晋前期，我们还未见兼讲儒经的高僧，东晋后期，佛学探讨日益深入，逐渐摆脱了先前作为玄学附庸的地位，并且进而取代玄学成为思想界的主流。也正是自东晋后期以来，不少高僧不仅弘宣佛法，而且也开讲佛经，而著名的儒学大师则往往深通佛学。"[20] 在这一风气的影响下，晋宋时期擅长儒学等"外学"之高僧颇多。

东晋慧远就博通玄、儒、释，其"少为诸生，博综六经，尤善《庄》《老》。性度弘博，风览朗拔，虽宿儒英达，莫不服其深致"[21]。以至于诸多隐逸儒者如雷次宗、周续之等随之游学，拜其为师。对慧远通儒学，当时士大夫以"儒博"[22] 称赞之。在慧远影响下，其弟子亦多具儒学修养，形成了庐山僧团儒释兼综的独特学风，这体现着当时佛教中国化过程中文化交融的学术趋向[23]。当然，当时玄学在社会的影响不可能被消弭，所以总体说来，高僧兼通的是玄、儒、释之学。

二 高僧群体构成的社会网络

不管是一般的僧俗，还是声名远扬的高僧大德，他们不可能真正意义上超脱于世俗之外。佛教作为渐渐融入社会的一个部分，社会一旦发生动荡，它必然会受到牵连。如隋朝统一不久就面临了"陈之故境，大抵皆反"[24] 的境况，导致当时很多寺院出现了焚毁的惨象[25]。高僧又不同于一般僧侣，是对佛教信仰最为深刻的践行者，他们作为佛陀的使者，致力于弘法传教，更是摆脱不了和上流社会的交流，和下层社会的沟通。

高僧群体所构成的网络覆盖了整个社会，不仅包括高僧群体之间的互动交流，还包括他们和高门士族、帝王皇室以及寒门百姓的互动，通过高僧这一中间人，阶层与阶层或多或少存在联结，于是构成了一个紧密的社会网络，高僧群体在其中甚至带动了社会的隐性流动。

（一）高僧群体之间的交流与互动

高僧大德之间互通往来，由于交往涉及信仰，他们往往友谊深厚，联系紧密。而且高僧群体间的交流是十分频繁的。他们的互动可以分为纵向和横向的联系：纵向的联系是高僧之间的衣钵继承，横向的联系是高僧群体之间的交往。

衣钵继承的关系无须赘述，这里需要指出的一点是高僧未必师从一家，如鸠摩罗什既从卑摩罗叉受学，也师从佛陀耶舍。可以说，只要是有可学之处，高僧便会以师礼相待，师从受学，这便是他们学习的态度。

高僧群体之间的交往是不分地域的。正像季羡林先生说的："许多高僧的活动范围和影响，并不限于北方或者南方，而是跨越地区，跨越政治分界。"[26] 高僧群体间的交流和互动是以这样的"跨越"为基础的。

第一，翻经译典通力协作。译经事业往往是众多高僧通力合作的结果。梵僧想要翻译佛经，必须和汉僧合作[27]，如《高僧传》记载佛驮什"什执梵文，于阗沙门智胜为译，龙光道生、东安慧严共执笔参正"。可以大致猜想胡僧主口诵，汉僧主笔受。因为弗若多罗"未竟而亡"，所以慧远遣书通好昙摩流支，加上姚兴的一再"敦请"，于是二人共译《十诵》。在翻译佛经上，不管是胡僧还是汉僧，他们的志趣是相同的。在胡汉高僧群体的通力协作下，佛经的翻译工作得以系统化、秩序化，渐渐形成后来的译场。所以，高僧之间的交流在某种程度上促进了译经事业的发展，也促进了胡汉的交流。

第二，个人交往友情深厚。高僧通常往来密切，厚相宗敬，很多师从同一高僧，所以情谊浓厚非常。胡汉高僧也常有书信往来，史载昙摩流支乃西域人，慧远遣书通好，"流支既得远书，及姚兴敦请，乃与什共译《十诵》都毕"[28]。后慧观也欲请昙摩流支下京师。此外，北方高僧被摈，南方高僧还修书与帝王为其解释，时佛驮跋陀罗被流言困扰，他可能"将有不测之祸"，慧远"乃遣弟子昙邕，致书姚主及关中僧众，解其摈事"[29]，可见高僧之间互帮互助，相互依靠的情谊。表面上，高僧群体之间只有佛学的互动，但其实南北高僧群体不仅限于佛教不同文本、教义的交流，这样的交流中无意间也包括了南北方不同的文化和制度，实际上推动了南北社会间的交流与融合。

第三，精神传承思想共鸣。高僧群体之间的情感是纯粹的，他们在思想和灵魂上产生共鸣，就算不处于一个时代，高僧之间也有精神的仰慕，如支遁就十分敬慕竺法护，称其"道德渊美"[30]。高僧的精神不断流传后世，为后人所瞻仰，也激励着一代代的僧俗为传承佛教而努力。晋末汉僧西行求法，或意在寻觅佛家经典而丰富中原的佛学，或旨在拜谒高僧而师从受学，或欲睹佛教圣迹而涤荡世俗之心，或想求得高僧来华而宣译众经。他们这样不惧危险，便是由于信仰的支撑，出于对高僧大德的敬仰。

当然，光靠高僧群体的通力合作和努力宣化是不够的，佛发弘扬仍然需要仰仗政治力量[31]，尤其需要当时第一等级，即贵族等级的扶植，而贵族等级又分为皇室阶级和高门阶级两大类[32]，接下来本文继续讨论高僧群体和他们之间的联系。

（二）高僧群体与高门士族的结交

寺院建筑宏伟华丽，众多坐像摆件更是精雕细琢、瑰丽奇巧，如此浩大壮观的建筑，百姓供奉的微薄香火钱定然不足以支持它们的存在，这必然离不开高门富裕阶层的慷慨布施。谢重光就提到，两晋南北朝迄唐中叶是士族支配社会的时期，也恰好是佛教寺院大量兴建并保持繁荣的时期[33]。上流社会固然受到福报愿望的驱使，对寺院进行物质捐助，以求用家财换来的平安康乐，但高僧群体在这中间的作用亦不可忽视。

两晋南北朝时期，高僧和高门士人相处友善，史载帛尸梨蜜来晋，"丞相王导一见而奇之，以为吾之徒也，由是名显。太尉庾元规、光禄周伯仁、太常谢幼舆、廷尉桓茂伦，皆一代名士，见之，终日累叹，披衿致契"[34]。可见高僧在高门士族中的影响。具体看来，高僧与高门之间的往来主要体现在

学问研讨、师承关系和舍宅为寺三个方面。

1. 学问研讨

高僧与高门之间常常进行学问研讨。以东晋支遁为例，他就常与高门探讨玄学之要[35]。玄学盛行之际，高门也愿意和支遁这样博通玄儒的高僧交往。帛尸梨蜜仙逝后，更是"诸公闻之，痛惜流涕"，高僧卒去，众人惋惜不已，悲痛难耐，可见高门和高僧之间的情谊之深。以萧子良为首，形成了特殊的竟陵"八友"集团，这是一个僧、俗结合的文化集团。当时出入萧子良王府的不仅有以"八友"为核心的士族贵游子弟，还有大量的僧侣[36]。据《资治通鉴》记载："子良笃好释氏，招致名僧，讲论佛法。道俗之盛，江左未有。或亲为众僧赋食、行水，世颇以为失宰相体。"[37]从这个集团来看，他们高僧和高门之间主要以研究文学佛经为主，对文学和佛教的发展产生了很大影响。

高僧的才学符合高门的喜好，佛家教义自然而然地在这些高门士族中传播。因为受到了高门士族的赏识，而这样的赏识带给高僧群体更大的人脉圈子，也就是说，学问研讨就像是高僧和高门之间交流的桥梁，高僧通过自身和高门建立的交际网络，进一步促进了佛教的发展。

有时候，高僧群体的交流也通过和高门的联系实现。如《高僧传》卷一中就提到前秦武威太守赵正"慕法情深，忘身为道，乃请安公等，于长安城中，集义学僧，请难提译出《中》、《增一》二《阿含》，并先所出《毗昙心》、《三法度》等，凡一百六卷"[38]。由于高门的邀请，高僧群体之间也获得了交流，从而合作完成翻译的任务。

2. 师承关系

高门士族中拜高僧为师的有很多，琅琊王珉就是帛尸梨蜜的高足，在梨蜜死后也特别为之作序。北魏时期甚至成为贵族阖门之师的情况也是常有的，以高僧为"门师"的风习，也一直延续下去。此外，甚至还有高门出身的女子也受到高僧的熏陶和教导。如"宋故丹阳尹颜竣女法弘尼、交州刺史张牧女普明尼，初受竺法度法。到了梁代宣业、弘光等诸尼，

习其遗风，东土尼众，亦时传其法"[39]，可见高门和高僧之间存在师承关系是很常见，高僧的女弟子也颇多。

3. 舍宅为寺

据记载，东晋陆玩"舍宅为寺"[40]，即今日位于苏州的灵岩山寺本为高门陆玩名下土地[41]。且南方捐宅为寺非此一例，东晋也有何充舍宅为建福寺[42]，今苏州光福寺亦原系梁九真太守顾氏私人住宅[43]，北方的贵族高门捐宅更是数不胜数，史载"王侯贵臣，弃象马如脱屣；庶士豪家，舍资财若遗迹"[44]。

除了佛教思想的吸引，高僧的个人魅力也是促使这么多高门士族慷慨捐宅的原因。如高门之间有争着和高僧亲近的事例，史载"蔡子叔前至，近遁而坐，谢安石后至，值蔡暂起，谢便移就其处。蔡还，合褥举谢掷地，谢不以介意"[45]。谢安不过是趁蔡暂时离开之时，靠近支遁就坐，蔡子叔居然将谢安掷地，这样的举动在如今看来是不可思议的，但却很能表明高僧在高门心中的地位。

从这三个方面看，不难看出高僧与高门二者实则关系紧密，交情匪浅，共同促进佛教在汉地的发展。高门士族不仅是两晋南北朝时期的政治权威，他们还掌控经济及文化传统的继承，况且高门一族本就复杂，宗族势力遍布各地，在这样错综的背景下，高僧与高门之间的交情网络亦是层层相扣、彼此牵扯。高门和高僧的结交，使得高僧获得这些名贵的支持和敬重，佛教思想在高门之间传播，从而才营造出佛教发展的有利局面，形成了佛教盛行之象。

（三）高僧群体与帝王皇室的联系

若无高门扶持，佛教发展不会顺利，寺院的宏大建造难以维持。可一旦失去皇室的支持，佛教的发展将举步维艰，甚至会迎来灭顶之灾。佛教某种程度上是仰政治之鼻息而生存的。历史上的几次灭佛活动，使佛教遭到了浩劫，这便是帝王实行剪灭政策的结果，而后佛教能得以复兴，也离不开他们的支持。两晋南北朝时期的统治更替频繁，帝王大多对佛教是尊崇之心理，不管是北方还是南方，历

代统治者中不乏笃信佛教的虔诚者，所以高僧与帝王之间往往存在很多的联系。

1. 帝王皇室师从高僧

于北方而言，佛教作为外来宗教，与少数民族统治者入主中原的心理状态相适应。后赵石虎就说："佛是戎神，正应所奉"[46]。而且，佛教因果轮回的思想是解释社会贫富分化很好的理由，有利于统治的正当化，加强统治的合理性，因而帝王乐意支持。北魏帝王皇室便有很多人延请僧尼作为门师。譬如昙曜曾为文成帝之师[47]，道登则为孝文帝之师[48]，很多帝王都是高僧的高足。

于南方而言，南朝对佛教最热衷信仰的帝王当属梁武帝萧衍。原先梁武帝崇奉的是道教，后来才舍道归佛，称佛教为"正道"，其他都是"邪道"[49]，前后信仰的转变，想必与他和高僧的交游有很大的关系。上文提及的竟陵"八友"，萧衍便曾是其中之一，这一集团中僧俗相交，他们在一起讲经谈佛，萧衍和高僧交流在所难免，所以天监十八年，他本人便从慧约受菩萨戒，此后，皇室宗族从慧约受戒的达到万人之多，可见南朝帝王皇室师从高僧的盛况。

2. 高僧偶有"谏臣"之效

帝王和高僧之间，虽无君臣之实，但是高僧有时也会起到纳谏的作用。由于帝王优待高僧，他们也多半会听从高僧的建议。譬如梁武帝想自任"白衣僧正"，但是因为智藏高僧的反对而作罢[50]。还有高僧直接向帝王上呈谏表，如周太祖沙汰僧尼，昙积和尚便呈上自己的表章。

由上可知，帝王皇室和高僧之间实际上存在一种内在的联系，或有师徒之情，或有君臣之义，高僧帮助帝王，帝王亦成就高僧。牟钟鉴先生就鸠摩罗什和姚兴之间的关系展开讨论，他认为"姚兴成全了罗什"，且"没有姚兴，鸠摩罗什难成一代高僧"[51]。的确如此，高僧的远负盛名和统治者的大加推崇是紧密相关的，高僧一旦失去了政治上有力的支柱和依靠，其佛法事业的发展也就无从谈起，佛教的兴盛也就难以为继。

（四）高僧群体与寒门子弟的联系

就高僧群体与寒门子弟的联系看，两者的联系在刘宋时期更加突出。在这一时期，南方高僧多出自寒门，寒门也渐渐兴起。可以说，高僧在寒门的兴起上扮演了重要的角色。

众多高僧出身寒门，寒门亦拜师沙门。如竺僧度"少出孤微"[52]，周续之和雷次宗均事沙门释慧远，关康之"尝就沙门支僧纳学算"[53]，从以上种种寒门子弟师从高僧看来，当时拜师沙门为普遍现象，寒门子弟和高僧的师生渊源很深。

由此可见，南方高僧群体兼有寒门学人的特点。在两晋南北朝时期，高门几乎垄断了政治、经济和文化，寒门子弟需要找到一个合适的突破口，寻求自我价值和地位的提升，佛门无外乎是一条很好的途径。寒门在刘宋时期的崛起，便可说明这一途径的可行之处，也可说明高僧群体在这一政治现象中的推力作用。这样的推力是隐性的，虽然它始终不能撼动士族主导的社会结构，但是也不能说对社会阶层的流动毫无作用。比起皇帝用露骨的方式要求寒门庶民士人化[54]，提高寒门的地位。高僧则在寒门与士族之间构建了一个文化沟通的桥梁，这对冲破士庶区别的桎梏反而有着润物细无声的作用。

（五）高僧群体与平民百姓的联系

和高门、皇室以及寒门都不一样，高僧和百姓的联系是简单的，他们之间是一种精神上维系，百姓往往只要知道通俗的佛教思想，而不需要理解佛教深奥的义理。对于百姓而言，只要对他们有益的，帮助他们获得自由的就是值得他们去信仰的，他们已经饱受肉体上的折磨，而高僧带给他们的便是精神上的自由。

两晋南北朝时期，战乱将人置于水深火热之中，高僧通过各种方式的宣讲，让佛法的传播大大加快，佛教在贫苦百姓中得到普及。很多农民选择剃度出家，成为众多僧俗中的一员。北魏时期的石窟造像臻于鼎盛，可见佛教已经开始渗透到人们的日常生活中了[55]。

高僧群体数量虽不庞大，但他们的僧俗弟子成千上万，信众遍布天下，影响力可见一斑，所带动的社会效应不容小觑。《晋书·佛图澄传》载："百姓因澄故多奉佛，皆营造寺庙，竞相出家。"在名僧聚集的地带，此番现象更是层出不穷。可见当时的高僧号召力是非常巨大的。因为高僧宏大的胸襟，广博的见识，能辩的口才，使得百姓尊之、敬之，从而使得佛教在汉地愈发兴盛。

三 结论

两晋南北朝时期，由于佛教在本土化过程中带有区域性差异，所以南北高僧群体各自有其特征。此外，高僧群体看似独立于社会之外，但是却全方位构建了包括高僧群体自身在内的社会网络，从而推动佛教向前发展，促进它在汉地扎稳脚跟。

本文主要从高僧群体的特征和社会网络两大部分进行阐述。

首先，南北高僧群体之间存在差异，各自有其显著的特征。北方高僧的特征可以概括为：多为梵僧，出身贵族；主译经，受制于皇权；擅长阴阳术数之学。南方高僧的特征可以概括为：多为汉僧，出身寒门；尚义解，致力于革新；兼综儒、玄、释之学。

其次，高僧群体构建了连接社会各个阶层的网络。这个网络层层相扣，不仅包括高僧群体自身，而且上达第一阶级的两大阶层皇室和高门，又下通寒门百姓。对高僧群体自身而言，高僧群体之间的交流是最纯粹的，不掺杂其他利益。对高门士族而言，他们和高僧有"学问研讨""师承关系""舍宅为寺"三方面的联系。对帝王皇室而言，帝王宗亲常师从高僧，而且高僧有时会起到"谏臣"的作用。总之，高门、皇室两者与高僧存在内在联系，共同促使佛教广为传播，在此时获得长足发展。对寒门而言，南方高僧群体多出自寒门，高僧和寒门子弟亦有师生渊源，带有寒门学人的特点，从而在一定程度上促进了刘宋时期寒门的兴起。对百姓而言，佛法多感念生灵之苦，法化众生，驱使人心向善，寻觅安于祥和的生活，通过高僧的传教，百姓得到的是一种精神的救赎。

总之，高僧群体几乎沟通着当时社会各个阶层，他们作为社会连接点游走于社会，以佛教信仰把各阶层拢和在一起，构建了紧密且覆盖面极广的社会网络，某种程度上推动了文化的交流和社会阶层的隐性流动。高僧群体作为社会重要的纽带，起到了上联系高门皇室，下通达寒门百姓的作用，以高僧群体为一个重要的中心点，形成了盘根错节的社会网络，带动了两晋南北朝时期佛教的发展，将佛教引领至唐代的黄金时代。

注释：

[1] 梁启超：《佛学研究十八篇》，上海古籍出版社 2001 年，第 12 页。

[2] 中国佛教文化研究所编著：《俗语佛源》（增订版），中西书局 2013 年，第 136 页。

[3] 中国佛教文化研究所编著：《俗语佛源》（增订版），中西书局 2013 年，第 136 页。

[4] 《入楞伽经》楄品第十八，图四。

[5] 任继愈：《任继愈学术论著自选集》，北京师范学院出版社 1991 年，第 232 页。

[6] 在此过程中影响是双向的，佛教吸收了儒、道思想，而儒、道也难免会吸收一些佛教的思想，这是后来儒、释、道三教能够合流的根源所在。

[7] 迈克尔·乔丹（Michael Jordan）：《佛迹画传》（Buddha：His Life in Images），何可人译，陕西师范大学出版社 2005 年，第 37—38 页。

[8] 汤用彤：《汉魏两晋南北朝佛教史》第六章，中华书局 1983 年，第 87 页。转引自严耀中：《东吴立国与江南佛教》，《中国史研究》1997 年第 1 期。

[9] 梁启超：《佛学研究十八篇》，上海古籍出版社 2001 年，第 9 页。

[10] 《高僧传》卷一，《晋长安竺佛念》。

[11] 〔日〕塚本善隆：《魏书释老志研究》，林保尧译，新竹市觉风佛教艺术文化基金会 2007 年，第 102—103 页。转引自周胤：《北魏洛京的建立与释教信仰生活的新启——太和十七（493）迁都至景明二年（501）洛阳筑坊》，楼劲主编：《魏晋南北朝史的新探索：中国魏晋南北朝史年会第十一届年会暨国际学术研讨会论文集》，中国社会科学出版社 2015 年，第 540 页。

[12] 周胤：《北魏洛京的建立与释教信仰生活的新启——太和十七（493）迁都至景明二年（501）洛阳筑坊》，楼劲主编：《魏晋南北朝史的新探索：中国魏晋南北朝史年会第十一届年会暨国际学术研讨会论文集》，中国社会科学出版社 2015 年，第 539—540 页。

[13] 《出三藏记集》卷一四《鸠摩罗什传》，第 532 页。汤用彤指出苻坚兴师，其"动机非专为迎什也。"可参见汤用彤：《汉魏两晋南北朝佛教史》，北京大学出版社 1997 年，第 202 页。

[14] 冯金忠认为唐代漠视了鸠摩罗什的译经贡献，对鸠摩罗什的贬抑态度，应该和唐太宗"先道后佛"的偏执政策有直接关系。详见冯金忠：《接受史视域下鸠摩罗什形象嬗变的历史考察》，楼劲主编：《魏晋南北朝史的新探索：中国魏晋南北朝史年会第十一届年会暨国际学术研讨会论文集》，中国社会科学出版社 2015 年，第 481 页。

[15] 任继愈：《中国佛教史》（第三卷），中国社会科学出版社 1988 年，第 7 页。

[16] 任继愈：《中国佛教史》（第三卷），中国社会科学出版社 1988 年，第 27 页。

[17] 刘立夫：《佛教与中国伦理文化的冲突与融合》，中国社会科学出版社 2009 年，第 31 页。

[18] 胡适：《禅学指归》，陕西师范大学出版社 2008 年，第 183 页。

[19] 谭洁：《南朝佛学与文学——以竟陵"八友"为中心》，宗教文化出版社 2009 年，第 3 页。

[20] 唐长孺：《南朝高僧与儒学》，《山居存稿续编》，中华书局，2011 年，第 202 页。

[21] 《高僧传》卷六，《晋庐山释慧远传》。

[22] 《高僧传》卷六《晋吴台寺释道祖传》载其曾"与同志僧迁、道流等，共人庐山七年。……各随所习，日有其新……后还京师瓦官寺讲说，桓玄每往观听，乃谓人曰：'道祖后发，愈于远公，但儒博不逮耳。'"唐长孺据此认为："道祖讲说是否'愈于远公'，可以不论，但从桓玄的评论中，可知慧远不独佛学渊深，而且亦以'儒博'见长"。详见唐长孺：《南朝高僧与儒学》，《山居存稿续编》，中华书局 2011 年，第 204 页。

[23]《高僧传》卷六《释道济传》载其"从远公受学。大小诸经及世典书数，皆游炼心抱，贯其深要。年始过立，便出邑开讲，历当元匠，远每谓曰：'共吾弘佛法者，尔其人乎。'"且《高僧传》卷六《晋庐山释昙邕传》载其关中人，"少事伪却秦...... 从安公出家。安公既往，乃南投庐山，事远公为师。内外经书，多所综涉"。慧远弟子或通"世典书数"，或兼涉"内外经书"，唐长孺先生认为："我们不能说这些全都由慧远讲授，但却是庐山学风。"详见唐长孺：《南朝高僧与儒学》，《山居存稿续编》，中华书局 2011 年，第 204 页。

[24]《资治通鉴》卷一七七，开皇十年十一月。

[25]"寺塔梵烧""鸡犬不闻"《国清百录》卷二《王答蒋州事》，见《大藏经》第四十六册，台北新文丰出版公司影印本，第 804 页。

[26] 季羡林：《佛教十五题》，中华书局 2007 年，第 113 页。

[27] 季羡林：《佛教十五题》，中华书局 2007 年，第 143 页。

[28]《高僧传》卷二，《晋京师昙摩流支》。

[29]《高僧传》卷二，《晋京师佛驮跋陀罗》。

[30]《高僧传》卷一，《晋长安竺昙摩罗刹》。

[31] 南怀瑾：《中国佛教发展史略》，复旦大学出版社 1996 年，第 68 页。

[32] 朱大渭等著：《魏晋南北朝社会生活史》，中国社会科学出版社 1998 年，第 23 页。

[33] 谢重光：《中古佛教僧官制度和社会生活》，商务印书馆 2009 年，第 405 页。

[34]《高僧传》卷一，《晋建康建初寺帛尸梨蜜》。

[35] 王濛、刘恢和支遁相约探望何充，欲和其谈论玄理，即"应对玄言"。详见《世说新语》"政事第三"。

[36] 谭洁：《南朝佛学与文学——以竟陵"八友"为中心》，宗教文化出版社 2009 年，第 2 页。

[37] 司马光：《资治通鉴》，北京出版社 2006 年，第 215 页。

[38]《高僧传》卷一，《晋长安昙摩难提》。

[39]《高僧传》卷一，《晋江陵昙摩耶舍》。

[40] 陆玩捐献家宅的具体年份不详，《吴中佛教》一书中只称其"舍家宅为寺"。

[41] 陆玩以灵岩山为其家宅，参见〔明〕岳岱：《阳山志》"古迹第四"。

[42]《佛祖统记》卷三六，转引自谢重光：《中古佛教僧官制度和社会生活》，商务印书馆 2009 年，第 404 页。

[43] 郁永龙：《吴中佛教》，古吴轩出版社 2011 年，第 41 页。

[44] 杨衒之所著的《洛阳伽蓝记》中记载了北魏在洛阳建造寺院的盛况。

[45]《高僧传》卷四《晋剡沃洲山支遁》。

[46]《高僧传》卷九，《佛图澄传》。《晋书》卷八九，《佛图澄传》为："佛是戎神，所应供奉。"

[47]《魏书》卷一一四《释老志》，第 3037 页。

[48]《魏书》卷一一四《释老志》，第 3040 页。

[49] 任继愈：《中国佛教史》（第三卷），中国社会科学出版社 1998 年，第 16 页。

[50] 任继愈：《中国佛教史》（第三卷），中国社会科学出版社 1988 年，第 19 页。

[51] 牟钟鉴：《鸠摩罗什与姚兴》，《世界宗教研究》1994 年第 2 期。

[52]《高僧传》卷四，《晋东莞竺僧度》。

[53]《宋书》卷九三《隐逸·关康之传》。

[54] 野田俊昭在《"清议"と士庶区别》中列举了士人拒绝和寒门同坐的事例，继承越智重明的观点，他认为"天子通过要求庶民的士人化这样的方式来明显暗示其支配权力，士人虽然对此顽强地抵抗，但在此要求还没有露骨地表示出来时，士人并不吝啬对其容忍的情形是有的"。〔日〕野田俊昭：《"清议"と士庶区别》，《久留米大学文学部纪要国际文化学科编》第 12、13 号，1998 年，转引自〔日〕川合安著、时坚泽：《南朝的士庶区别》，楼劲主编：《魏晋南北朝史的新探索：中国魏晋南北朝史学会第十一届年会暨国际学术研讨会论文集》，中国社会科学出版社 2015 年，第 269 页。

[55] 李四龙：《中国佛教与民间社会》，大象出版社 2009 年，第 4 页。

盛茂烨《莲社图》真伪探讨

刘杜涵（兰州大学历史文化学院）

内容摘要：书画作品的真伪鉴别是书画研究中的关键环节和重要内容，甚至影响后期书画作品作为学术研究资料时的准确性和说服力，因而非常慎重且严谨。大型拍卖行所拍出的书画作品通常有强大的专家队伍支撑，较为权威，故大多令人信服，但其鉴定报告并不会随之公开，因而鉴定结果也会出现些许令人疑惑不能解答之处，本文所述作品便是如此。本文将围绕 2014 年由嘉德拍出的盛茂烨《莲社图》作品，从年代、材质、地区、扇面、身份、字体、印章、风格等多个方面对该扇面《莲社图》进行简单的对比研究，旨在探讨该《莲社图》的真伪性。

关键词：盛茂烨　莲社图　真伪

2014 年 11 月 22 日，在中国嘉德 2014 秋季拍卖会中国古代书画专场上，一幅画自盛茂烨的《莲社图》（图一）被私人拍下收藏，至此盛茂烨又一扇面作品为大众所知。该作品为扇面图，设色金笺，尺寸 18 厘米×55 厘米，从画中可以得到信息如下：

钤印："与华"。

题识："天启壬戌十月既望写，盛茂烨"。

鉴藏印："冠五珍藏""子歙欣赏"，另印漫漶。

本文将围绕此幅《莲社图》作品，从年代、材质、地区、扇面、身份、字体、印章、风格等几个主要方面对该扇面《莲社图》进行简单的对比研究，旨在探讨该《莲社图》的真伪性。不足和有失妥当之处望各方专家指正。

一　关于盛茂烨

史料有关盛茂烨的记载很少，目前所掌握的仅有《无声诗史》[1]《图绘宝鉴续纂》[2]《画史会要》[3]《明画录》[4]《石渠宝笈续编》[5]等书提及，书中关于盛茂烨本人的描述也只是寥寥数语，均未能对其生平进行详细描述。由以上几部书中提取出

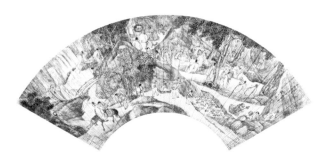

图一　明盛茂烨《莲社图》扇面（私人藏）

关于盛茂烨的信息可以确认的是其为明代画家，字念菴，号研菴，为吴郡长洲人，卒年不详。《无声诗史》中称其"写山水布景设色，颇具烟林清旷之概；人物亦精工典雅，意在笔先，饶有士气"。《图绘宝鉴续纂》中称其"擅山水，树木槎丫，山头高耸，虽无宋元遗意，较后吴下之派，又过善矣"，由此可见，盛茂烨精人物，善山水。以上史料并未提及盛茂烨作画年限，但通过其目前存世画作可以大致推断出盛茂烨的活跃代，这些信息对于本文中《莲社图》的真伪判断的探讨已经具有很大支撑和说服性。

二　作品真伪探讨

下文中将从年代、材质、地区、扇面、身份、字体、印章、风格等角度对该扇面《莲社图》进行探讨。

（一）从时间吻合度看

由《莲社图》画中题识信息可以知道该画创作时间为天启壬戌（1622），目前市面上所流传的盛茂烨的画作中的有效信息为 1594 年盛茂烨为丁云鹏的罗汉画补图及所见最早纪年作品，1640 年盛茂烨曾作《秋林观瀑图》轴和《仿马远山水》[6]，由此可知，《莲社图》创作时间介于盛茂烨活跃期内，时间合理。

（二）从画作形式来看

本文讨论《莲社图》为扇面图，明李日华《紫桃轩杂缀》卷四有一条提到："折叠扇古名聚头扇……元时东夷（按：指今朝鲜）始以充贡（按：词语不确，在北宋时已有有关紧头扇的记述和诗咏），我明永乐间，稍效为之。今（万历、崇祯）则流行最广，而团扇几废矣。至于挥洒名人翰墨，则始于成化间，近有作伪者，乃取国初名公手迹入扇，可晒也。"又徐邦达在《古书画鉴定概论》中提到："作者大多为苏州的一些书画家如吴宽、周鼎、李应祯、沈周等人，以后亦普及到各地的书画家中；但明代宫廷供奉如林良、吕纪、王谔等人的绘画，始终未见于折扇页中，不知何故。"由此可得出折扇的形式很早便已出现，但是在折扇上面书画最早出现在明成化年间，随后在万历年间呈现出更加广泛的流行趋势，且作画者多为苏州的画家，从盛茂烨的个人信息中可以确认的是其为吴郡苏州人，且主要活跃在明万历及以后十几年间，故从折扇作画并流行的年代信息上看刚好符合盛茂烨的创作条件。

（三）从材质和用途来看

根据嘉德拍品信息中得知该扇面图材质为设色金笺，此外从高清图中可见盛茂烨的扇形图存在折痕，从扇子的用途上考虑，可知此图并不是为了剪成扇的形式专为装册之用的，而是做于折扇上具有

实用性的。且通过折痕能够知道这是一把十七单的折扇，实用功能强。徐邦达在《古书画鉴定概论》曾提到："折扇必用金笺或云母笺制成，取其板硬。此两种笺纸又必须极熟而光滑，难以留笔吸墨，金笺尤甚。这个特点又影响到书画家笔墨上的特征。鉴别真伪时必须加以注意，否则就会看朱成碧，以真为伪。"故无论从扇面形式还是从扇面材质上看这幅《莲社图》均符合盛茂烨创作条件。同时另一方面，正如徐邦达的观点，明代宫廷供奉画家绘画并未见于折扇中是否也说明了明代扇面画创作者通常为活跃于民间的画家。折扇作为一种公共艺术形式，兼具实用性与美观性的物品，既显示了携带者的审美趣味，又显示出了携带者的地位，在社会广泛流行，备受欢迎，所以于折扇上作画对于盛茂烨来说是否属于一种谋生手段也未可知。

此外《莲社图》中所画题材自宋代李公麟创作《莲社图》后历代皆出现有临摹品，题材相符，故不再赘述。以上所述主要着重于扇面所出现的客观背景与环境，基本符合，接下来我将针对扇面内容部分，即从钤印、字迹、人物风格等方面进行简单对比。

（四）钤印

《莲社图》中的钤印为"与华"，这也见于盛茂烨诸多其他作品，因而我分别找到了几种"与华"印如下（表一）：

表一 钤印"与华"在其他作品中的对比

序号	图	内容	出处	信息
1		与华	《中国古代著名画家落款印谱》	〔日〕斋藤谦编纂，北京图书馆出版社，2003.10
2		与华	《中国古代著名画家落款印谱》	〔日〕斋藤谦编纂，北京图书馆出版社，2003.10

续表

序号	图	内容	出处	信息
3		与华	《中国书画家印鉴款识》	上海博物馆编，文物出版社，1987.12
4	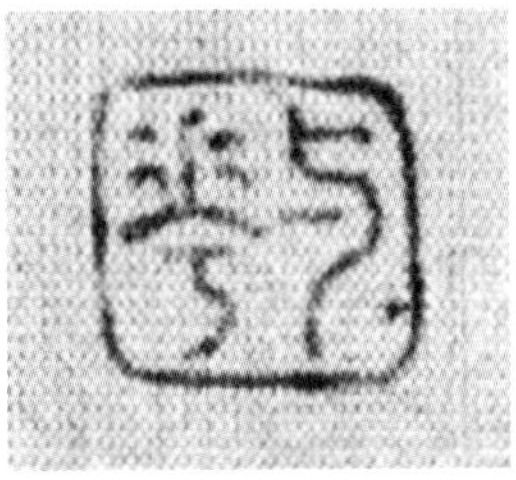	与华	《山水六册页》	绢本，28.6厘米×30厘米 美国大都会艺术博物馆藏
5		与华	《莲社图》	设色金笺，18厘米×55厘米 嘉德2014秋拍，私人藏

由表一可见，5为所讨论《莲社图》钤印，将其钤印与以上四款进行对比，可以明确地看出3、4印风格接近，基本相同。1、2为各自不同的风格。细看图5中两个字，"与"字下部拐角处弯曲较为圆滑，形状呈圆弧状，近似半圆形，但大体风格同3、4中"与"字接近，而"华"字下部分同前几款"华"字的风格表现存在差异较大，无论从"华"字整体比例结构，竖"丨"的起笔还是下部分的弯折弧度，或是上下部分的协调上都与其他几个存在很大不同。这点可以很明确的对比出来。故针对此现象可以解释的原因有两种：第一种为目前所搜集到的所属盛茂烨的"与华"钤印并不齐全，故5为以上钤印的补充；第二种即5的"与华"为仿制钤印，并非盛茂烨本人之印。由于古代技术所限，古人仿制两枚完全相同印章的可能性很低，多少都会存在差别，因此关于此处提到的问题有待商榷。

（五）字体风格

扇面题字中字体也需要考虑到，将其同盛茂烨其他作品进行对比，此处以"盛茂烨"三个字为例，对比观看不同时期盛茂烨的字体（表二）。

表二　"盛茂烨"款对比

序号	图	内容	出处	钤印	信息
6		盛茂烨	《仙山楼阁图》	盛茂烨 1639年（纪年）	绢本设色，160厘米×88厘米北京故宫博物院藏
7		盛茂烨	《泰山松图》	盛茂烨	纸本，设色，308.8厘米×96.7厘米上海博物馆藏
8		盛茂烨	《山水六册页》	与华	绢本，28.6厘米×30厘米美国大都会艺术博物馆藏

续表

序号	图	内容	出处	钤印	信息
9	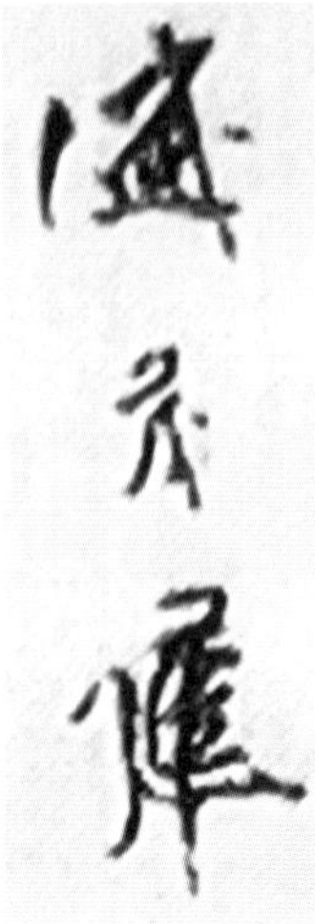	盛茂烨	《山水图》	盛茂烨 1630 年	绢本设色，157 厘米×99 厘米柏林东方美术馆
10		盛茂烨	《八景山水》册	盛茂烨	纸本浅设色，28.8 厘米×47.7 厘米旧金山美术馆
11		盛茂烨	《莲社图》	与华，1622 年（纪年）	设色金笺，18 厘米×55 厘米嘉德 2014 秋拍私人藏

续表

由以上对比，可看出不同时期盛茂烨的字体变化较为明显，"盛茂烨"三字可看出除11《莲社图》外有纪年的6、9差异不大，且三幅图钤印都为盛茂烨，初步推断此时段盛茂烨字体风格较为统一和谐，变化较小，三字间间距与比例关系基本未变，而没有纪年的8和10在整体比例关系上也较为协调，值得注意的是钤印为"盛茂烨"时期与钤印为"与华"时期字体较有差异，如8为"与华"时期的字体，"盛茂"二字差异较小，"烨"字，整体风格更为飘逸放松。而10"盛茂烨"时期字体在写法风格上同其他"盛茂烨"时期字体较为相似，从纪年可以推测这两个时期盛茂烨本人的写字风格出现了变化。

观察《莲社图》中"盛茂烨"字同其他作品对比，从书法的角度看很明显在"盛"的"丿"处笔法是不一样的，前几幅作品中"盛"的"丿"是短促而有力的，尤其体现在收笔上，"丿"的尾端粗重有力，而11取自《莲社图》中的"盛"字的"丿"很明显在收尾的时候是直接提笔，故"丿"的尾端细而轻；"茂"字则主要在于第一笔上，11明显在"艹"上是两笔分开写的，而其余6、7、8、9、10皆为连笔，这点差异明显；在"烨"字风格上，11与9、10写法接近，但"盛茂"二字从字体格局及写法上看无论是同"盛茂烨"时期比较还是"与华"时期比较皆存在差异，一个人的字体风格是会发生变化的，但一定是长时间而非短期内就能迅速改变的，从有纪年的6、9来看，时间差有九年，但字体的差距明显，因此在钤印上对于此处存在疑点。

（六）人物风格

将本幅《莲社图》中风格同盛茂烨其他作品风格进行对照，此处主要选择与《莲社图》相仿人物周边环境有树木等景观的作品进行对比如下（表三）：

表三　作品人物风格对比

序号	图	形式	出处	信息
12		立轴	《泰山松图》	立轴 纸本设色 96.7厘米×308.8厘米 上海博物馆藏
13		立轴	《仙山楼阁图》	绢本设色 160厘米×88厘米 北京故宫博物院藏

续表

序号	图	形式	出处	信息
14		立轴	《秋林观瀑图》	绢本设色 176.6 厘米×120 厘米 立轴 东京桥本大乙氏藏 1623 年作
15		册页	《山水六册页》	绢本 28.6 厘米×30 厘米 美国大都会艺术博物馆藏
16		扇面	《莲社图》	扇面 设色金笺 18 厘米×55 厘米 私人藏

由上表各图中作品人物风格与环境风格进行对照，不难看出 12、13、14 无论在人物风格、环境风格还是人物与环境的关系上看都很一致，而 15 虽然人物较小，轮廓不清，但同前三幅作品一样的是有一种人物融入环境的和谐感，《莲社图》风格基本同盛茂烨创作的其他风格相似。人物和山水整体风格接近，且在树木的表现上采用细长的枝干，但有以下几点需要注意：第一，由上表可以看到较之 12 – 15 中人物流畅精细的线条，16 的《莲社图》中人物线条存在很大区别，且笔法并不精细反而略带粗糙感，这一点值得商榷；第二，同 12 – 15 中人物同环境间的和谐关系和协调度来看，16《莲社图》中的人物与周围环境间反而不那么和谐和融洽，略显僵硬。此外观察《莲社图》中山体的皴法亦同盛茂烨其他作品中的皴法不完全同步。因此从画作本身的风格和内容来看此幅《莲社图》依然存在疑点。

此外该《莲社图》中的鉴藏印为"冠五珍藏"

"子歆欣赏"，另印"漫澷"。我找到了何冠五于其他画作中的印进行对比，确定为相同的印，但由于对何冠五相关资料甚少，对此人收藏鉴赏能力了解程度不够，故无法从何冠五的能力水平来判断《莲社图》的真伪性，因此不再附对比图进行赘述。

三　结论

至此本文对于嘉德 2014 秋季所出的这件拍品《莲社图》的相关对比已经基本结束，综合以上对比信息，可以确认的是此作品从年代、材质、地区、扇面、身份、整体风格等方面来说均符合该《莲社图》为盛茂烨所创作的条件，但细究本作品的钤印、题字及人物和环境的线条与风格来看确不符盛茂烨的作品特质。虽有本文所收集材料尚不齐全，加上作者本人对于书画领域在能力上的局限与不足的因素，我还是大胆的对此幅《莲社图》作品是否确由盛茂烨创作提出质疑，可能本作品确为明代作品，但创作者有待进一步商榷。

注释：

[1]〔清〕姜绍书撰，收录于于安澜编：《画史丛书》第 3 册，上海人民美术出版社 1963 年，卷四，第 80 页。

[2]〔清〕冯仙等撰，收录于于安澜编：《画史丛书》第 3 册，上海人民美术出版社 1963 年，卷一，第 510 页。

[3]〔明〕朱谋垔撰，收录于《四库全书·子部·画史会要》卷四，第 155 页。

[4]〔清〕徐沁撰，收录于于安澜编：《画史丛书》第 3 册，上海人民美术出版社 1963 年，卷八，第 280 页。

[5]〔清〕王杰等辑：《石渠宝笈续编》。

[6] 高美庆：《盛茂烨研究》，选自故宫博物院编：《吴门画派研究》，紫禁城出版社 1993 年，第 205 页。

讲述藏品故事　凸显教育功能

——读《博物馆里的中国》丛书有感

何　玮（苏州市艺术学校）

内容摘要：《博物馆里的中国》十卷本系列丛书，品质精良，运用文物讲故事的方法把立体的中国搬到了读者面前；体例和内容选取大胆创新，人文情怀与科学精神兼备；形式上图文结合，寓教于乐，青少年喜闻乐见。该丛书有助于帮助青少年提升人文情怀，培养科学精神，同时形成宽广开放的全球视野，具有鲜明的教育价值，值得青少年和有求知热情的读者阅读。

关键词：《博物馆里的中国》　书评　文物　教育功能

2008 年 5 月，中宣部、财政部、文化部共同发文，要求有条件的博物馆、纪念馆免费向公众开放。这一政策瞬间激发了普通民众对博物馆的热情，曾经门可罗雀的博物馆，不仅变得热闹非凡，一些热门场馆甚至出现了观众拥堵的问题。随着博物馆神秘面纱的揭开，以重视教育著称的中国家长越来越多的把博物馆当成亲子活动和家庭教育的重要场所，举家游览博物馆渐成国人旅游必备项目。免费开放也为各级教育机构把博物馆辟为第二课堂和教育实践场所提供了便利。由此，博物馆的教育功能日益凸显。其实，如果细究博物馆的功能，我们会发现，近代意义上的博物馆诞生以来，就被赋予了对观众的教育功能。黄燕在《博物馆与教育超级连接》一文中说道，"早在 19 世纪，教育就被视为博物馆的首要功能，理想的博物馆不仅是帮助个体实现自我成长的'高级学校'，也是教师寻求教学辅助资源的首选场所。在人们心中，博物馆的教育价值是与生俱来的，在人类现代化进程中，这一观念变得更加根深蒂固。"在当今时代条件下，博物馆理应发挥出更大的教育价值。

近年来，伴随博物馆免费开放政策与我国教育改革的进程，我国的博物馆也越来越重视发挥自身的特殊优势，把配合学校教育作为重要工作来推进。这些年来，参观博物馆的青少年人数骤增，博物馆在青少年教育方面日益成为重要的辅助资源。仅据苏州博物馆的不完全统计，18 岁以下观众占全部参观人数的 40%。见微知著，全国各博物馆情况大同小异。然而，目前博物馆资源在全国的分布很不均衡，资源丰富地区的青少年享有地利之便，而偏远地区或博物馆资源贫乏地区的青少年就没有那么幸运了。加之大部分博物馆虽然免费开放，但实地参观毕竟需要经济上、时间上的投入，不少青少年受制于这些因素，难以亲临博物馆参观学习，因此也就无法充分享用博物馆的教育资源。有没有弥补这种缺憾的方法？答案是肯定的。比如，文博书籍、影像作品都可以把鲜活的博物馆资源搬到青少年面前，给他们打开另一扇学习和自我成长的窗。其中，书籍尤其不受外界条件的限制。最近，中国博物馆协会向全国青少年隆重推荐《博物馆里的中国》系列文博图书，为青少年架起了与博物馆资源面对面亲近的桥梁，值得青少年或者有求知热情的读者阅读。那么，本丛书有哪些值得推荐之处？

首先，丛书品质精良，把立体的中国活灵活现地搬到了读者面前。丛书拥有一支实力强劲、优势互补、责任心强的策划和编撰团队，从源头上保证了丛书的品质。国家文物局宋新潮副局长和中央民族大学潘守永教授担任主编，二位在各自领域早有建树。编委则由全国著名博物馆长或知名学者担任。各分册具体编撰人既有名校文博考古专业训练有素的青年学人，也有卢永琇这样的资深博物馆人，还有如"中国科技馆破冰小组"、"上海博物馆四人组"这样长期战斗在博物馆第一线的讲解人员，还有朋朋哥哥这样的热心人。一线工作人员不仅最了解青少年的兴趣点，而且都怀有普及和传播中国文化的热血和初心，此点尤为难能可贵。由他们执笔，再由学术团队总体把关的分工模式，保证了丛书科学性与可读性兼备。此外，该丛书还设立了署名的审读委员会，这一业界并不多见的举措，从机制上有效保证了审读委员对丛书内容的正确性、科学性、图文的可读性、针对性进行认真把关。在当下青少年图书乱象百出的局面下，这一做法可谓用心良苦，做出优良作品自是水到渠成。

其二，丛书编撰体例和内容选取大胆创新，人文情怀与科学精神兼备，凸显了教育的功能。中国地大物博、历史悠久，不同的历史时期、不同的地域、不同的社会领域，都有不同的历史面貌，并留下了非常关键的见证物，基本被收藏在不同类别的博物馆里。运用这些鲜活的中华文明史印记来讲述一部完整的中华文明史，该是多么有意义的创举啊。而这一浩大的工程，任何一家博物馆显然都不堪重任。丛书立意高远、气魄宏大，打破了文博书籍以地域或馆别划分的传统模式，创新性地把中华文明史置于人类文明史的历史长河里考察，以《探索科学的脚步》《破译化石密码》《倾听地球秘密》《藏在指尖的艺术》《发现绝妙器皿》《大美中国艺术》《阅读最美的建筑》《四海遗珍的中国梦》《揭秘消逝的文明》《追寻红色记忆》十个主题分类，跨越国界、打破馆别，精心从国内外不同博物馆选取有代表性的藏品，以生动风趣的方式将藏品的特点、文化价值故事式讲述出来，勾勒出了一个多样而立体的中国。阅读该丛书，读者的视野会得到极大的拓展，认识到博物馆里珍藏的不仅是我们民族的历史，是科学知识，还是整个人类社会发展的轨迹之一，这有助于帮助青少年提升人文情怀，培育科学精神，同时形成宽广开放的全球视野，教育的功能由此而凸显。

《探索科学的脚步》分册以中国科技馆各展区为基础，分为顽皮的光、脑力健身房、神奇的机械装置、日行千里的交通工具、喜欢捉迷藏的声波、更多神奇等等着你六个章节，将基本的科技原理以浅显的语言和图版予以阐释。按照科技馆的特点，每一章分为大开眼界、科学档案、动手实验、趣味故事四个部分。科学是高深的，却也是无处不在的。大开眼界让人恍然大悟，哇，原来那么神秘的现象，经过科学的解释后如此浅显易懂！科学档案里记录的那么多神秘好玩的装置，原来利用学校学过的科学原理就可以自己动手设计出来！看了那么多的科学知识，小朋友想不想自己动手验证一下呢？动手实验吧，按照书里的内容，自己回家慢慢琢磨吧！牛顿说，如果他看得远是因为他站在巨人的肩膀上，科学进步确实如此。那么科学家是怎么灵光一现的呢，趣味故事告诉你！科技馆是激发孩子们好奇心和创造力的好地方，也是验证学校所学地理、生物、化学、物理等学科知识的有趣场所。这样的图书把复杂的科学原理、自然现象用生动活泼、平易近人的方式呈现在学生们眼前，也许能帮助一些畏惧物理、化学、生物的青少年爱上科学呢。

《破译化石密码》分册，从名字就大概可以料想到里面少不了小男孩们最喜欢的恐龙的身影。没错，恐龙是主角！不过，遗憾的是恐龙早已灭绝，我们只能通过化石来了解它。从化石小知识开始，先认识化石界的大咖，从小虫到娃娃鱼，再到中生代爬行动物，即恐龙独霸的时代，再到新生代哺乳动物的时代，最后是植物出现和发展的历程。化石的秘密实在太多，这一分册也只能给大家介绍一些典型标本，并介绍一些科学常识，满足一下孩子们的好奇心，说不定科学的种子就此在一些青少年的心中植根呢。

《倾听地球秘密》分册讲述了我们脚下这块大地的故事。第一章从板块构造到山川河流、第二章从三大岩石到多彩的矿物、第三章从宝石之玉到玉石之首、第四章地质灾害，每章分为井大辟地、地质传奇、举世无双、每物一萌四个部分，分别介绍一些有趣的地质学知识，把看似高大上的地质学和我们的生活密切联系起来。阅读这一分册，孩子们会了解，原来我们走的路、住的房子、戴的首饰、甚至我们吃的食物都有地质学研究的对象——矿物的影子，由此深切地认识到地球就是我们赖以生存的家，自然而然萌生出关爱地球的意识。

《藏在指尖的艺术》《发现绝妙器皿》《大美中国艺术》三个分册体例基本一致，内容互补性强，几乎涵盖了中国古代艺术品的各个门类和每类的精品。《藏在指尖的艺术》分册选取了中国传统工艺美术中最具代表性的丝织品、金银器、镶嵌器、兵器四大门类中最具代表性的藏品分四章予以介绍。《发现绝妙器皿》分册主要介绍了四类中国古代最常见的器皿，分别是陶瓷器、青铜器、玉器、漆器。《大美中国艺术》分册则侧重介绍书法、绘画、雕塑、音乐四类古代艺术品。每章第一部分介绍该门类一件最具代表性藏品的发现历史；镇馆之宝则选取该门类各馆的重器详细介绍；举世无双以活泼俏皮的语言介绍该工艺的简明发展史和基本知识；国（珍）宝档案简要介绍该门类的其他重要藏品。阅读过后，读者不仅对全国各大博物馆的重要藏品有了轮廓性的认识，而且还会油然而生对民族文化的自豪感和认同感。

《追寻红色记忆》介绍了五类革命博物馆：展示帝国主义侵略暴行和中华民族屈辱历史类、展示革命战争类、展示中国共产党党史类、展示革命根据地斗争建设史类、革命伟人故居类。革命博物馆是博物馆大家庭中占比很大的一类，在爱国主义和国情教育方面得天独厚。

《揭秘消逝的文明》分册以遗址博物馆和考古遗址公园为主线，分为上古时期的人类、再现千年前的繁华、探寻千年陵墓的秘密、古族的神秘传说四个章节，分别对应史前洞穴和聚落遗址、汉唐城市遗址、古代墓葬遗址、周边少数人群遗址四大主题遗址公园或博物馆。每一章都以国宝传奇部分的故事为引导，繁华遗迹部分讲述遗址的主要内容及重要意义，穿越时空部分进一步将遗址内的重要内容

以儿童的视角加以阐释，最后以国宝档案点睛，将各遗址出土的重要遗迹现象和藏品予以科学性与趣味性兼备的解说。

《四海遗珍》分册则将眼光投放到了海外。由于历史的原因，中国文物流失海外数量巨大，官方统计就多达 164 万件，其中不乏重器。散落在海外的中国文物同样是中华文明的见证物，但出于现实原因，不少青少年难以近距离欣赏这些国宝。基于这一考虑，这一分册选取了世界上收藏中国文物最著名的四家博物馆：大英博物馆、吉美博物馆、大都会博物馆、东京国立博物馆作为主线，并根据各家博物馆中国文物收藏的经历和文物特点，分为国宝传奇、博物馆探秘、琳琅满目、国宝档案四个部分。国宝传奇部分介绍该馆中国文物中最有故事性的一件诞生和漂洋过海的历程；博物馆探秘部分介绍各馆中国文物的展区、收藏基本情况；琳琅满目部分介绍该馆最具代表性的中国文物；国宝档案部分详细深入介绍该馆所藏中国文物。普通民众一听到"海外文物"四字，难免立即联想到"八国联军""帝国主义""不法奸商"等负面词汇，大多数中国文物的确是以非法的手段流落国外的，但也不能无视部分中国文物以正当方式流转海外的事实。正如本丛书序言所说：不管是在国力强盛的汉唐王朝，还是经济繁荣的宋元明清时期，"中国制造"都曾作为馈赠各国使者的礼品，或作为对外贸易的商品远销海外。世界各国通过这样的经济、文化交流，共同促进了人类文明的进步是不争的事实。就事论事，中国文物无论以何种方式流传国外并公开展出，客观上都起到了传扬中华文化的作用，也对其民族文化产生了影响。今天的我们，是否更应该反思我国为什么会发生那样任人宰割的悲剧？今后如何避免重蹈历史的覆辙？我们应以什么样的心态对待不同的文明？启迪思考可能是本册更深层的价值所在。

《阅读最美的建筑》分册，分民居建筑、皇家建筑、园林建筑、礼制建筑四大类，每类为一章。每章分：建筑传奇，概述此类建筑的简单历史；建筑

包揽，介绍此类建筑的一些典型代表；举世无双，介绍中国对建筑技术的贡献；建筑一角，介绍一些重要的建筑文物。一册图书当然无法涵盖中国建筑的全部，比如伟大的赵州桥、长城、帝王陵墓等等都未能囊括其中，但常见的建筑类型、型式、技术等要素基本都齐备了，对于青少年而言已经非常丰富也富有指导意义。善于观察的读者，运用本书的内容很容易判断出所见中国传统建筑的风格和派别。

其三，丛书图文结合，寓教于乐，青少年喜闻乐见。丛书由文博专业人员为青少年读者量身定制，编撰形式充分考虑了青少年的认知、心理和生理特点，融科学性、知识性、趣味性于一体。简洁精确又风趣的文字介绍、典型图片、幽默诙谐现代感十足的图片旁白、小贴士等形式相结合，大大增强了丛书的可读性。

博物馆藏品和古遗址在普通人眼里，要么是高不可攀、神秘莫测的古董，要么是玄幻离奇的盗墓故事；而在专业人士眼里则是分型定式、演变转化的严肃素材。专业人士撰写的文博书籍大多只是改写或简写考古报告和研究论文，难免陷入读者难以卒读的泥沼。普及类的书籍却又往往处于尴尬的夹层地带：专业人士觉得业余，业余人士觉得高深，双方都有隔靴搔痒之感。此次丛书的年轻作者把各自的专业特长和年龄优势结合起来，将艰深的文物藏品和遗址介绍进行了青少年喜闻乐见的语境和形式转换，并统筹了全套丛书的结构。每一章都以轻松有趣的故事导入，让读者在阅读过程中逐渐进入到作者预设的框架中，接着选取在中小学历史课本中出现过的代表性遗址和文物，以风趣幽默甚至调皮的语言娓娓道来，让孩子们在自己熟悉乐见的语境和已有知识铺垫的背景下，不知不觉地接受专业知识，由此加深了孩子们对校内学习内容的理解。比如在介绍山顶洞人发现火种的一节，作者揣想森林大火烤熟了动物，原始人在闻到肉香味后，发现了火并开始认识火的功能，这是多么有趣自然又容易被理解和接受的表达啊！

特别值得一提的是：丛书的配图科学且童趣感十足，夺人眼球。受认知规律影响，配图是青少年图书非常关键的部分。丛书搭配大量照片、图版，和风趣简洁的文字相得益彰，比如揭秘分册136页上的溪州铜柱图，直观地反映了少数民族和汉人共同树立铜柱，缔结盟约的场景。编者在照片旁边出神入化地插入的诙谐旁白，使得静止的文物活了起来。再如红山女神头像旁白"我可是当年牛河梁人心目中的偶像哟！"、唐代算筹旁白"小工具也曾有大用途"、汝瓷玉壶春瓶旁白"我的珍贵程度和价值是无法估量的！"、新华日报印刷机"当年我可是在新闻事业这个看不见硝烟的战场上奋力拼杀的主战武器啊！"……这些作者精心设计的兴趣着力点运用了网络时代青少年惯常的表达方式，轻松点明图片的意义。青少年读者即使由于注意力容易分散而忽略了文字内容，只看看图版和旁白也能基本了解该文物。此外，书中不时出现的小贴士和小提示也非常贴心，如对"簋""洗"等现在已难觅踪迹的器物名称的解释既科学又实用。

最后，也是本书非常暖心的一个组成部分，就是附在书末的"博物馆参观礼仪""博乐乐带你参观博物馆"两部分内容，篇幅虽短，却各有其不可替代的价值。

青少年朝气蓬勃，天性好动，但在庄严的文化殿堂——博物馆里，必须要顾及其他观众的感受和文物的安全，因此参观博物馆都有相应的礼仪要求。遗憾的是，中国的学校教育和家庭教育在这一领域基本呈空白状态，常见的文博类书籍也鲜少涉及这一内容。据博物馆工作人员介绍，日常管理中时常遇见由于缺乏参观礼仪而被安保人员制止或提醒后手足无措、满脸羞愧的家长和孩子，可见对参观者进行相关教育的必要。丛书将博物馆参观礼仪附在书末，让读者了解参观的基本要求，进而提高文明修养，这在补足家庭教育和学校教育的盲区方面很有意义。"博乐乐带你参观博物馆"则将本书所涉各馆的开馆时间、地址、票价、重点展品等信息汇编成文，堪称微缩版的参观指南，为读者有备而去，按图索骥，更有效率地享用博物馆资源提供了贴心参考。整体而言，本套丛书不仅完整梳理了中华文明的脉络，而且体现出了鲜明的教育价值。

中华文明绵延五千年，留下的遗址和文物不计其数，希望这样高水准的书籍越编越好，把中华文明原汁原味而又生动活泼的再现和传承下去。也希望拥有丰富资源的博物馆能够积极开拓思路，在发挥自身教育功能方面做出更多有益的探索，共同助力于我国教育的发展与改革，国民人文与科学素养的进一步提高。

以文庙博物馆为平台的儿童儒家文化教育初探

刘逢秋（苏州碑刻博物馆、苏州文庙管理所）

内容摘要：儒家文化是中华民族传统文化的主体，是中华民族精神的思想基础。儿童是国家的未来和希望，是中华民族精神传承的主体。本文从公共文化服务机构的角度，结合苏州文庙的具体情况，探讨文庙博物馆如何通过社会教育活动的方式，推动当今儿童对儒家文化核心价值的认知和认同，使得儒家文化能够滋养孩子们的心灵、助力孩子们的成长。

关键词：儒家文化　儿童　文庙

一　当今时代，儿童学习儒家文化的困境

1. 儒家文化与儿童之间存在着巨大的信息鸿沟

儒家文化是中国传统文化的主体和核心，是中华民族共同的心态结构。如北京东方道德研究所王殿卿教授所言："儒学的核心价值，是世代相传并不断调整和更新的思维方式、价值观念、行为准则和风俗习惯；它既有强烈的历史遗产性，又有鲜活的现实变异性；它作为文化的基因，在每个中国人的血液中流淌；它无时无刻不在影响、规范着每个中国人的言行。"[1]这其中的"每个中国人"包括当代儿童，儒家文化作为中华民族的文化基因应该也能够对当代儿童产生积极影响，规范其行为、帮助其成长、构建其价值观。

中华民族的文化发展也离不开对儒家文化的传承和吸收。儿童是中华民族文化传承和发展的主体，只有让他们深入了解儒家文化，进而传承吸收，形成属于中华民族新时代的精神内核。

然而，儒家文化与当代少年儿童之间却存在着巨大的信息鸿沟。儒家文化产生于"百家争鸣"的春秋战国时期，其基础为孔子学说。其思想体系的核心为"仁"，主张以仁爱之心调节人与人之间的关系；在治理国家方面，主张管理者严格要求自己、

以德治民。经由后世的完善、发展，儒家文化成为中国封建社会的主流价值体系。近代前期，随着西方资本主义思想的传入，儒家思想受到很大冲击，新文化运动以西方"民主、科学、法制"等启蒙思想为依据，强烈反对传统儒家文化，儒家思想的正统地位受到冲击而发生动摇。新中国成立后，马列主义毛泽东思想在新中国的意识形态领域取得绝对的领导地位，受"左倾"思想的影响，主流价值观一度对传统文化特别是儒家思想采取了一种偏激的态度和措施，儒家思想作为主流价值体系的地位被彻底摧毁。社会主义现代化建设新时期，主流价值观纠正了对传统文化的偏激态度，重新认识到传统文化中的合理成分，提倡和发扬儒家思想体系中的"仁爱""德治""民本"等思想，使传统的儒家思想在当今社会中找到了合理的位置。2013年11月26日，国家主席习近平到曲阜孔庙考察，表示研究孔子和儒家思想要坚持历史唯物主义立场，"使其在新的时代条件下发挥积极作用"[2]。尽管如此，儒家文化的传承和传播依然存在"断层现象"，儿童接受儒家传统文化的渠道不畅。

儒学产生和发展的历史背景与当今社会的文化背景存在着巨大差异，儒家经典由古文演绎和阐释。当今儿童既缺少相应的生活背景和社会文化背景，又缺少古文相关知识，加之儒家文化传承和传播中的"断层现象"，导致儒学与儿童之间存在巨大的信息鸿沟。

2. 当今针对儿童的儒家文化教育的弊端

近年来，随着对传统文化的重视，社会上出现"国学热"。针对儿童的儒家文化教育主要分为两种形式。一是体制内基础教育中的儒家文化教育，主要表现为语文课上的"古诗古文"学习。另一种是

反体制的私立机构所谓"儒家经典"的学习，主要表现为各种"私塾"、"书院"所开展的民间儿童"读经运动"。至于社会各种商业机构所提出的"国学教育"，更多是以"国学"为幌子，实质是"书法培训""国画培训"或"带有传统文化色彩的活动或旅游"，不被列入"针对儿童的儒家文化教育"的讨论范围之内。

受长期以来教育制度和教学理念的影响，体制内的儒家文化教育将"儒家文化教育"等同于语文课中"古诗古文"知识的学习，无法有效引导学生深入、系统地学习儒家文化，进而接近儒家文化的精神内核。体制外的"读经运动"，强调对儒家经典学习的系统性，主张把儒家经典整本背诵而不加解释，很多读经的孩子甚至不知道自己所背的内容是什么意思。

儿童认知特点要求对儿童的儒家文化教育要在教育内容、教育方法上体现出适当性。按照皮亚杰的儿童认知发展阶段理论，儿童认知发展过程是主体自我选择、自我调节的主动建构过程，不同年龄阶段的儿童认知具有不同的特点。皮亚杰把认知发展分为感知运动阶段（0—2 岁）左右、前运算阶段（2—6、7 岁）、具体运算阶段（6、7—11、12 岁）和形式运算阶段（11、12 岁及以后）[3]。其中前三个阶段，儿童在认知方面易于认识直观、具象的内容。约在 11、12 岁及以后，儿童思维才发展到抽象逻辑推理水平。

儿童儒家文化教育，应选择与当今儿童生活关联度较高的、对当今儿童成长发展有益的、适宜儿童认知心理发展阶段的内容。在教学方法上，应考虑儿童直观思维发达、感觉敏锐、想象力丰富的特点，提供充分的直观材料和情景，调动儿童的各种感官，鼓励儿童多动口、多动手、多动脑，努力弥合儿童与儒家文化之间的信息鸿沟。

当今针对儿童的儒家文化教育，无论是哪种教育形式，都无视儒家文化与儿童之间的信息鸿沟，无视儿童认知的客观发展规律，无视儒家文化对儿童的个人成长的真正意义。

二 以文庙博物馆为平台，面向儿童传播儒家文化的优势

1. 文庙承载着丰富的儒家文化资源

在古代，文庙是儒家文化的聚合地和传播源，是弘扬儒家学说的重要机构。唐以后，文庙和学校同建合一成为一种定制。当代社会，文庙的主要功能在丧失，但儒家文化却以物态方式传承下来，主要表现为文庙里寓意深刻的各式古建、各种礼器乐器、儒家经典文本等。以苏州文庙为例，苏州文庙保存着北宋创建文庙时的原址，大成殿、明伦堂、崇圣祠等古建筑保存完好。大成殿内陈列着清代刻制的儒家传统经典《论语》《中庸》《孟子》《孝经》及各种礼器、乐器。"礼非玉帛俎豆也，然舍玉帛俎豆，无以观礼焉；乐非钟鼓笙镛，然舍钟鼓笙镛，无以观乐焉"[4]。这些文物以物态的方式传承着儒家文化。

2. 以文庙为平台，传播儒家文化符合儿童教育中的直观性原则

以文庙为平台，针对儿童进行儒家文化教育，可以充分利用文庙的各类文物，进行情景式的直观展示。孩子们在一个儒家文化的具体情境中感受儒家文化，可以充分调动其视觉、听觉、触觉、甚至是味觉，进行全方位的学习，学习方式更加轻松活泼。

3. 作为公共文化服务机构，以文庙为平台的儒家文化教育更易接近儒家传统文化的精神内核

中国思想文化研究院常务副院长、同济大学教授柯小刚指出，只有重新认识儒家文化的实质："一种动态的朝向历史经验和未来可能性开放的生命学问。"[5]才可能真正发挥儒家文化在当代社会的积极作用，使儒家文化真正参与到当代社会生活中，起到构建当代人价值观、滋养当代人心灵的作用。

当代文庙已经失去其原有功能，一部分成为各种类型的博物馆馆址，一部分附属于各级学校，还有部分演变为文化景点，多以公共文化服务机构的方式存在。随着主流价值体系对传统文化的重视，

作为公共文化服务机构的文庙纷纷探索其在传承和传播儒家文化的优势、意义和方法。通过举行大型祭孔活动、开展公益社会教育活动等方式，进行儒家文化的传承和传播。

相较于社会上自发的民间组织，作为公共文化机构的文庙更具备制度、管理、资源方面的保障，在传播儒家传统文化时可以更趋理性、规范。比起严格规范的学校教育，作为公共文化机构的文庙没有分数、升学等硬性指标，在传播儒家传统文化时可以更加灵活，从而更易接近儒家传统文化的精神内核。

三 苏州文庙（苏州碑刻博物馆）在儿童儒学教育方面的探索

苏州文庙（苏州碑刻博物馆）占地一万七千六百多平方米，展区三千五百四十六平方米，其前身为苏州文庙府学。苏州文庙府学由北宋名臣范仲淹于景祐二年（1035）始建，此后历经拓建，到明清两代有"东南学宫之首"的赞誉。现有面积仅为当时的六分之一，目前保留下来的重要建筑有棂星门、戟门、大成殿等。苏州碑刻博物馆1986年12月对外开放，馆藏碑刻1200余方，馆内的基本陈列有"孔子文化陈列""四大宋碑陈列""历代书法碑刻陈列"等。斯文在兹，这里集中承载着大量优秀传统文化信息。保护、传承和弘扬优秀传统文化，使其滋养当代人心灵，是苏州文庙肩负的历史担当。近年来，苏州文庙针对儿童儒学教育进行了一些探索。

当代社会，儿童儒学教育的目的是使优秀的儒家传统文化能够作用于儿童当下的生活、助力其成长。这要求我们的教育活动要追求对儿童身心发展的积极作用、追求对人性的终极关怀。教育活动的内容必须与孩子们当下的生活息息相关，能够被孩子们理解和应用，有利于孩子们价值观的建构。在此指导思想下，我们开发了一系列的针对儿童的儒家文化教育活动。

"梅子时间——国学阅读推广和画信"开始于2015年4月30日，由苏州文庙（苏州碑刻博物馆）和苏州市儒学研究会联合主办，苏州职业大学副教授、苏州市儒学研究会副会长、儿童心理学专家顾梅老师主讲，寒暑假的每周四固定时间向孩子们开放。活动中，老师会引导孩子们利用传统笔墨纸砚进行笔墨游戏、画信和《论语》的抄读。整个过程中，孩子们身处古香古色的文庙德善书院内，面对孔子像碑，亲自动手研磨，感受传统笔墨的魅力。老师会向孩子们展示自己的经典抄写与画信作品，引导孩子们互相合作，在彼此手心上画线、画圈，进行笔墨游戏，初步感受传统笔墨的运笔方式；老师还会引导孩子们观察周围的环境，就地取材、使用传统笔墨"画信"。"画信"与"画画"的区别在于，"画信"强调感受的表达和作画的过程，不会过分强调画的美感。通过笔墨游戏和"画信"这两个环节，孩子们可以轻松地、直观地且有意识地感受传统文化环境和传统笔墨的魅力，感受其蕴含的传统文化气息。接下来，老师将引导学生抄写《论语》中的一句话，并通过讲故事和联系实际生活进行互动交流。如抄写原典："子曰：见贤思齐，见不贤而内自省焉。"老师设计一系列和孩子们生活密切相关的小故事，和孩子们进行故事情景讨论。如一个同学考试考了80分，而他的同桌考100分，他的感受将是如何以及他应该怎么做；如一个同学一直穿普通的衣服，而他的同桌总是穿名牌，那他的感受将是如何他应该怎么做。通过这样的故事，引导孩子们理清"贤"的概念，正确看待和处理"己"与"人"之间的关系。通过这样的讨论，孩子们得以真正接触到儒家文化的精神内核。

苏州文庙的另一个教育项目为"孔子的故事"未成年人主题故事会。将孔子生平以图片展的方式展示给孩子们，并从中选取和孩子们成长、生活相关的小故事，引导孩子们讨论，并以小情景剧的方式表演。孩子们不仅收获了孔子生平的相关历史知识、还培养了互相合作和共情的能力。重要的是，通过这种方式，儒家文化作为一门"生命的学问"为孩子们所深入了解和体会，并参与到他们成长的过程中。

四　结语

如何针对当今儿童进行儒家传统文化教育，让优秀传统文化能够真正参与到孩子们的成长过程，是一个值得当代儒家文化研究者、传承者深思的宏大课题。本文结合苏州文庙（苏州碑刻博物馆）的一些具体做法，从公共文化服务机构的角度进行了一些思考和探讨，期待更多有识之士能够关注这一课题，使得先人留给我们的宝贵精神财富能够滋养我们的后代。

注释：

［1］于建福、王杰：《挖掘儒学核心价值 共谋儒学价值教育——"第二届海峡两岸儒学交流研究会"学术综述》，《理论视野》2010 年第 10 期。

［2］江阴市文庙保护管理所主编：《镌记文庙》2017 总第 2 期。

［3］王晓萍：《童年的意义和价值——皮亚杰认知发展理论的启示》，2017 年第 5 期，第 32—35 页。

［4］何弘佐：《中庆路学礼乐记》，正德《云南卷》卷二十九，转引自方国瑜：《云南史料丛刊》第 6 卷，云南大学出版社 2000 年，第 372 页。

［5］柯小刚：《当代社会的儒学教育——以国学热河读经运动为反思案例》，《湖南师范大学教育科学学报》第 15 卷第 4 期，2016 年。

南京地区高校博物馆现状调查研究

阙　强（丹阳市博物馆）

内容摘要：本文以南京地区 18 高校的 39 座博物馆作为分析研究样本，通过自制高校博物馆调查表，进行实地参观、调查分析和研究，回顾了南京高校博物馆的发展历程，阐述了南京地区高校博物馆的类型、功能和特点。论述南京地区高校博物馆在发展过程中存在的不足，并针对其不足之处提出相应地发展对策，以期对南京地区高校博物馆的发展有所益处。

关键词：南京　高校博物馆　现状调查　发展对策

高校博物馆是指"为了教育、研究、欣赏的目的，由高等学校利用所收藏的文物、标本、资料等文化财产设立并向公众开放，致力于服务高等教育发展和社会文化发展的社会公益性组织。"博物馆起源于大学，我国高校博物馆肇始于 1905 年由张謇创建的南通博物苑。高校博物馆因具有鲜明的办馆特色，是探索和实践新型人才培养模式、实现高等教育现代化的重要机构，是开展探究式学习、参与式教学、实践教学的适宜场所和开展原创科研的重要基地，也是构建公共文化服务体系重要力量，因此高校博物馆在高校中的地位不言而喻。

南京地区高校博物馆数量众多、类型多样、馆藏资源丰富。但由于高校博物馆藏身于高楼林立的校园中，且对外开放程度不高，致使社会认知度不高，社会服务功能相对薄弱。

南京作为六朝古都历史文化积淀十分深厚，素来就是一座崇文重教的城市。据江苏省教育厅 2017 年 12 月 8 日公布的江苏省高校名单统计，所在地为南京市的普通高校共 54 所。据笔者不完全统计，南京地区这 54 所高校中有 18 所高校设有博物馆，总计 39 座博物馆。这些高校博物馆馆藏资源丰富、类型齐全，在高校的教学和科研以及向社会公众开展科普教育过程中，担任着重要作用。

一　南京地区高校博物馆的类型

目前全国高校博物馆类型按照高校的性质可以分为综合类博物馆、理工类博物馆、医学类博物馆、师范类博物馆；按照藏品和展示特点可以分为综合类、历史文艺类、教学科研标本类和校史类博物馆；根据专业特色和藏品内容可以分为人文艺术类、地球科学类、生命科学类、工程技术类、综合类博物馆。笔者按照藏品类型和陈展主题将南京地区高校博物馆的类型分为人文艺术类、地球科学类、生命科学类、工程技术类博物馆。

南京地区人文艺术类高校博物馆共有 26 座，其中以校史馆、人物纪念馆以及名人故居为主。其中校史馆大多是在迎接学校校庆时所建，如南京大学校史馆、东南大学校史馆、南京师范大学校史馆、南京理工大学校史展览馆、南京农业大学校史馆、江苏警官学院校史馆、河海大学校史馆等。

人物纪念馆主要是为纪念为该校的发展做出杰出贡献的人物以及该校的知名校友所建，如陶行知纪念馆、南京师范大学的田家炳先生事迹陈列室、冯茹尔事迹陈列室、吴贻芳陈列室、河海大学严恺、徐芝纶、刘光文陈列室、张闻天陈列室、东南大学吴健雄纪念馆、南京农业大学校友馆。名人故居有海军指挥学院王安石故居、南京大学拉贝与国际安全区纪念馆、南京大学赛珍珠纪念馆。

另外还包括一些专题类的博物馆如南京审计大学货币博物馆（图一）、审计文化与教育博物馆、中华农业文明博物馆、江苏警官学院中华指纹博物馆、南京艺术学院古陶瓷标本博物馆、中国特殊教育博物馆、民国警察史博物馆还有艺术类的如南京大学考古与艺术博物馆、南大蔡冠深艺术馆等。

图一　南京审计大学货币博物馆

图二　中国药科大学药学博物馆

地球科学类高校博物馆：以收藏、展示和研究地质学、地球科学相关藏品的博物馆，南京地区该类高校博物馆共2座，分别为南京大学地球科学博物馆和江苏省南京工程高等职业学校地质矿产展览博物馆。

生命科学类高校博物馆：以人类认识自然、改造自然和保护自然的成果为收藏、展示内容。南京共有此类高校博物馆5座，分别是南京农业大学昆虫标本室、南京森林警察学院珍稀动物标本馆、南京大学生物标本馆、南京师范大学珍稀动物标本博物馆、南京农业大学生物标本馆。

医药科学类高校博物馆：主要是以弘扬我国悠久的中医药传统文化，为高校中医药相关专业教学和中草药的研究为目的而设立博物馆。如中国药科大学药学博物馆（图二）、南京中医药大学江苏省中医药博物馆。

工程科技类高校博物馆：与一门或数门特定的科学技术有关的博物馆，如天文学、物理学、化学、医学、建筑学、制造业等。南京地区的高校仅2所为南京航空航天大学南京航空航天博物馆、南京理工大学兵器博物馆。

二　南京高校博物馆发展的不足之处

（一）开放程度较低，馆际间缺乏交流

高校博物馆存在一个普遍的问题就是社会开放程度不高。一方面由于国内高校封闭性的管理制度和假期制度，使得大多数已对社会开放的高校博物馆在寒暑假期间基本不开放。另一方面高校博物馆日常维护人员少，资金短缺，这导致高校博物馆对外开放时间十分有限。南京市大部分高校博物馆周末、节假日、寒暑假闭馆，平时参观还需提前预约，有的博物馆仅接受团体预约，如中华指纹博物馆。甚至有些高校博物馆只有在每年新生入学时象征性地开放几天或者根本不开放，如中国药科大学药学博物馆只在新生入学时开放。南京地区大多数高校博物馆没有独立建筑，位置隐蔽比较难找，有的设立在二级学院的教学楼里，有的在学校图书馆、档案室中，连本校学生和教师也难觅踪影，参观人数可想而知。由于南京地区部分高校博物馆藏品的专业性较强，高校博物馆与兄弟院校博物馆以及社会、行业博物馆鲜有往来，缺乏交流和合作，部分高校博物馆没有加入全国高校博物馆育人联盟，有的甚至没有在文物局注册备案。这些问题使得南京高校博物馆故步自封，馆藏资源得不到共享与利用，致使博物馆的发展和建设处于停滞状态，导致高校博物馆资源利用率较低。

（二）专业队伍薄弱，机构设置不规范

高校博物馆工作涉及的知识面较为宽泛，工作的专业性、思想性、学术性较强。部分高校博物馆专业技术人员还要参与学校教学和科研工作，这对高校博物馆工作人员的学历、专业水平和研究能力，

提出了较高的要求。但据笔者对南京地区高校博物馆工作人员访谈了解到南京地区高校博物馆工作人员大多为各院系的教师、校档案室工作人员、大学生志愿者以及学校物业管理人员，并没有按照博物馆的功能来设置人员编制。而且南京地区高校博物馆现有工作人员的知识结构、年龄层次配置不合理；在科研水平和创新能力方面，与政府和社会对高校博物馆的期望和要求还有一段距离。

我国博物馆的机构设置以"三部一室制"（陈列展览部、藏品保管部、科普宣传部、办公室）为主。江苏省中医药物馆机构设置就是馆长领导下的三部一室。南京审计大学博物馆为分管校长领导下实行馆长负责制，内部设置学术委员会、办公室、陈列室、通识教育和研究室。中华农业文明博物馆则设有办公室、文物征集部、规划展示部、研究部和宣传推广部。据笔者了解南京地区多数高校博物馆缺乏健全的机构设置，其中机构设置较为明确的，其管理模式没有统一规范，对博物馆工作人员的管理很少会考虑到博物馆的工作性质和工作人员的专业特殊性，而是以管理一般行政、教辅人员的传统方式进行管理[1]。若南京高校博物馆不设置合理的管理机构，这样就会降低文物保管的专业性以及文物展出的充分性，同时也会降低南京高校博物馆资源利用率和社会影响力，浪费高校博物馆的丰富资源。如果不能科学地设置南京高校博物馆管理机构，不仅会危及博物馆的正常运作，长此以往，会削弱南京高校博物馆的收藏、教育和科研功能。

（三）展陈方式陈旧，藏品更新周期长

在笔者调查的南京高校博物馆中，多以"实物 + 图片 + 文字"的静态展陈方式为主，展示手段沿用传统的柜台展示，由于经费和藏品更新缓慢等因素所限，展览陈列好之后，展厅面貌多年如一。南京部分高校博物馆作为辅助教学设施，藏品专业性较强，在展示时并未使用展牌标签加以说明，这对普通观众而言，参观一知半解。南京高校博物馆展陈设计较好的江苏警官学院民国警察史博物馆（图三）和南京特殊师范学院中国特殊教育博物馆，

博物馆运用多展示方式如：柜台、实物、模型、多媒体以及场景复原等方式相结合，共同展示。由于高校博物馆建立体制和管理体制等方面的原因，全国高校博物馆藏品的来源和更新主要是通过校友捐赠、民间征集和文物市场收购。但由于目前文物市场管理不规范以及学校用于补充藏品的资金严重不足，导致高校博物馆藏品质量不高以及藏品更新周期较长，展厅陈列格局陈旧，展品得不到补充和更新，无法吸引更多的观众。又因为高校博物馆多藏身于高楼林立的校园内部，且对外开放程度不高，社会观众十分有限，从而导致南京高校博物馆的社会影响力和关注度不高，在一定程度上影响了高校博物馆资源利用及其长远地发展。

图三　江苏警官学院民国警察史博物馆

三　南京高校博物馆发展对策

（一）强化开放意识，加强横向联系

笔者在进行南京高校博物馆调查参观时，在校园询问许多本校学生和教职工该校博物馆的所在地时，他们竟然不知。笔者认为南京高校博物馆应该改变其"养在深闺人未识"的状态，首先要加强校园内的宣传力度，让尽可能多的师生了解认识本校博物馆。南京高校博物馆管理者应积极创造条件，提高博物馆对外开放的程度。可以充分利用学校的官方网站、校报、校电视台、广播站、宣传栏、微信、微博等媒介，向在校学生和社会公众宣传高校博物馆。如南京审计大学审计文化与教育博物馆在

校园中先后举行了"博物杯比赛"、"首届在宁高校学生讲解大赛校际联赛"，在高校间宣传了南京审计大学博物馆。该馆还于 2015 年 2 月，建立了公众号为"NAU审计文化与教育博物馆"官方微信平台（图四），在微信平台上推出了题为《审计文化与教育博物馆精品典藏》和《货币馆精品典藏》两个主要馆区的展品介绍文章。馆藏专题引起了学生们对审计和货币知识的认识，增加了公众对该校两座博物馆的了解。

图四　南京审计大学审计文化与教育博物馆
微信公众号

　　由于高校博物馆基本不更换展览内容，学生在校期间，只需要参观一两次学校博物馆即可，无须反复多次参观。又因为高校博物馆往往藏身于校园内，不被公众所知，因此社会关注度和影响力不高，或多或少影响了高校博物馆的发展。原故宫博物院院长单霁翔先生曾说过："我认为博物馆不能把自己封闭在馆舍之内，等着观众上门，而是应该走出馆舍，走进大千世界。"如首个高校博物馆联展于 2007 年在上海开幕，上海的 13 所高校博物馆打破了各自的封闭"围墙"面向社会公众开放。再到 2012 年北京地区的 18 所高校共 19 座博物馆，组成了"北京

高校博物馆联盟"也向社会免费开放。南京地区的高校博物馆可以借鉴上述的成功事例，南京高校博物馆完全可以凭借丰富珍贵的藏品、一流的科研水平建立"南京高校博物馆联盟"，推动南京高校博物馆对外开放，发挥南京高校博物馆在学生与社会公众科普教育中的作用。南京高校博物馆还可与其他高校和中小学加强联系，申请建立科学教育基地或者爱国主义教育基地，定期组织其他学校同学前来参观。目前，南京森林警官学院珍稀动物标本馆、南京师范大学珍稀动植物博物馆高校博物馆、江苏警官学院中华指纹博物馆、南京理工大学兵器博物馆已经是科普教育基地和爱国主义教育基地。南京高校博物馆应该充分利用便利的网络平台来扩大对外宣传力度，提高博物馆对外开放程度。据笔者统计调查，南京市 39 座高校博物馆中有 14 个高校博物馆建有专门网站，占总数的 35.9%。其中东南大学吴健雄纪念馆、南京理工大学校史展览馆、南京工业大学校史馆三维全景数字馆为三维全景数字馆（图五），点击网站进入之后参观者仿佛置身博物馆内，足不出户便能了解博物馆，数字化博物馆结合传统博物馆与数字网络技术，利用高科技手段对博物馆进行数字化改造，可以使高校博物馆突破了服务时间和空间的限制，增强了高校博物馆文化传播、辐射影响力，有利于藏品保存和交流，并且优化了高校博物馆的管理。

图五　南京工业大学校史馆三维全景数字馆

　　南京地区的高校博物馆应积极加强与各兄弟院校博物馆、地方博物馆以及行业博物馆的联系与协作，馆际之间可以进行文物交流，实现优势互补、互帮互助、资源共享。利用有特色藏品不定期地举

办临时展览，丰富博物馆展览内容。例如南农大人文学院院长曾表示："未来农博馆还会考虑与南京博物院合作，请专家们展示文物现场修复，让文物活起来。"还有南京大学地球科学博物馆先后与浙江大学、同济大学、华南理工大学进行交流合作，并为他们提供相关资料作为建立同类博物馆的参考。南京中医药大学江苏省中医药博物馆在 2014 年和 2015年先后与福建中医药大学博物馆筹备人员、山东中医药高等专科学校博物馆筹备人员、中国药科大学药学博物馆、北京中医药大学博物馆以及成都中医药大学博物馆筹备人员学习、交流，部分高校博物馆希望从南京中医药大学江苏省中医药博物馆的展厅效果中获得借鉴和启发，并在道地药材标本征集方面取长补短，互通有无。南京高校博物馆甚至可以增进与国外各高校博物馆的研究与交流，实现博物馆间资源共享。

（二）加强人才队伍建设，健全博物馆管理制度

根据南京地区高校博物馆的性质、职能和任务、经费来源、活动方式等要素，选拔、配置、培养一支与之相适应并具备博物馆工作基本学识水平和基本技能的人才队伍，是高校博物馆事业发展的基本条件和基本保障。与社会博物馆相比，高校博物馆由于规模有限，且对外开放的程度不同，对行政管理人员和辅助人员要求要更高一些，人员更为精炼。办公、人事、财物、文秘等人员应当有一定的博物馆学基础知识和专业知识，了解和掌握博物馆的基本工作程序和规律，这样才能更好地适应博物馆工作的需要。对南京高校博物馆而言，除了引进高水平人才之外，更积极和有效的方法是加强对现有工作人员以及大学生志愿者的培训。南京地区高校有各类专业教师、专家学者，丰富的图书资料和网络电子资源，博物馆内直观形象的藏品，都为博物馆人员提供了肥沃的土壤。有条件的高校博物馆甚至可将工作人员选送至各级各类培训班学习，提高业务水平。

2015 年颁布的《博物馆条例》第三章的第十七条指出："博物馆应当完善法人治理结构，建立健全有关组织管理制度。"因此即使南京高校博物馆工作人员拥有了较高的科学素养和扎实的专业知识，如果没有制定相关的基础规章制度，就会造成博物馆工作效率不高、资源浪费的后果，因此南京高校博物馆建立合理有效的规章制度，确保高校博物馆正常有序地开展工作，实现既定目标。高校博物馆规章制度主要包括：藏品库房管理制度、安全防范制度、文物鉴定与修复制度、展厅管理制度、讲解员服务制度、考核制度、员工培训制度等规章制度。管理制度是指以责任制为核心的各项规章制度，是博物馆工作人员遵守的工作规范和准则，是博物馆科学管理和工作有序开展的保证。

（三）创新展陈方式，完善陈列布局及讲解

博物馆陈列是指：在一定空间内，以文物标本为基础，配合适当的辅助展品，按照一定的主题、序列和艺术形式组合而成的，进行直观教育、传播文化科学信息和提供审美欣赏的展品群体[2]。因此展陈是高校博物馆与观众沟通最直接的方式，也是高校博物馆技术创新的主战场。高校博物馆作为重要的文化教育机构，如果高校博物馆仅仅具备了价值珍贵数量可观的文物以及现代化的建筑，而忽视了展陈上必要的美观大方、悦目舒适的形式，有可能导致其陈列的全部内容不被观者所接受。因此，高校博物馆在展陈方面，要改变过去标本、标签、封闭展柜的陈列方式，高校博物馆的展示和管理要与时俱进，贴近师生审美特点，在展示方式上由静态向动态发展，有条件的高校博物馆可以结合展厅运用的声、光、电等科学技术和多媒体技术展陈，通过形象生动、通俗易懂、内涵丰富的表现方式，拉近博物馆与观者的距离，使观者带有好奇心和求知欲去主动探索展示内容。南京地区高校博物馆展览较好的有南京大学考古与艺术博物馆，曾获2001—2002 年度全国十大陈列展览精品提名奖。江苏警官学院中华指纹博物馆（图六）在 2011 年首届南京行业博物馆精品陈列展览评选活动中，荣获《中华指纹文化》创意奖。考虑到南京地区高校博物馆教学科研以及对社会公众普及相关科学知识的需

要，因此高校博物馆在陈列布局内容要有所区别，可以将藏品按照专业难易程度分为三类：一、用于科研展品，面向科研人员和研究生等展出；二、用于实验课展品，面向高校相关专业的师生展出；三、用于科学普及的展品，面向社会公众展出[3]。

图六 江苏警官学院中华指纹博物馆展厅

博物馆讲解员是知识的管理者和传播者，南京高校博物馆讲解员队伍主要由在校大学生志愿者、院系教师以及专职外聘人员构成。由于高校博物馆陈展内容专业性较强，因此，对待专业人员和大中小学生等普通人群要采用专业和科学普及等不同讲解方式。对于专业性很强的历史文物、矿物、动植物标本等，在陈列布局、展览、讲解上，除了考虑其专业外，还要考虑其知识性、趣味性和观赏性，努力使更多的观众达到启发兴趣、开阔视野的目的。如江苏警官学院中华指纹博物馆在接待中小学生参观之前会给每位参观的小朋友拓印手掌纹（图七），增加趣味性同时也增强了小朋友们对指纹的认知。又如笔者在参观南京特殊教育师范学院的中国特殊教育博物馆时会有闭眼体验走盲道、打盲人乒乓球（图八）等活动。对于有外宾参观的高校博物馆应该配有英文讲解，如南京审计大学博物馆在 2014 年先后接待过包括美国审计长大卫·沃尔等外宾来访 11 场次。因此南京审计大学讲解中心以中英文加以区分，设立了英文讲解部。南京高校博物馆可以利用

其独特的教育资源，依托高校博物馆丰富的藏品实物资源、配以讲解员的启发与解读，在一种轻松、愉悦的氛围中，激发了观众探索知识的欲望，提高了观众的科学文化素养，达到了启发观众追求科学、勇于探索、求真务实的目的。

图七 中华指纹博物馆拓印指纹

图八 中国特殊教育博物馆盲人乒乓球器材

四 结语

随着新时代经济文化的迅速发展，博物馆事业的发展也达到了空前的繁盛阶段，高校博物馆也随着博物馆发展的浪潮迈向了一个新的发展阶段。由于办学经费、办学实力及相关政策的限制，南京地

区高校博物馆数量分布不均，大部分高校博物馆主要集中在 985 和 211 工程院校，如南京大学就有 5 所博物馆，而专科院校博物馆仅有江苏省南京工程高等职业学校设立的地质矿产展览博物馆 1 所。通过笔者对南京地区高校博物馆的调查分析来看，南京高校博物馆虽然数量较多、类型丰富且拥有一定数量和质量的藏品，但由于南京高校博物馆资金短缺、工作人员专业能力有限、管理水平和服务效能落后，在一定程度上致使其陈列展览方式、科学研究、利用率、对外宣传力度、社会服务等都有待于进一步加强。笔者对南京高校博物馆发展存在的不足，提出了一些不成熟的建议。以期南京高校及博物馆负责人了解当前高校博物馆的发展形势，努力争取高校和社会的支持与帮助，建设高质量有特色高校博物馆，提升大学文化传承的功能，从而使得南京高校博物馆的教育、社会服务等作用得到充分发挥，为南京地区高校的教学科研、学生的全面教育和发展、社会主义精神文明建设提供一个良好的平台；充分发挥南京高校博物馆在大学教育、科学研究、文化建设以及社会服务等方面的多重价值。

注释：

［1］黄维娟：《文化管理："非营利"机构的新型管理模式》，《贵州社会科学》2012 年第 11 期。

［2］王宏钧：《中国博物馆基础》，上海古籍出版社 2001 年，第 246 页。

［3］昝淑芹、金利勇、续颜：《关于高校博物馆现状与发展的思考》，《中国博物馆》1999 年第 2 期。

从传播伦理的角度浅析博物馆
微信公众号的传播策略

刘　军（上海应用技术大学人文学院）

内容摘要： 对于博物馆而言，开设博物馆微信公众号，已成为其开展日常工作的标配。博物馆微信公众号的传播伦理，应通过积极努力地营造与建构，遵循互联网、融媒体传播的公共秩序。打造博物馆微信公众号的公信力，突出博物馆微信公众号的原创性与持续性，强化博物馆微信公众号的地方性。

关键词： 微信公众号　博物馆　公信力　原创性　地方性

微信作为一种被广泛使用的沟通工具，以一种迅速反映国家方针政策、追踪跟进热点潮流的便捷、精准的输送方式，以及融合视频、语音、图片、文字等多种传播手段，日益深刻地改变了人与人的交往和交际方式。微信公众号作为以集体名义出现的讯息推送平台，也逐渐受到人们的关注和欢迎。对于博物馆而言，开设博物馆微信公众号，已成为其开展日常工作的标配，读者通过阅读博物馆微信公众号，了解该馆的历史沿革、馆藏文物以及相关活动、政策等，起到了很好的沟通交流作用。

综观各地博物馆公众微信号，有些取得了有目共睹的成绩，达到了教化育人和陶冶情操的目的，营造了风清气正的清朗网络氛围。但有些却存在一些问题：诸如栏目设置的单一化与创意雷同；互动环节的媚俗化与单调性；推介信息的非专业化与虚假性；植入广告的牟利性等等，这些存在于博物馆微信公众号中的显而易见的问题，实际反映了博物馆微信公众号传播伦理中存在的问题。

信息伦理是调整人们之间以及个人和社会之间信息关系的行为规范的总和。在"人人都有麦克风"的自媒体时代，应特别关注传播伦理，以扎实有效的规范和制度，约束自媒体人的行为规范，引导其自觉营造良好舆论氛围。相对于自媒体人在微信选择时的自由无约束，微信公众号对其设置的框架和推送的内容，有较强的区别性，从某种意义上说，微信公众号的传播伦理，与传统意义上的由政府或机构主持的媒介传播，有一定程度的类似性，尤其是体现在它的社会功能上。博物馆的微信公众号通过集体组织的传播行为和传播内容，反映地方的民俗风情和社风民意，并以区别于自媒体的冷静与客观，来评价社会行为，引导和影响社会舆论及社会公德。也就是说，博物馆的微信公众号较之微信个体，有更多的社会责任意识和担当使命。

博物馆微信公众号的传播伦理，与网络传播伦理有其相似性，也有其特殊性，总体说来，博物馆微信公众号的传播，应通过积极努力的营造与建构，遵循互联网、融媒体传播的公共秩序，具体的传播策略可分为以下几个方面：

一　打造博物馆微信公众号的公信力

公信力是使公众相信的力量。博物馆公众微信号作为官方色彩的传播平台，要致力于打造其公信力，通过较长一段时间的运营，使得其公信力逐渐上升，最终成为一个有口皆碑的网络平台。

博物馆微信公众号的公信力，来源博物馆的机构性质。在中国，目前绝大多数博物馆都是由政府全额拨款的公共文化事业单位，贯彻和传播党和国家的文化政策，弘扬优秀传统文化精神，是博物馆的应有之义。博物馆的公众性和公益性，为其微信公众号的公信力建设，提供了保障，夯实了基础。

博物馆公众微信号的公信力，来自博物馆的专业素质。博物馆发展至今，在实体操作层面，已形成了一套为外界所公认的伦理机制，诸如收藏伦理、咨询伦理、教育伦理和从业伦理等等。这些约定俗成的规范和秩序，是有效推动博物馆工作的制度保障和理论遵循。面对渐成规模的博物馆微信公众号，博物馆管理方面也应积极应对，顺势而为，发挥博物馆的馆藏优势和学术研究优势，做好推送信息的筛选与甄别工作，坚决杜绝虚假新闻和炒作信息，坚守博物馆推送信息的严肃性、学术性和官方性，不断提高微信号的公信力。

博物馆公众微信号的公信力，来自博物馆的自身品质。无论是综合性的博物馆，还是专题性的博物馆，其藏品是它赖以生存和发展的命脉，也是其最显著的特色标志。因此，要将博物馆微信公众号的建设放在博物馆日常工作整体一盘棋的大格局中去打造，只有遵循收藏伦理的馆藏，才能推出有代表性的藏品；只有有效地推介馆藏藏品，才能提升该博物馆微信公众号的辨识度，也才能使其在浩瀚的微信资讯场域中，坚守本色，擦亮底色。

博物馆微信公众号的公信力，来自受众与主体之间的多重互动。在博物馆资讯的推介和栏目设置方面，"为了谁"和"服务谁"始终是主办方的出发点。在推送资讯和设置栏目等方面，博物馆应做到不媚俗，不讨好，坚守自己的学术品格，同时又要做到群众和观众需要什么，则提供最有效、最权威的表达，并且有意识地将群众和观众的喜好引导到阔大和严谨的传播伦理上来，如何以有趣、有深度、有情怀的内容吸引读者和受众订阅，进而点评、传播，是博物馆微信公众号应致力的方向。在面对读者的留言，要有包容的胸襟和专业的视野，不应对相左的声音持屏蔽与一棍子打死的态度，而应积极答疑解惑，并不断反思，推陈出新，以求博物馆微信公众号的推送是行之有效，且卓有成效的。

二 突出博物馆微信公众号的原创性与持续性

博物馆微信公众号是一个网络传播的平台，当前各大博物馆的微信公众号运营尚在初级阶段，还有很多馆藏资源和资讯尚待挖掘和开发，因此，就目前情形来看，博物馆的微信公众号还处在运作的上升期，我们应当将其提升至战略的地位。

在网络信息爆炸的今天，各种信息鱼龙混杂，泥沙俱下，主持或运作博物馆微信公众号的工作人员，很容易被各种吸睛的标题和噱头所打动，粗粗略览后，即不假思索地进行转发与推送，这样做，固然是简化了推送者的工作量，丰富了推送信息的渠道和途径，但也大大损害了该微信公众号的影响力。且不提推送的此类文章是否符合本地的文化阅读需求，仅就其草率的转发行为而言，已使订阅者和受众有种被消极应付的感觉。对于广大订阅者而言，他们期待的，是该微信公众号能提供区别于一般咨询的东西，是能体现该博物馆自身特色的东西，而不是人云亦云、随处可见的复制与转发。

对于博物馆微信公众号的操作者而言，要将其做成一个本体信息的发射站，而不只是一个各路信息的中转站。如果未能意识到这一点，长此以往，必将失去大量的读者和订阅者，最终难以为继，无法延续。因此，博物馆有必要对微信公众号的操作人员进行业务培训，一方面使其掌握微信推送的具体方法和技巧，另一方面，培养其端正谨严的科学精神和责任意识，提高其判断力和甄别水平，加强其精品意识和大局意识。

当然，博物馆微信公众号所推出的微信，当是建立在该馆全体馆员共同努力的基础之上，即既要有一支训练有素的微信推送信息写作队伍，又要使全体馆员人人具备责任意识和大局意识，出点子、提建议、说想法，共同打造有该馆特色的公众号。苏州博物馆在这方面做出了有益的尝试，苏州博物馆微信公众号于2013年5月开设，2014年1月正式由专人负责。在3年左右的时间里，苏州博物馆的微信公众号粉丝量和阅读量以10倍的速度迅猛增长，在博物馆各种信息传播中发挥了越来越重要的作用[1]。

外界五花八门的资讯琳琅满目，弱水三千，只取一瓢，为我所用的，才是真正有价值的。公众号是一扇窗口，一个平台，一张名片，也是外界与博物馆之间的一座沟通的桥梁。博物馆微信公众号，应特别注重其原创性。正因为原创，才是根据博物馆本体的量身打造；正因为原创，才是根据微信公众号订阅者阅读期待的精准输出。正因为原创，才能塑造并保持微信公众号的品格和特点。

事实证明，长期用心经营的博物馆微信公众号，其原创性必不可少。原创性对微信公众号的操作者和主持者有很高的要求，较之于纸面媒体，微信公众号的原创性的效果也是立竿见影的，难能可贵的是，长期坚持原创，长期坚守自身的学术品格和传播伦理，持续推出有价值的微信公众号内容，就一定能赢得订阅者的青睐和认可，也一定能将微信公众号真正发展成为博物馆对外宣传、社会教育的有效平台。

微信号公众号的持续性，一方面就博物馆运作团队本身而言，应持续进行高质量的微信输出，有效与微信公众号的订阅粉丝互动，形成良性的沟通空间。其次，是工作人员不要放弃重大题材和重大事件的讯息，应当将其放在一个动态的、长期发展的过程中去考量，并持续关注，持续报道，持续输出微信信息，形成集群效应和轰动效应，形成一定的新闻热点和聚焦热点。

三　强化博物馆微信公众号的地方性

对于地方性博物馆，地方性是其显著的标志和特征。因此，博物馆的微信公众号，要体现出其所处土地的历史与文化。

打开各地的博物馆微信公众号，读者会发现很多内容和版块大同小异，诸如亲子活动、暑期实践、画扇、猜灯谜、调研活动等等，这些活动固然重要，但是否可以创造性地运用更多技巧和手段，来呈现博物馆的地方特性或行业属性呢？

地方性博物馆是一个区域的文化综合体，凡属当地的历史、人文、地理、风物等，都可纳入博物馆的微信公众号内容，但博物馆最核心的内容，当是其馆藏的，能代表当地文化发展脉络，承载重大文化事件，体现地方文化实践的馆藏文物，只有利用多种手段，突出地方性，避免同质化，让馆藏文物活起来，才能有效推动地方文化的延续发展，盘活地方文化资源。例如良渚博物院举办大型的实证中华文明五千年的文物展、苏州博物馆举办的"仇英和他的朋友圈"、湖南省博物馆举办的"长沙马王堆汉墓陈列"等等，这些展览之所以取得成功，产生轰动效应，都是因为它们利用本馆馆藏的地方文物资源，结合地方文化特色，量身打造、量体裁衣，精心准备。吸引观众流连忘返的，是本土文化的自豪感和认同感，更能激发本土观众热爱家乡、服务家乡的热情。而对于外地观众而言，观览地域文化，感受异质文化的魅力，开阔眼界和拓展知识面，也是吸引他们远道而来的动力之一。因此，博物馆的微信公众号，应当结合本馆馆藏文物，结合地方历史文化，结合馆办活动的契机，以丰富多彩的形式，展现地方文化魅力，不断放大地方文化的宣传效应。

当然，突出博物馆微信公众号的地方性特征，不是将其生搬硬套，从典籍到微信，而应结合博物馆举办的活动和展览，以及国家的大政方针、文化政策，根据读者和观众的阅读期待和要求来量身打造，"人"应当作为首要考虑的因素。"卖萌是手段，传播历史文化，传承历史文明是使命"[2]。这就要求工作者用深入浅出的通俗化语言，将馆藏文物的地方属性和文化特征梳理出来，表达出来，避免高深的学术腔，也要避免陷入油滑。

随着科技的日益创新，我们的生活方式也在不断被刷新，作为地方文化窗口的博物馆，要顺势而为，充分利用好、打造好博物馆微信公众号这一网络平台，维护一定的行业秩序，遵循科学的发展理念，不断生产出适合读者和观众的精神食粮，在保护好、传承好、发扬好地方文化和文物的同时，着力参与营建互联网、自媒体时代的微信公众号传播的公共新秩序。

注释：

［1］郑莉、李喆：《博物馆微信公众号传播效果研究——以苏州博物馆微信公众号运营模式为例》，《新媒体研究》2017 年第 2 期。

［2］彭清云：《博物馆微信公众平台用户行为习惯及需求探讨》，《中国博物馆》2016 年第 4 期，第 70 - 76 页。

结合调研谈如何发掘和保护运河文化

——以苏州大运河遗产展示馆为例

李威乐（上海大学中国史硕士研究生）

汪　敏（上海大学古代文学硕士研究生）

金滢洁（上海大学日语专业本科生）

内容摘要：本文以苏州大运河遗产展示馆为例，对其运河文化的传承、保护、利用情况进行了实地调研及理论探讨。该馆具有科技、社会教育等方面的优势，但也存在观众较少、展品匮乏、馆内服务不到位的情况。运河文化主题博物馆扮演的角色举足轻重，需要研究者去实地调查、结合理论研究并给予可行性方案建议，才能够打造出更完美的博物馆，并展现出更深厚、更绵长的运河文化。

关键词：大运河　苏州　博物馆　运河文化

2014 年 6 月，在第 38 届世界遗产大会上，中国大运河成功入选世界文化遗产名录。大运河作为一项重要的历史遗产，不仅养育了一方水土，也孕育了丰富的运河文化。"申遗只是过程，保护和发展才是目的"[1]，为了更好地保护、传承运河文化，响应国家的申遗号召，运河沿岸地区陆续兴建了许多运河主题博物馆。苏州大运河遗产展示馆正是其中的一个重要代表，在保护、传承、利用运河文化遗产方面，发挥了至关重要的作用。笔者课题组于 2019 年 1 月对该馆做了调研，调查形式包括实地走访、问卷、访谈等形式。

一　大运河遗产展示馆概况

苏州大运河遗产展示馆隶属于苏州市文广新局，于 2013 年 6 月正式对外开放，该馆位于苏州古胥门万年桥旁，是一个独立的运河遗产展示馆，展览面积约 400 平方米。该馆以"一条河，一座城"为主题，对苏州大运河及其沿岸文化遗产有较全面的介绍。馆内展览以图片、文字为主，模型、声光科技为辅，简洁明了地展示了大运河苏州段的历史变迁及沿岸文化遗产，为参观者了解大运河苏州段及主要文化遗产提供了极大的便利，充分展示了大运河苏州段的文化特色（图一）。

图一　运河遗产展示馆展厅

该馆运用传统和现代声光电技术相结合的方式，从五个方面集中展示了苏州运河遗产：简述大运河苏州段发展历史；介绍大运河水系与城内水系，包括城内水系概况、主干水系"三横四直"；展示城内水系与园林，列举了运河沿岸诸多名园，并配以插图和文字；详述大运河苏州段的主要遗产，分别是山塘历史文化街区、虎丘云岩寺塔、全晋会馆、平江历史文化街区、宝带桥、盘门、古纤道；呼吁运河的保护与传承。此外，在二楼展馆的出口，还别具匠心地展示了 2013 年苏州中小学生支持大运河申遗的许多画信。

二　馆内所展示"运河文化"的优势及不足

（一）展示馆优势

首先，该馆一大优势在于运用科技现代声光电技术，采用传统手段与现代化多媒体技术相结合的方式，展示苏州运河遗产。馆内数字化短片"将二维动画、三维场景及实景拍摄为一体完成苏州大运河遗产展示馆的虚拟动画短片设计与制作……围绕苏州文化遗产的传承与表现为核心，集合苏州特色场景、苏州传统建筑风格元素进行综合创作"[2]。馆内所有的视频都是由保安用 pad 控制的，可以同时打开。视频旁边也有对应的按钮，点击就可以放映。该馆利用数字技术，以动画的方式追溯运河历史、文化，更能够吸引游客，符合现代观众的审美意向（图二）。

图二　展示馆昆曲视频赏析

其次，所展示大运河文化遗产古代、近现代完美结合，并积极推动运河沿岸遗产的保护与传承。展示给观众大运河苏州段城镇聚落兴衰、社会形态及经济发展、运河功能演化、错综复杂的生态和景观格局。苏州是一座历史文化底蕴丰富的古城，该馆位于古胥门万年桥旁，紧邻古运河，在一定程度上具有地理优势。

第三，展示馆虽小，但也颇为重视社会教育功能，力图将运河文化与人民生活联系起来。该馆热烈欢迎中小学及高等教育单位将苏州大运河遗产展示馆作为教育基地，使得该馆更好地发挥了其教育功能，有效扩大了运河文化和该展示馆的影响力。展示馆与当地学校合作，常有中小学生来此活动。该馆充分展示了 2013 年中小学生画信支持运河申遗作品（图三），不仅能够在文化遗产和运河文化方面

给予后生晚辈学习了解，也能够提高中小学生申遗、保护的意识。其他还有 2008 年"我为城墙捐块砖"及 2011 – 2012 年"中法志愿者平江路工作营"等活动的图片，有利于提高参观者保护运河的意识、增强其对运河文化的认同感。

图三　当地小学生所作运河申遗画信

（二）展示馆不足及其原因

首先，馆内观众数量较少，吸引力较弱。据统计，2019 年 1 月人流量不多，该馆客流量最少的一天，上午 10：00 至下午 4：00 的人流量只有 9 人。当天是周六，又临近年关，天气不佳，所以游客格外稀少。馆内工作人员称每年寒暑假为该馆旺季，但是人流量最多也不超过每日 200 人次。在这些游客中，有些是随团旅游，偶然路过，有一些是学校组织的夏令营，来博物馆参观学习，散客则比较少。

问及游客稀少的原因，工作人员提出了两点因素：其一是人们不关注。很多人知道苏州的大运河，但是对运河的文化遗产则缺乏关注。他们会去运河附近的码头坐船游玩，却鲜有人会专门探访苏州大运河遗产博物馆；其二是位置偏僻，又缺少宣传。该馆与苏州规划馆紧临，相比之下，不论是建筑面积、建筑风格还是博物馆的知名度、展览规模、现代数字技术的应用，规划馆都略胜于大运河遗产展示馆（图四）。

其次，在服务水平上仍有很大改进空间。首先，该馆因规模、人流量等原因具有先天不足。现代博

图四　大运河遗产展示馆外观

物馆一般都配有人工讲解服务。运河遗产展示馆内只有两名馆内工作人员，若需讲解服务需提前预约，并且只为团体讲解，不为单人进行服务。这种情况与同为运河文化性质的北京市通州区张家湾博物馆相同；其次，馆内没有宣传手册或者电子语音讲解服务，闲散的游客只能通过自己看到的有限内容来了解运河苏州段的知识。甚至来此也只是走马观花，并不能深入了解。

第三，馆内虽配有声光电现代数字技术，但新技术带来优势的同时也带来了新问题。比如在第四部分介绍大运河苏州段的主要遗产时，涉及了全晋会馆和昆曲，旁边配有数字按钮和圆形屏幕，点击即可观看相应曲目。可是放映时却发现屏幕有时只能显示小部分的戏台，只闻其声，不见其人。并且这些多媒体往往只在人多时开放，媒体的声音又比较小，不利于提高参观者的满意度。

第四，展览馆几乎没有实物展品，展厅内大部分为图片。此外，在展示的细节上，也有值得改进的地方，有的地方标注不够清晰，比如第二部分介

绍城内水系与大运河时，未在水系图中标明吴江堂路与山塘河的具体位置。有的展示顺序比较混乱，环状展览的方式增加了游客对时间轴理解的困难。

三　运河文化发掘及保护策略

博物馆除了保存文化遗产和自然遗产、提供休闲娱乐外，还在宣传教育方面具有重要作用。扩大该馆的受众是充分发挥苏州大运河遗产展示馆宣教功能的第一要务，因此需要不断提高博物馆的核心竞争力，包括展品、宣传、服务技术水平等。结合调研结果和问卷分析，对于大运河遗产展示馆有如下几点建议：

首先，加大文化遗产发掘和考古力度，深入挖掘以大运河苏州段为核心的历史文化资源，古为今用。文物展品是一个博物馆的灵魂，增加馆内展品数量，增强策展力度、质量；此外，寻找名人事迹作为宣传亮点，加大宣传力度，扩大苏州大运河遗产展示馆的知名度和影响力。可在博物馆内多加入大运河历史时期河道舆图，"结合历史舆图的判读，可以更加直观地了解古代运河及其沿河的自然环境与人文景观"[3]。当然，历史上大运河开凿千年来路线几经变化，每一时期其历史面貌都不甚相同，也要注意这些舆图的准确性。

其次，做到"大运河文化遗产的有形无形结合"[4]，物质文化遗产与非物质文化遗产相结合，即"非遗 + 大运河博物馆模式"[5]。除了馆内的可移动文物展览与运河沿岸不可移动文物介绍外，也要加入语言、民俗、戏曲、音乐、传统手工业技巧等。比如苏州的苏州玄妙观道教音乐、昆曲、苏剧、苏州评弹、桃花坞木版年画、苏绣技艺、苏州缂丝制造技艺、苏州灯彩等。只有二者相结合，才能呈现出动态的运河文化，让古运河"活"起来。

第三，除"馆校合作"外，也应加强同运河沿线专题博物馆及综合博物馆的"馆馆合作"，联合开展运河主题的策展、讲座、专家座谈会等，加强对运河文化的深入的交流。比如杭州京杭大运河博物馆、淮安运河博物馆、聊城中国运河文化博物馆等，都是运河沿岸同类型的专门性博物馆，应互相之间

展开交流，取长补短。同在苏州的苏州博物馆规模大、影响力强，其馆关于运河文物也不在少数，可与之加强交流，联合举办关于运河文化的策展，有利于传播运河文化及提升自身影响力。

最后，加强基础设施建设。不断发掘现有的问题并有针对性地加以改进，不断提高服务水平。如增加使用模型沙盘或实景展区等复原古运河沿岸风貌；加强博物馆硬件设施条件，使博物馆成为大众休闲的重要场所，达到"保证能够贴合观众的生理需要以及心理需要，是博物馆设立不同服务设施的主要目的，坚持以人为本"[6]的目标。

四 结语

大运河沿线博物馆数量较多，苏州大运河遗产展示馆是为数不多的以运河文化遗产为主题的博物馆之一，在规模、藏品、客流量等方面虽不及综合性博物馆，但属于"小而精"的展馆，凸显了苏州地域文化，为大运河文化遗产保护、传承及利用做出了贡献。这样"小而精"的博物馆如繁星一般，构成了我国文化遗产的绚烂星空，"它们不仅是历史文化的保存者和记录者，而且是当代社会发展的见证者和参与者"[7]。

大运河文化遗产需要传承、保护和利用好。大运河苏州段运河文化及其文化遗产丰富多彩、具有难以取代的历史价值、文化蕴藉，这也是苏州段成功跻身中国大运河世界文化遗产项目的重要支撑。大运河沿岸博物馆扮演的角色举足轻重，它们承载着运河文化保护传承的重要作用。需要博物馆工作者为之投入研究，实地调研分析其不足、结合理论研究做出更精准、更具针对性的设计方案，才能够打造出更完美的运河沿岸博物馆，并展现出更深厚、绵长的运河文化。

附件：

苏州大运河遗产展示馆问卷

1.（单选）请问您家住在？（　　）
A. 本市附近　　　　　　B. 本省其他市　　　　　　C. 外省市

2.（单选）请问您的年龄是（　　）
A. 0 – 18 岁　　　　B. 18 – 30 岁　　　　C. 31 – 50 岁　　　　D. 50 岁以上

3.（单选）请问您的受教育程度为？（　　）
A. 中学及以下　　　　B. 大专　　　　C. 大学本科　　　　D. 研究生及以上

4.（单选）您此次在本馆的停留时间大约是？（　　）
A. 低于 1 小时　　　　B. 1—2 小时　　　　C. 2—3 小时　　　　D. 3 小时以上

5.（单选）请问您参观本馆的主要原因是？（　　）
A. 研究学习　　　　B. 兴趣爱好　　　　C. 社交活动
D. 碰巧路过　　　　E. 其他原因

6.（单选）您认为本馆的受众更偏向于以下哪个群体（　　）
A. 婴幼儿　　　　B. 少年儿童　　　　C. 青年人
D. 中年人　　　　E. 老年人

7.（多选）您最熟悉苏州运河历史文化的哪一个方面？（　　）
A. 运河历史　　　　B. 河道治理　　　　C. 潜粮运输及仓储

D. 地方戏曲 　　　　　 E. 地方名人

8. （多选）您倾向于通过以下哪些方式了解本馆的教育活动信息？（ 　　　 ）

A. 馆内服务，如馆内人工讲解及电子智能解说器、馆内展览等教育活动等

B. 网络服务，如官方网站、微博、微信公众号等

C. 媒体服务，如报纸、广播、电视等的跟踪报道

D. 其他

9. （多选）您认为本馆的教育活动应当涉及以下哪些内容？（ 　　　 ）

A. 馆藏陈列 　　　　　 B. 临时展览 　　　　　 C. 科技艺术

D. 青少年活动信息 　　 E. 历史背景知识 　　　 F. 考古工作情况

G. 文物保护修复知识

10. （单选）您认为本馆对您了解运河文化有多大的帮助？（ 　　 ）

A. 非常大 　　　　　　 B. 比较大 　　　　　　 C. 一般

D. 比较小 　　　　　　 E. 没有帮助

11. （多选）通过参观本馆，您有哪些收获？（ 　　　 ）

A. 充实自我丰富知识 　 B. 休闲娱乐 　　　　　 C. 收获较小 　　　　　 D. 完全没有收获

12. （单选）您觉得本馆能充分发挥其教育价值吗？（ 　　 ）

A. 能，可高效满足专业研究者和大众的需求。

B. 还可以，基本能满足大众初步了解运河文化的需求。

C. 不能，受众少，服务水平较低，无法充分发挥教育价值。

13. （多选）认为本馆还存在哪些问题？（ 　　　 ）

A. 位置偏远，交通不便 　 B. 主题没有吸引力 　　 C. 服务水平有待改进

D. 宣传力度不够 　　　　 E. 自然和人文环境不占优势，竞争力较弱

F. 其他

14. （多选）您认为哪种展览方式更能增强您对本馆的兴趣？（ 　　　 ）

A. 文字 　　　　　　　 B. 图片 　　　　　　　 C. 模型和仿真品

D. 历史实物 　　　　　 E. 交互式媒体 　　　　 F. 观众参与制作或加入一些活动

G. 其他

15. （单选）您对本馆的整体满意度与重游意愿如何？（ 　　 ）

A. 非常满意，一定重游 　 B. 满意，可能重游

C. 不太满意，不会重游 　 D. 完全不满意

16. （多选）如果本馆开设有关大运河文化的讲座，您希望是什么方面的？（ 　　　 ）

A. 民俗 　　　　　　　 B. 考古 　　　　　　　 C. 文物鉴赏

D. 历史 　　　　　　　 E. 其他

17. 对于增强本馆关于"运河文化"的宣传教育，您有哪些针对性建议？

注释：

［1］张一新、陈雪、吴志杰：《大运河苏州段，何以成就"最精彩一段"》，《苏州日报》2016 年 9 月 4 日，A09 版。

［2］金益、张硕源、吕文秀：《泛动画语境下苏州大运河遗产展示馆虚拟体验设计》，《教育教学论坛》总第 35 期，2016 年。

［3］林留根：《世界文化遗产中国大运河的考古阐释与文化解读》，《东南文化》2009 年第 1 期。

［4］郑菲菲：《运河文化遗产价值评估和保护利用——以大运河江苏段为例》，《旅游纵览》2017 年第 10 期。

［5］白硕：《大运河沿岸非物质文化遗产现状、问题与对策》，《人口与社会》2018 年第 6 期。

［6］王霞：《博物馆展览陈列的变迁与发展》，《人文天下》2018 年第 21 期。

［7］段勇：《当代中国博物馆》，译林出版社 2017 年。

征稿启事

本论丛由苏州博物馆编辑，立足苏州，面向国内外。本论丛宗旨为：以历史唯物主义为指导，积极宣传党和国家的文物法规与相关政策，及时反映苏州文物博物馆工作的新发现和新成果，推动活跃全市文博科学研究。坚持学术性、知识性、资料性兼顾，关注学术热点，开展学术讨论，交流文博信息，传播文物知识。以文博工作者和爱好者为主要阅读对象，努力为促进苏州文博事业的发展和提高专业队伍的素质作贡献。

本论丛由文物出版社出版发行，欢迎广大业内外人士热心支持，不吝赐稿。本论丛一年一辑，征稿截止时间为当年 5 月底。来稿请寄纸质文件一份，并同时提供电子稿。稿件格式（包括题目、作者、作者单位、内容摘要、关键词、正文和注释）请参考最近一期《苏州文博论丛》，文末请附上作者的详细联系方式，包括固定电话、手机和电子邮箱等信息，以便编辑人员和您沟通。本论丛采用匿名审稿制度，稿件一经采用，本编辑部会立即通知作者本人，如在当年 10 月 31 日尚未收到编辑部用稿通知，请另投他处。因编辑人员有限，一般不退还稿件，请作者自留底稿。

已许可中国学术期刊（光盘版）电子杂志社在中国知网及其系列数据库产品中，以数字化方式复制、汇编、发行、信息网络传播本论丛所收论文。中国学术期刊（光盘版）电子杂志社著作权使用费与本论丛稿酬一并支付，作者向本论丛提交文章发表的行为即视为同意上述声明。

《苏州文博论丛》设置以下主要栏目：

考古与文物研究

文献与历史研究

博物馆学研究

吴文化研究

地址：苏州市东北街 204 号苏州博物馆《苏州文博》编辑部

邮编：215001

电话：0512 – 67546086

传真：0512 – 67544232

联系人：朱春阳

E – mail：suzhouwenbo@126. com